I0605881

CONSTITUTION DE LA MODERNITÉ
sous la direction de Jean-Claude Zancarini
2

Les Convertis : parcours religieux, parcours politiques

Tome I, période moderne

Ouvrage publié avec le soutien du Centre d'études des mondes moderne
et contemporain de l'université Bordeaux Montaigne

Ce travail a été réalisé au sein du LabEx COMOD (ANR-11-LABX-0041)
de l'université de Lyon, dans le cadre du programme « Investissements d'avenir »
(ANR-11-IDEX-0007) de l'État français,
géré par l'Agence nationale de la recherche (ANR).
Ce volume présente les actes du colloque
qui s'est tenu à Lyon les 11 et 12 décembre 2014.

Les Convertis :

parcours religieux, parcours politiques

Tome I, période moderne

Sous la direction de Philippe Martin et Éric Suire

PARIS
CLASSIQUES GARNIER
2016

Philippe Martin est professeur d'histoire moderne à l'université Lumière – Lyon 2. Spécialiste des processions, du livre de piété, de la liturgie, il a publié une *Petite anthologie du « bien mourir »* (Paris, 2012).

Éric Suire est maître de conférences HDR d'histoire moderne à l'université Bordeaux Montaigne. Ses travaux portent sur le livre, les croyances, les relations Église-État. Il est l'auteur de *Pouvoir et religion en Europe.* XVIe-XVIIIe *siècles* (Paris, 2013).

ISBN 978-2-406-05794-9 (livre broché)
ISBN 978-2-406-05795-6 (livre relié)

AVANT-PROPOS

La conversion semble un phénomène d'actualité. En 1999, Danièle Hervieu-Léger s'interrogeait d'ailleurs pour savoir si les croyants actuels n'étaient pas de deux types : pèlerin et converti[1]. Aux États-Unis ce sont les *born again* des mouvements évangélistes, en Europe ces jeunes nouveaux musulmans qui se font djihadistes… La conversion est une redécouverte des origines, le désir de vivre une vocation, un acte de rupture avec une tradition, une volonté de s'insérer dans un groupe… Elle semble inscrite au cœur même du christianisme. Un des fondateurs de l'Église, saint Paul, n'est-il pas un converti ? Un homme qui a douté avant qu'une évidence s'impose à lui, le contraignant à quitter le chemin de Damas pour changer de vie.

Cette problématique n'est plus une terre inconnue pour les historiens, mais un vaste continent, régulièrement sillonné depuis le colloque pionnier du CMR 17 qui s'est tenu à Marseille en 1982[2]. En s'appuyant sur les acquis d'une historiographie en cours de renouvellement[3], nous nous sommes proposé de reconsidérer cette question. Que les laboratoires et les institutions partenaires de ces journées d'études soient ici remerciés, ainsi que leurs responsables, de même que tous ceux qui ont contribué à la réussite de cette manifestation : à Lyon, l'ISERL, le Larhra, le LabEx Comod, les universités Lyon 2 et Lyon 3 ; à Bordeaux, le CEMMC l'université Bordeaux Montaigne et le Conseil Régional d'Aquitaine.

---

1 Hervieu-Léger, Danièle, *Le pèlerin et le converti*, Paris, Flammarion, 1999.

2 *La Conversion au XVIIe siècle*, Marseille, CMR 17, 1983, 444 p. Parmi les publications récentes, voir notamment Boisson, Didier et Pinto-Mathieu, Élisabeth (dir.), *La conversion. Textes et réalités*, Rennes, PUR, 2014, 419 p. ; Marcocci, Giuseppe, De Boer, Wietse, Maldavsky, Aliocha, et Pavan, Ilaria (dir.), *Space and Conversion in Global Perspective*, Brill, 2014.

3 Le programme POCRAM (*Pouvoir Politique et Conversion Religieuse Antiquité Période Moderne*, coordonné par Isabelle Poutrin, Claire Sotinel, Corinne Péneau et Marie-Karine Schaub, sélectionné par l'ANR en 2013, propose d'analyser l'attitude du pouvoir politique face aux conversions religieuses, dans les situations de contact entre le christianisme et d'autres religions. L'Institut de Recherche pour l'Étude des Religions (IRER) a organisé les 24 et 25 octobre 2014 à Paris un colloque autour du thème « Entre judaïsme et christianisme : les conversions en Europe de l'époque moderne à l'apparition de l'antisémitisme politique ».

Les organisateurs des rencontres de Lyon (11 et 12 décembre 2014) et de Bordeaux (2 et 3 mars 2015) ont élaboré un cahier des charges contraignant sur le thème des *Convertis : parcours religieux, parcours politiques (XVIe-XXIe siècles)*. Il s'agissait de traiter à part égale la dimension politique et la dimension religieuse dans la trajectoire des convertis, ce qui restreignait l'horizon des possibilités. Il importait, ensuite, de privilégier les comportements des groupes par rapport à l'étude des personnes. Une alternative consistait à suivre des individus dont la trajectoire avait une valeur exemplaire, ce qui représentait une autre difficulté. Le présent ouvrage est le fruit de la première session de ce colloque scindé en deux volets, laquelle a réuni dix-neuf intervenants français et étrangers à Lyon autour des temps modernes.

L'introduction de Pierre Gisel, théologien et sociologue des religions, rappelle tout d'abord la signification proprement religieuse de la conversion, la radicalité qui s'y rattache, sa médiatisation par les Églises, son lien avec l'appartenance communautaire, ses résonances contemporaines dans l'évangélisme ou l'islamisme. Cinq voies sont ensuite explorées.

La première est celle des relations des convertis et des minorités religieuses avec l'autorité politique. Trois groupes minoritaires, incités à la conversion et placés sous le regard du prince, sont d'abord scrutés par Pierre-Jean Souriac, Mathilde Monge et Monique Weis. La communication de Pierre-Jean Souriac porte sur les gouverneurs huguenots, écartelés par une « double fidélité » au roi et à leur Église, dans le cadre du « protestantisme légal » établi en France à partir de 1598. Le parti protestant tient bien ses troupes et enregistre peu de défections dans les années 1610-1620, malgré l'installation des « convertisseurs » jésuites dans les places de sûreté, avec le soutien de la monarchie qui a autorisé leur retour par l'édit de Rouen de 1603. Mathilde Monge examine le cas particulier de la Rhénanie du Nord aux XVIe et XVIIe siècles. Le poids de la contrainte y pèse de plus en plus sur les minorités, mais la forte compétition pour le contrôle des âmes entre diverses communautés religieuses – luthériens, catholiques, anabaptistes et réformés – et le morcellement territorial y fragilisent les appartenances religieuses. La conversion ne se manifeste pas forcément dans l'espace public ; elle ne se traduit pas toujours par un baptême ou par une abjuration officielle, ce qui facilite les passages d'un groupe à l'autre, en fonction de « besoins » religieux, mais aussi, et peut-être surtout, sociaux et professionnels. La situation la plus paradoxale est sans doute celle des catholiques anglais, étudiés, pour la même période, par Monique Weis. Réduits au statut de minorité par le fait de la conversion de leur souverain, ils éprouvent des difficultés à résister aux tentatives de conversion dont ils font l'objet dans la seconde moitié du XVIe siècle. Ils doivent alors élaborer un mode inédit de relation avec le pouvoir, qui ouvre un large éventail de comportements, allant de l'intégration dans l'Église d'Angleterre à la dissimulation ou, au contraire, à la recherche provocante du martyre.

S'ouvre alors une seconde partie, où la présentation de destins en lignes brisées témoigne de l'éprouvant parcours du converti et restitue des personnalités à la trajectoire exemplaire. La carrière universitaire de Philipp Apian, reconstituée par Axelle Chassagnette, a manifestement souffert de ses conversions personnelles. Successivement banni des territoires catholiques de l'Empire, puis de l'université luthérienne de Tübingen pour avoir refusé de signer la Formule de Concorde en 1583, le parcours de ce mathématicien témoigne à la fois de la fluidité des définitions confessionnelles, dans le Saint-Empire de la seconde moitié du XVIe siècle, et de la confessionnalisation progressive des politiques universitaires et princières. Catholique « de souche » passé au calvinisme durant ses études, avant de se forger, estime Julien Léonard, « une foi originale et totalement incompatible avec la construction des identités confessionnelles », le pasteur Nicolas Anthoine ne peut échapper, quant à lui, à la peine capitale. Il fut exécuté à Genève en 1632, pour avoir eu le tort de nier la divinité du Christ, et revendiqué haut et fort son adhésion au judaïsme. Son instabilité a néanmoins embarrassé les ministres genevois. Ses écrits furent d'ailleurs conservés, alors que l'usage était de les brûler, pour pouvoir laver ses juges du soupçon d'avoir mis à mort un ancien élève des Jésuites. Ces convertis se sont isolés par leur choix religieux. Certains d'entre eux furent même considérés comme des traîtres à leur patrie à cause de leur changement de religion. C'est ce que montre Boris Klein à travers le processus de réécriture de la vie d'Heinrich-Julius Blume. Élève, à Helmstedt, du théologien iréniste Georges Callixte, Blume accéda à un poste de professeur à l'université, avant de se convertir au catholicisme. Il entreprit alors une carrière honorable dans la diplomatie au service de l'Empereur, mais devint la victime, à Helmstedt, d'une *damnatio memoriae* qui le présente comme un opportuniste. Paul Pellisson-Fontanier a souffert, en France, d'une réputation semblable. Corinne Marchal réhabilite cet homme de lettres, issu de la noblesse de robe huguenote, qui, fut, selon Pierre Bayle, un des plus beaux esprits du XVIIe siècle. Il avait déjà obtenu la reconnaissance du souverain, en tant qu'historiographe du roi, quand il abjura le protestantisme en 1670. Sa conversion ne fut pas le gage d'une récompense, mais de sa fidélité au Très-Chrétien. Le « Grand Convertisseurs » fut en réalité un « grand tourmenté », acquis, lui aussi, à l'irénisme, qui ne cautionna ni les dragonnades ni la Révocation de l'édit de Nantes, mais s'adonna volontiers à la controverse avec ses anciens coreligionnaires.

Le troisième chemin parcouru par ce volume est celui qui nous amène à écouter ou à lire la mise en récit de la conversion dans un but de propagande politique ou religieuse. Quatre communications lui sont consacrées. Véronique Castagnet-Lars examine dix éditions sorties de l'atelier de Simon Millanges entre la fin du XVIe siècle et le premier quart du XVIIe siècle. Elle s'interroge sur la spécificité de ces récits, qui visaient à informer et à convaincre, et sur la stratégie éditoriale adoptée par ce libraire bordelais engagé dans la cause catholique. Yves Krumenacker se penche sur la signification de la conversion chez les premiers réformateurs, à partir de l'exemple de la *commutatio* de Théodore de Bèze. Il n'existait pas encore d'Église protestante en 1548 : la conversion de Bèze est bien une « conversion du cœur », qui n'a d'autre enjeu que celui de la foi. Elle a fait, cependant, l'objet d'une reconstruction *a posteriori*. Bien que le théologien l'ait attribuée à la maladie, et l'ait assimilée classiquement à une nouvelle naissance, il avait, en réalité, songé à résigner ses bénéfices dès 1547. Sa décision paraît prise quand survint l'événement déclencheur. Stefano Simiz s'intéresse à la fois aux discours prononcés en chaire et aux versions de ces sermons qui furent imprimées au cours de la période 1650-1720. À travers l'utilisation des figures de S. Paul et de S. Augustin, il insiste sur la valeur modèle du récit de conversion, et l'usage qu'en firent les prédicateurs français. La contribution d'Eric Suire s'appuie sur 37 récits de conversion publiés au cours du XVIIe siècle. La plupart d'entre eux recourent à des arguments politiques, parmi d'autres motifs avancés pour justifier un changement de confession. Plus on s'avance dans le siècle, et plus l'adhésion au catholicisme est présentée comme une adhésion à la monarchie absolue, alors que la foi réformée est dans le même temps dénoncée comme un vecteur d'anarchie et de désobéissance civile.

Dans ce monde des convertis, certains tiennent une place à part : les pasteurs convertis à la confession majoritaire dans deux contextes politiques précis, celui de la reconquête catholique qui a suivi, en Bohême, la victoire de la Montagne Blanche de 1620, et celui de la Révocation de l'édit de Nantes en 1685. Il est difficile de mesurer l'efficience, à la fois dans le domaine symbolique et dans la pastorale, des anciens ministres convertis, car on perd habituellement leur trace après leur ralliement, qui fut le principal coup d'éclat de leur existence. Nicolas Richard mesure l'implication de douze ministres apostats dans l'enracinement de la religion catholique dans les paroisses de Bohême, massivement « hérétique » avant les succès militaires des troupes impériales, au début de la guerre de Trente Ans. Leur rôle fut de toute évidence minime. Les anciens pasteurs étudiés, convertis ou ralliés au catholicisme sous la pression politique, n'avaient ni l'étoffe, ni l'ambition d'être des curés modèles. Hypocrites ou sincères, les conversions de pasteurs prirent en tout cas une dimension politique dès lors qu'elles furent orchestrées, avec solennité et un sens quasi théâtral, par les autorités civiles et ecclésiastiques. Qu'elles aient eu pour origine la politique, la théologie ou un motif personnel, souligne Didier Boisson, les apostasies des pasteurs français avant la Révocation s'accompagnèrent de la volonté des pouvoirs publics de mettre en lumière leur abjuration, pour servir d'exemple à leurs anciens frères en religion. La communication de Luc Daireaux scrute avec la précision d'une loupe le destin des 178 pasteurs français convertis au catholicisme au lendemain de la Révocation, afin d'envisager les motivations et le caractère intéressé ou contraint de leur changement religieux. S'il remarque quelques convertis « zélés », représentant environ 20 % des effectifs des « apostats », la majorité s'en est tenue à une discrétion qu'on hésite à mettre sur le compte de la prudence ou du remords.

Arrivés au XVIIIe siècle, nous avons, dans un cinquième et dernier temps, regardé quelle était la signification de la conversion au temps des Lumières. Peut-on alors parler d'un affaiblissement du « poids » politico-religieux de la conversion qui résulterait de la sécularisation ou de l'affadissement des appartenances confessionnelles ? Comme le rappelle Stéphane Gomis, à partir des années 1760, un régime de tolérance de fait s'instaura en France à l'égard du protestantisme. Celui-ci ne fut pas exempt d'épisodes répressifs, et la législation royale resta plus longtemps inflexible que l'attitude des curés au niveau local. Toutefois, les « nouveaux convertis » bénéficièrent peu à peu d'un climat intellectuel émancipateur. Si les notions de tolérance et de liberté de conscience servirent les protestants restés fidèles à la foi de leurs pères, elles profitèrent également aux gourous de l'acabit de Jakob Frank. L'activité religieuse de ce Juif polonais prétendument passé au catholicisme, résume Daniel Tollet, connut des phases successives qui furent autant d'étapes dans sa recherche de pouvoir, d'argent et de liberté sexuelle… Par son éloquence et ses fausses promesses, Frank réussit à duper les princes qu'il rencontra, leur faisant miroiter la conversion de ses coreligionnaires. Exceptionnellement, le converti prenait le pas sur son convertisseur ! Certes, le frankisme n'a pas survécu à la disparition d'Ewa, la fille de Frank, mais son caractère secret continua de fasciner le public d'Europe centrale, pour les mêmes raisons que la franc-maçonnerie. Ce fut sans doute la répression des pratiques chrétiennes, sous la Révolution française, qui finit par redonner à la conversion la signification religieuse et politique qu'elle avait en partie perdue. Dans les martyrologes mis en circulation à partir de la fin de l'année 1793, analysés par Paul Chopelin, la Terreur et ses violences sont présentées comme une manifestation du courroux divin, destiné à éprouver la foi des fidèles. Les relations des conversions survenues dans le contexte révolutionnaire retrouvent une place de choix dans la littérature pastorale et apologétique. Elles constituaient, aux yeux de leurs rédacteurs, la meilleure preuve de la vérité du christianisme, lequel finirait toujours par triompher des systèmes philosophiques qui lui étaient opposés.

Philippe MARTIN
Université Lumière – Lyon 2,
ISERL / LARHRA / LabEx
COMOD

Éric SUIRE
Université Bordeaux Montaigne,
CEMMC

CONVERTIS ET CONVERSIONS

Quelques remarques en guise d'ouverture

RÉSONANCES CONTEMPORAINES, À REPLACER SUR UN ÉVENTAIL PLUS LARGE ET PLUS DIFFÉRENCIÉ

On ouvre ici un volume sur des convertis et de la conversion. Une thématique qui a immédiatement des résonances au cœur de notre actualité sociale. C'est que conversion va avec radicalité religieuse. Ainsi, 40 % des djihadistes français partis en Syrie ces derniers temps seraient des convertis[1]. Et l'on sait la vague croissante, dans l'évangélisme étasunien, des *born again*, une sorte de (re-)conversion interne, radicalisante justement.

Le motif de la conversion est inscrit au cœur des traditions religieuses, sur fond d'agencements divers bien sûr, étant au surplus rappelé que toutes les formes dites religieuses ne connaissent pas ce type de phénomène, marqué par une rupture à l'endroit d'un passé et de conditions sociales d'appartenance, par une décision personnelle en lien avec une référence hétérogène (un Dieu) et par l'inscription en une tradition spécifique. Les dispositions religieuses de l'Athènes classique ou de la religion romaine d'avant l'Empire, des formes dites plus archaïques aussi, africaines, océaniennes, amérindienne ou chamaniques, sont d'abord practico-rituelles, en lien avec le cosmos ou les jeux naturels de la vie, et la réalité d'une conversion – alors conversion à quoi et pour quoi ? – n'y a pas place.

Je vais indiquer ici quelques *problématiques transversales* au motif général de la conversion. Elles en travaillent à l'arrière-fond les divers agencements, dont les textes du présent volume vont étoffer le dossier en focalisant sur des réalités historiques particulières à chaque fois, même

1 *Cf. Le Monde* du 27 mars 2015, p. 12. On y compterait aussi 29 % de mineurs, de moins de 18 ans.

si, centrés sur une période où se mettent en place des « christianismes confessionnels », en concurrence ou en guerre les uns avec les autres, ils vont faire voir des données où la dite conversion peut être plus politique que religieuse, marquant d'abord le passage d'un « parti » à un autre (parti protestant, parti catholique, parti du Roi, etc., auquel on se rallie).

Ouvrir les problématiques annoncées montrera que le motif de la conversion prend place sur plusieurs gammes de questionnements, faisant voir à chaque fois un éventail de postures différenciées.

La première problématique que j'aperçois touche la question de savoir comment le phénomène de conversion s'articule à un *présent* : la conversion est-elle d'abord et avant tout rupture, la nouvelle existence du converti se présentant en principe sans lien constitutif avec ce présent ? Ou est-elle plutôt décalement, qui fait voir autrement un présent donné plutôt qu'elle ne coupe avec lui au profit de tout autre chose ? Dans la foulée se profile la problématique de l'articulation à un *passé* : la conversion le renie-t-elle entièrement, voire le dénie-t-elle ? Ou l'intègre-t-elle d'une manière ou d'une autre à sa nouvelle condition, fût-ce au gré d'une relecture et d'une construction ultérieure ? S'annonce encore la problématique de la manière dont est investi le *futur* alors ouvert : pure nouveauté, suspendue à une altérité radicale ? Ou, à l'inverse, un futur qui assume rétrospectivement des éléments anciens, fussent-ils réappropriés ?

On comprendra sans peine que, selon la place occupée sur les éventails ainsi déployés, la conversion fait voir des figures différentes du religieux – ce serait un second type de problématique –, à commencer par le rapport que ce religieux entretient avec le *social* ou le *civil de tous* : le religieux mobilisé se propose-t-il comme une manière d'assumer un monde et une société donnés, fût-ce pour les transformer ou les subvertir de l'intérieur, une manière de « négocier » au moins avec le fait du monde, diraient les anthropologues ? Ou est-il d'un tout autre ordre, exclusivement mystique par exemple, ou contre-modèle au monde tel qu'il est, un contre-modèle en alternative et pour lequel s'engager, voire combattre ?

Les questions que je viens d'évoquer touchent les manières qu'ont les croyants convertis – ou les protagonistes des conversions – de se situer, étant entendu qu'un examen historique à distance fera facilement voir qu'il n'y a jamais conversion qu'inscrite dans des traditions données – qu'on en soit conscient ou non ou, plus délibérément, qu'on le veuille ou non – et que le phénomène de la conversion prend place dans le jeu plus large des réformes, des nouveaux départs ou des dissidences qui strient, de fait, tout phénomène de tradition. Des observations sociologiques pourront également faire voir que la plus ou moins grande rupture à l'égard d'un présent et d'un passé, comme la plus ou moins forte nouveauté de ce qui est visé, tient à des données sociales où l'intégration joue son rôle, quoi qu'il en soit des diverses dimensions, psychologiques et autres, de ce qui peut se cacher derrière le concept d'intégration ou non-intégration, sans compter, plus fondamentalement, l'équivoque intrinsèque liée au mot intégration : assimilation, donc réduction à un même commun ? Ou déploiement de différences singulières, multiples et diverses sur fond de partage de fait, voire de reconnaissance productive ?

LA CONVERSION, UNE DONNE INSCRITE AU CŒUR DU CHRISTIANISME

En christianisme, la conversion est d'abord liée à une vocation, à une expérience où l'on est bousculé et transformé. Les évangiles la mettent en scène, de l'appel aux disciples à des invitations à changer de vie ou, plus simplement, à des vies effectivement changées. Et dans la mémoire chrétienne, l'apôtre Paul exemplifie par excellence une conversion, sur le chemin de Damas, qui marque un complet retournement. Mais, dès les Pères du désert des premiers siècles de notre ère, la réalité monastique donne aussi à voir de la conversion où l'on quitte tout pour une autre vérité que celle du monde – et bien des saints mis en avant ont également passé par une conversion et un changement de vie –, sans compter les nombreux mouvements de réformes qu'elle connaît, voire de refondations ou de nouveaux départs, eux aussi nés de ou rapportés à conversions.

Plus profondément, le croyant est, en christianisme, lieu d'un travail de l'Esprit et entraîné dans une dramatique de l'âme devant toujours à nouveau s'ajuster à la vérité. Bien des théologies ont dès lors été construites sur de l'itinéraire spirituel, S. Augustin à sa manière, ayant passé par conversion et s'éprouvant en *Confessions*, Bonaventure au cœur du Moyen Âge ou

Thérèse d'Avila au début des Temps modernes. Il y a toujours à se convertir à Dieu (jamais à s'installer dans un espace de vérités données), et c'est un travail continûment repris, en approfondissement, ce qui n'équivaut pas, classiquement, notons-le au passage, à un accroissement vers un plus, mais intègre le manque – le sanctionne même – et pas toujours comme étape seulement. C'est que Dieu est autre, en *disproportio* dit-on théologiquement (le terme est même sanctionné à Latran IV en 1215), à la racine d'une réalité eschatologique qui ne peut être, en ce monde, que transversale et spirituelle.

J'ai rappelé ces points qui font la réalité de la conversion en christianisme et qui en travaillent l'arrière-plan, parce que les pièces du dossier ici ouvert relèvent de l'histoire chrétienne. Mais on peut avancer, plus globalement, que le motif d'une conversion accompagne probablement les diverses traditions pour lesquelles le religieux ou la religion relève d'un ordre propre, distinct d'un social donné ou d'une appartenance de type tribal (ce qui n'exclut en rien des interactions, des interférences, voire des interfaces). Il y a ainsi conversion, à chaque fois selon des modalités diverses, en christianisme, mais aussi en judaïsme (qu'on pense au phénomène du « retour »), en islam (qui, à la racine, est coupure à l'égard des polythéismes, à quoi s'ajoutent les réalités du soufisme) ou en bouddhisme (avec ses chemins où est à chaque fois engagée la personne comme telle, fût-ce pour en dépasser la réalité apparente et piégeante).

D'UNE CONGRUENCE DE LA CONVERSION ET D'UNE MISE EN RÉCIT

La conversion appelle du récit : il faut rendre compte, pour soi et devant autrui. Plusieurs pièces du dossier ouvert ici en donnent des exemples. Mais le phénomène est récurrent et me paraît significatif.

Il y a récit parce que l'identité de soi est en jeu. Vu le changement que marque la conversion, l'identité se dit ici – ou, plutôt, se construit ou se reconstruit – sous forme *narrative*, intégrant du coup d'une certaine manière le changement ainsi que les transitions qui en scandent un déploiement. Et le même récit dit, au gré de jeux divers, non seulement de la perte et de la découverte, mais aussi, le plus souvent, de la retrouvaille. Au total, le récit donne à voir une conversion qui se vit et se comprend comme un accomplissement, même si cet accomplissement était imprévu et se dit après coup[1].

Enfin, si le récit a ses dimensions psychologiques, fortement engagées, il se déploie en même temps sur un monde fait d'interactions – sur fond de références partageables –, d'autant qu'il cherche foncièrement reconnaissance, y pourvoit et la sollicite.

En tout cela, on l'aura compris, se négocie un rapport au passé, se profile une manière médiatisée de dire la nouveauté et se trouve convoquée la scène d'une interaction foncièrement sociale.

LES RADICALITÉS RELIGIEUSES, UNE MISE EN FORME SPÉCIFIQUE DES RUPTURES QUE SUPPOSE LA CONVERSION

Les radicalités religieuses contemporaines que j'ai évoquées au départ de la présente introduction sont à examiner en fonction de l'arrière-fond dont j'ai ici esquissé quelques traits, avec sa richesse ainsi que les diverses problématiques qui le sous-tendent et leurs variantes. Du coup, elles apparaîtront comme une manière particulière, située, de donner forme ou de cristalliser ce qui se joue avec le phénomène de la conversion, non comme le modèle ou l'épure, ni la forme par excellence. Ce qu'on appelle conversion peut, justement, se nouer autrement et s'est le plus souvent noué autrement.

Les radicalités que font exemplairement voir l'islamisme ou l'évangélisme – étasunien, mais de plus en plus présent en Europe aussi – méritent bien leur appellation en ce que les conversions dont elles sont le terrain ont d'abord la forme de la rupture, d'une part, ou du contre-modèle, de l'autre. Une rupture qui récuse toute une histoire effective : ce n'est pas par hasard qu'on y érige un commencement, natif, pur ou exemplaire, et que ce qui

1 Donnent bien à voir ces divers aspects Brandt, Pierre-Yves, et Fournier, Claude-Alexandre (dir.), *La conversion religieuse. Analyses psychologiques, anthropologiques et sociologiques*, Genève, Labor et Fides, 2009 (avec présentation de réalités chrétiennes, classiques mais aussi évangélique, musulmanes, bouddhistes et hindouistes), et Fournier, Claude-Alexandre, *S'engager dans la vie religieuse. Étude psychologique de 16 vocations monastiques*, Genève, Labor et Fides, 2010 (la réalité de récits, analysés, y est centrale).

s'en est suivi sera apprécié sur le seul mode de la déviation ou non, de la trahison ou non, de l'infidélité ou de la fidélité. Et un contre-modèle qui se veut alternative : ce n'est pas non plus par hasard qu'il vaut comme totalisant, et non comme regard ou geste transversal au monde et à l'humain, un regard ou un geste qui ne serait rien hors ce monde et de cet humain qui le provoquent, le convoquent et en lesquels il va s'inscrire.

Les radicalités religieuses contemporaines présentent des traits propres. Elles ne sont en rien un traditionalisme – ici tenu pour obscurantisme n'ayant pas passé par les Lumières européennes[1] –, mais sont des figures modernes, à comprendre en fonction de donnes sociales et humaines d'aujourd'hui. Ce n'est pas parce qu'elles sont réactionnaires – réactionnelles, pour commencer – qu'elles ne sont pas modernes, dans ce qui préside à leurs agencements mêmes (de fait une rationalisation interne, et selon un unique régime de raison, hors différenciation d'instances, religieuse, politique, civile, culturelle, scientifique, morale, etc.). Et qu'elles se présentent au nom d'un passé – de fait reconstruit, voire fantasmé –, ou qu'elles accusent leurs adversaires d'avoir succombé aux sirènes de la modernité (le *secular humanism* dénoncé), n'y change rien.

Pour exemple, l'évangélisme d'abord, tenant que tout passage de la Bible n'a qu'un sens, sens « littéral » à chaque fois, alors que le christianisme – traditionnel ! – avait, sur la base de la lecture allégorique pratiquée d'entrée de jeu, construit une théorie des quatre sens de l'Écriture, pensant au surplus qu'il fallait voyager de l'un à l'autre – non dépasser les premiers pour ne valider que le dernier, alors érigé pour lui-même –, le cheminement d'un sujet étant constitutif et requis par le type de vérité en jeu (si l'Écriture était claire, dit-on chez les Pères, elle ne mènerait pas à Dieu, parce que Dieu n'est pas de l'ordre des choses du monde)[2]. En

1 La question de la transformation des traditions et, en l'occurrence, de leur intégration ou non des Lumières – et sous quelle forme et selon quel travail interne, mené sur les deux pôles en présence d'ailleurs, l'héritage d'une tradition et la nouveauté de la modernité –, est une question incontournable. Ce qui doit en revanche être mis en cause, c'est la manière de se représenter les choses, en plaçant les données sur une ligne unique et unidimensionnelle, avec un curseur qu'on fait glisser entre un plus ou un moins d'archaïsme et un plus ou un moins de progrès. C'est de fait faux, faisant l'impasse sur les discontinuités historiques, les modifications de dispositifs et la production moderne et contemporaine de formes religieuses nouvelles, et c'est sur le fond pauvre et enfermant, hors critique renouvelante et féconde touchant les enjeux humains et sociaux à chaque fois en cause.

2 Pour plus, *cf.* mon chapitre XI, « Statut de l'écriture et vérité en christianisme », *Du religieux, du théologique et du social. Traversées et déplacements*, Paris, Cerf, 2012, p. 231-252.

christianisme, cette perspective de fond est commune au moins jusqu'aux XIIIe-XIVe siècles. Autre trait, et je m'arrêterai là, même si l'on pourrait aisément les multiplier : la mise en avant d'une « loi de Dieu » pour le socio-politique, oubliant aussi bien la dialectique foncière de l'ancien et du nouveau (la loi de Dieu évoquée est le plus souvent celle de l'Ancien Testament, repris tel quel) que la dialectique qu'avait construite le christianisme entre, dit ici en vocabulaire augustinien, la « cité de Dieu » (commandée par une vérité eschatologique, d'un autre ordre donc) et la « cité terrestre » (les réalités du politique, avec leurs régulations propres).

Pour second exemple, parallèle, l'islamisme. Qui ignore toute opération de médiation ; il en vient même à nous faire oublier le *fiqh*, le droit musulman présidant à l'application des principes islamiques à une société donnée, n'évoquant que la *Charia*, et de manière à faire croire, au surplus, qu'il y aurait là un texte spécifique en forme de code, alors que le terme renvoie, traditionnellement, à une voie ou à une perspective foncière, à monnayer concrètement avec d'autres types de référence. L'on sait que les convertis partant faire le *djihad* n'ont justement pas été formés dans les mosquées et selon des régulations qui, pour être traditionnelles, n'en sont pas moins des régulations justement, et inscrites en histoire. C'est que les radicalités religieuses ignorent la consistance et l'opérationnalité des médiations, au profit d'un rapport direct à la vérité, et d'une vérité ici en principe du même type que celle des réalités mondaines[1].

ACCOMPLISSEMENT OU HÉTÉRONOMIE ?

Mes diverses remarques pointent finalement une question de fond qu'entraîne le fait de conversions. Est-ce qu'en est constitutif le renvoi à une *hétéronomie*, commandant rupture et engagement *entier* ? Ou est-ce que la conversion vaut comme un *accomplissement d'existence*, même si c'est sur mode transversal et selon une vérité en décalage, commandant

1 Sur les radicalités religieuses contemporaines, *cf.* Stavo-Debauge, Joan, Gonzalez, Philippe, et Frega, Roberto (dir.), *Quel âge post-séculier ? Religions, démocraties, sciences*, Paris, EHESS, 2015. Touchant l'islamisme, en écart de l'islam traditionnel sur les questions évoquées ici, *cf.* les deux textes de Borrmans, Maurice, Famerée, Joseph, Gisel, Pierre, et Legrand, Hervé (dir.), *Évangile, moralité et lois civiles / Gospel, Morality and Civil Law*, Berlin, Lit, à paraître.

dissidence et posture d'affirmation propre, personnelle ? Autrement formulé : est-ce que le phénomène de la conversion, avec la forme du religieux qui l'accompagne, s'inscrit dans les consistances d'une vie humaine singulièrement assumée, socialement incarnée et historiquement déterminée, pouvant comprendre un jeu de déplacements, de critiques, de protestations et de reprises ? Ou est-ce que la conversion est en fin de compte suspendue à un univers auto-référencé ?

Cette interrogation se pose au cœur des monothéismes et touche ce qu'il en est du religieux (ce qu'humainement il « vaut », dirait Nietzsche). La réalité de la conversion la radicalise. On aurait simplement tort, à mon sens, de penser qu'avec les phénomènes de conversion en forme de rupture et de pure nouveauté d'existence se montre, de manière exacerbée, la vérité du religieux, comme si le religieux vivait ou devait vivre de maximalisation (le converti est celui qui « y croit vraiment », est-on tenté d'estimer spontanément, tout en se méfiant un peu de ce qu'il peut y avoir d'extrême dans une telle posture), tout le reste étant vu comme compromis, non à la hauteur de la vérité en jeu. Outre d'autres formes de religieux, pouvant par exemple valider les dimensions classiques d'une sagesse, que l'histoire des monothéismes n'élimine d'ailleurs pas, le croire, pour en rester au monothéisme chrétien, a en effet été significativement pensé, traditionnellement et de manière explicite au Moyen Âge, comme une « vertu » entre un « trop » et un « pas assez »[1]. Il me paraît qu'un détour du côté de postures d'avant la modernité peut ici donner à réfléchir, indirectement certes, tant à propos de figures plus franchement modernes qu'à propos d'actualités contemporaines.

Pierre GISEL
Université de Lausanne (Suisse)

1 Pour des références et plus d'explicitations, *cf.* Gisel, Pierre (éd.), *Les constellations du croire. Dispositifs hérités, problématisations, destin contemporain*, Genève, Labor et Fides, 2009.

PREMIÈRE PARTIE

LES CONVERTIS SOUMIS AU CHOIX PRINCIER

FIDÉLITÉ ET CONVERSION CHEZ LES CHEFS DE GUERRE PROTESTANTS AU DÉBUT DU XVIIe SIÈCLE

La problématique de la conversion a toujours été au cœur des préoccupations politiques des protestants car étroitement associée aux rapports de force partisans dès le début des guerres de Religion. Philip Benedict dans ses recherches sur l'estimation quantitative des églises réformées vers 1561-1562, ces fameuses 2150 Églises revendiquées par l'amiral de Coligny pour faire état des forces protestantes, a bien montré que les protestants français s'étaient engagés dans une sorte d'auto-comptabilité assez précise, par le biais des consistoires et des synodes[1]. Cette comptabilité avait comme objectif de prouver la vivacité du mouvement et le potentiel militaire que représentaient les huguenots dans ces prémices des guerres civiles. Ce chiffre des convertis protestants définissait un rapport de force et il a été établi dans une période de grand dynamisme confessionnel, avec en arrière plan l'horizon d'une conversion générale du royaume. Il ne semble pas qu'il y ait eu par la suite une telle entreprise, comme si ce chiffre et cette géographie avait été figés, point de départ et point d'arrivée d'une géographie protestante. Depuis les travaux de Thierry Wanegffelen, on sait aussi que la suite de la décennie 1560 et la suivante ont été marquées par un reflux important des rangs calvinistes vers les catholiques, dans un mouvement d'abjurations qui affecta l'ensemble des milieux et des territoires marquées par la Réforme[2]. Ce reflux nuance la radicalité des conversions du début des années 1560 et renvoie le parti protestant à ses propres illusions. Ces changements de religion qui furent autant de défections

1 Forenod, Nicolas et Benedict, Philip, « Les 2150 *Églises* réformées de France de 1561-1562 », *Revue historique*, 2009/3, n° 651, p. 536.

2 Wanegffelen, Thierry, *Ni Rome, ni Genève. Des fidèles entre deux chaires en France au* XVIe *siècle*, Paris, Honoré Champion, 1997.

des contingents militaires du parti n'ont jamais donné lieu à une pesée globale par les protestants, dans un silence révélant le caractère sensible de cette question des conversions.

Car à côté du problème de la fidélité religieuse, se mêle aussi celui de la fidélité partisane. Là aussi, dès le début des guerres de Religion, le milieu protestant eut à composer avec une frange non négligeable de gentilshommes hésitant entre la révolte et l'obéissance au roi. Denise Turrel a étudié les « Guilbedouins » de Saintonge, désignation injurieuse apparue en 1562 pour désigner ces gentilshommes protestants partis se battre avec le parti à l'appel de Louis de Condé, puis qui, revenant sur leur décision, abandonnèrent le théâtre des opérations et rentrèrent chez eux[1]. Dans le rang des ces déserteurs, certains comme le seigneur de Pienne allèrent même jusqu'à revenir au catholicisme, ce qui favorisa grandement sa carrière puisqu'il finit sa vie duc et pair[2]. Il n'est pas question ici de considérer ces déserteurs et potentiels convertis au catholicisme comme de vils cyniques cherchant coûte que coûte à faire carrière. Leur engagement armé dans les premiers temps des guerres civiles montre au contraire leurs convictions, mais leur hésitation révèle aussi leur écartèlement autour d'une double fidélité, celle au roi et celle au parti, double fidélité qui questionne immanquablement leur appartenance confessionnelle.

Ainsi, que ce soit par la question de la conversion au catholicisme et celle de l'obéissance au roi ou au parti, les protestants français se trouvèrent dès le début des guerres de Religion confrontés au problème du contrôle des consciences des fidèles, contrôle d'où découlait la cohésion et la solidité du parti. Pour cette présente communication, j'aimerais transposer cette question à la situation issue de l'Édit de Nantes et à la reconnaissance légale d'un parti structuré et armé malgré l'état de paix. Dans le cadre de ses brevets et articles secrets, l'Édit de Nantes d'avril 1598 accorde aux protestants la conservation de l'ensemble des places fortes que le parti possédait en juillet 1597, ce qui revient à laisser en armes les huguenots malgré l'instauration de la paix. Parallèlement, l'Édit autorise la tenue d'une assemblée politique réunie sur convocation royale et devant assurer la cohésion de la minorité. La question de la fidélité religieuse et celle de

1 Turrel, Denise, « Un sobriquet des guerres de Religion : les guilbedouins, déserteurs saintongeais de la cause protestante », éd. Jean Mondot et Philippe Loupès, *Provinciales. Hommage à Anne-Marie Cocula*, Bordeaux, PUB, 2009, t. 2, p. 965.

2 *Ibid.*, p. 974.

la fidélité partisane continuèrent alors d'être cruciales même en temps de paix. En 1598, la récente conversion d'Henri IV est évidemment un modèle inquiétant pour le parti. Dans les années 1620, ce même parti aux prises avec une guerre contre le roi Louis XIII est écartelé entre les partisans de la guerre derrière le duc de Rohan, et les partisans d'une paix négociée pour ne pas risquer de perdre ce qu'il lui restait de privilèges. Dans le Midi, on donna aux anti-guerres le nom « d'escambarlats », signifiant littéralement *ceux qui ont les jambes écarquillées* ou *ceux qui ont un pied dans chaque camp*[1].

Aux yeux du parti, rester en armes et jouer de son influence afin de défendre ses acquits religieux impliquait de pouvoir se montrer menaçants et prêts à défendre les intérêts collectifs si le besoin s'en faisait sentir. C'est ce dispositif précis et ses limites que cette communication se propose d'aborder à présent, en orientant la réflexion sur l'examen des liens que le parti essaya de nouer avec les gouverneurs des places fortes concédées dans le cadre de l'Édit de Nantes. Ces liens visèrent à s'assurer de leur fidélité religieuse et partisane. Le parti avait ici à faire avec des nobles provinciaux soumis à des intérêts contradictoires pouvant selon les contextes les rendre suspects et ébranler ainsi la solidité du groupe.

LA QUESTION DE LA FIDÉLITÉ AU ROI

Commençons cette réflexion par l'examen du rapport entre le groupe des gouverneurs de place au roi et à la foi protestante à partir de l'Édit de Nantes. On peut tirer un premier enseignement de ce rapport au roi par l'implantation de certaines de ces places. Dans le cadre de l'Édit de Nantes, le roi laissa en armes le parti dans un *statu quo* militaire fixé à l'été 1597, mais en plus de cela, il s'engagea à solder des gouverneurs et une garnison protestante dans une centaine de places fortes que l'on se prit à nommer spécifiquement, places de sûreté[2].

1 Souriac, Pierre-Jean, « Choix confessionnel et engagement partisan. Le cas de Castres durant les guerres de Rohan (1620-1629) », dir. B. Dumons et B. Hours, *Ville et religion en Europe du XVIe au XXe siècle*, Grenoble, PUG, 2010, p. 333.

2 Cf texte cité plus bas. Pour le brevet des places : Édition numérique sous la direction de Bernard Barbiche, École Nationale des Chartes : http://elec.enc.sorbonne.fr/editsdepacification/edit_05.

Dans l'ensemble, la géographie des places de sûreté suit sans surprise l'implantation générale du protestantisme français et ce croissant huguenot si caractéristique[1]. Cette implantation ne reflète pourtant pas la répartition interne des calvinistes à l'intérieur de ce fameux croissant. Se voient surreprésentées les régions autour de l'Aunis et de Saumur, ainsi que toute la Guyenne et le Dauphiné, alors que le Languedoc se voit relégué au second plan. Le Languedoc est ici une anomalie et indique que le choix des ces places de sûreté à suivi d'autres logiques que la stricte répartition des protestants sur le sol français. Et ces logiques furent d'abord nobiliaires. Pour le Dauphiné, les places fortes laissées en grand nombre aux protestants le furent surtout à Lesdiguières, principal appui d'Henri IV dans la région. Dans l'Ouest, ce furent surtout en faveur d'autres grands nobles – les La Trémoille, les Rohan – alors qu'en Guyenne, on touchait aux terres patrimoniales d'Henri IV. Dans ces provinces, une bonne partie de ces gouvernements de place furent surtout des récompenses données par ces cadres du parti huguenots à leurs compagnons d'armes devenus fidèles. Certes ils étaient tous protestants, mais ils devaient leur position principalement à leur appartenance aux réseaux du roi de Navarre, ce qui laisse présumer des obligations et des fidélités concurrentes ne relevant pas toutes du seul parti protestant. Vingt ans plus tard, quand la guerre reprit sous Louis XIII, Lesdiguières fit le choix de la soumission puis de la conversion avant de devenir connétable et apporta toutes ses places au roi. Celles de Guyenne se rendirent les unes après les autres à un souverain reconnaissant qui loua la fidélité des fils des anciens compagnons d'armes de son père. Un tel risque fut nécessairement envisagé par le parti réuni en assemblée générale à plusieurs reprises entre 1600 et 1620, avec cette peur de voir s'échapper ces chefs de guerre liés au roi et à des grands, et en premier lieu par la conversion au catholicisme alors souhaitée par la cour[2].

Dans le même esprit, on peut suivre le cheminement d'un fidèle d'Henri IV, Jean de Parabère, gouverneur de Niort. S'il fut blâmé par

1 Mours, Samuel, *Les Églises Réformées en France (tableaux et cartes)*, Paris-Strasbourg, Oberlin, 1958.

2 Pierre, Benoist, *La monarchie ecclésiale. Le clergé de cour en France à l'époque moderne*, Seyssel, Champ Vallon, col. « Époques », 2013, p. 312-313 : l'auteur revient sur les engagements pris par Henri IV auprès du pape de respecter les engagements annoncés dans le préambule de l'Édit de Nantes, à savoir le retour des réformés dans le giron de l'Église romaine, en s'appuyant notamment sur son clergé de cour pour œuvrer à ces conversions nécessaires dans un temps de paix civile.

l'assemblée générale de La Rochelle pour s'être soumis à Louis XIII et lui avoir remis sa place en 1621, il avait déjà été un agent du roi tout de suite après la publication de l'Édit. Il avait été l'un des deux commissaires d'application de l'Édit de Nantes envoyés en Aunis et Saintonge, le protestant puisque ces commissaires marchaient par deux, un de chaque confession. Il dut batailler tout l'été 1599 pour arriver à faire rétablir la messe à La Rochelle, alors qu'habitants et municipalités s'y opposaient[1]. Il n'était pas encore un converti à la foi catholique, mais il était déjà un converti à la politique royale.

Concernant d'autres chefs de guerre, leurs propres convictions religieuses pouvaient être elles-mêmes assez suspectes. L'historiographie protestante du XVIIe siècle, et notamment Élie Benoist qui publia une *Histoire de l'Édit de Nantes* en 1693, donc après la Révocation, a mis en avant des petits gentilshommes catholiques qui crurent perdre le peu de pouvoir qu'ils s'étaient taillés durant les guerres de Religion avec le rétablissement de la paix sous Henri IV. Plusieurs d'entre eux se seraient alors convertis au protestantisme, faisant allégeance au parti par le biais de son assemblée générale, qui en retour aurait défendu auprès du roi la conservation de leur place[2]. Il est très difficile de vérifier ce type d'affirmation, et les traces sont rares de telles pratiques. Une seule remarque irait en ce sens, en 1613. Elle concerne la place de sûreté de Beauvoir-sur-Mer, dont le gouverneur avait été remplacé « par faveur » par un gentilhomme « homme de peu et quy n'est de la religion que depuis peu et a esté à la ligue et indigne des moindres qualités requises à cette charge »[3].

Ainsi, en 1598 et au cours des premières années du XVIIe siècle, le parti protestant incarné par l'assemblée générale avait de bonnes raisons de suspecter certains de ses chefs de guerre de ne pas manifester la fidélité que l'on pouvait attendre d'eux. Ceci justifia une surveillance, notamment dans le domaine religieux pour prévenir toute conversion.

1 Finley-Croswhite, Annette, *Henry IV and the towns. The Pursuits of Legitimacy in French Urban Society, 1589-1610*, Cambridge, CUP, 1999, p. 106-107.

2 Benoist, Élie, *Histoire de l'Édit de Nantes contenant les choses les plus remarquables qui se sont passées en France avant et après sa publication*, Delft, Adrien Beman, 1693.

3 BNF, Dupuy 323, f° 149r : Mémoire des députés généraux du Poitou – 1613.

LA FIDÉLITÉ CONFESSIONNELLE SOUS SURVEILLANCE DU PARTI

Le premier levier actionné par le parti protestant pour surveiller la bonne appartenance confessionnelle des gouverneurs de place forte a été d'inscrire dans la loi l'obligation d'être protestant pour se voir décerné un commandement sur une place de sûreté. Si cette confessionalisation de la charge militaire semble évidente, elle fit l'objet d'âpres négociations autour de l'élaboration de l'Édit de Nantes[1]. Les places de sûreté arrivèrent dans la négociation dès l'assemblée de Mantes en 1594, mais l'organisation précise de cette concession ne commença à être véritablement discutée qu'à partir de l'automne 1596 et fixée au cours de l'été 1597[2]. Les premières phases de la négociation virent d'abord les protestants obtenir du roi la conservation de leurs places et l'entretien financier d'une partie d'entre elles. Ceci acquis, il fallut en venir aux modalités concrètes de l'octroi de ces places. La question de la nomination des gouverneurs en cas de vacances du poste fut alors épineuse car elle relevait en droit d'une prérogative royale. Le parti exigeait du roi qu'il puisse contrôler le choix des gentilshommes qui recevraient des brevets pour commander ces places ; le roi rétorquait que cela n'appartenait qu'à sa seule autorité. En juillet 1597, le député royal Schomberg s'était un peu trop avancé puisqu'il avait promis à l'assemblée que le roi choisirait les gouverneurs parmi trois candidats fournis par le parti[3]. Il fut désavoué deux mois plus tard dans une réponse donnée par le roi à un autre cahier de doléance de l'assemblée, Henri IV affirmant qu'il ne concevait pas de perdre la nomination des gouverneurs, mais qu'il

1 Sur la négociation de l'Édit de Nantes, voir Garrisson, Janine, *L'Édit de Nantes*, Paris, Fayard, 1998. Sur la négociation spécifique des places de sûreté, voir : Souriac, Pierre-Jean, « La paix par les armes. Négocier l'octroi de places de sûreté au temps des guerres de Religion françaises (1570-1629) », dir. O. Carpi, *Guerre et paix civile. Colloque international tenu à l'Université de Picardie-Jules Vernes, 21-23 novembre 2013*, à paraître.

2 BNF, ms. fr. 7192, f° 183r-190r : requêtes de l'assemblée générale tenue à Mantes – janvier 1594 ; f° 227r : instructions du roi à ses députés – 9 juillet 1596 ; f° 331r : instructions de l'assemblée générale de Châtellerault pour le sieur de Clerville envoyé vers le roi – 16 septembre 1597.

3 BNF, ms. fr. 15814, f° 474r : articles accordés par Schomberg à l'assemblée générale de Châtellerault – juillet 1597.

acceptait de nommer un « homme de bien » ayant eu une attestation de son colloque[1]. L'assemblée s'en contenta, et fournit dans la foulée un exemplaire d'un formulaire d'attestation pour validation.

Le brevet des garnisons ajouté à l'Édit de Nantes reprit alors ces concessions dans sa formulation :

> Et advenant vaquation d'aucuns gouverneurs et capitaines desd. places, Sad. Majesté leur promet aussi et accorde qu'elle n'en pourvoira aucun qui ne soit de lad. Religion pretendue reformée, et qu'il n'ait attestation du colloque où il sera resident qu'il soit de lad. Religion et homme de bien. Se contentera neantmoins que celuy qui en devra estre pourveu sur le brevet qui luy en aura esté expedié soit tenu, auparavant que d'en obtenir la provision, de rapporter l'attestation du colloque d'où il sera, laquelle aussi ceux dud. colloque seront tenus de luy bailler promptement, sans le tenir en aucune longueur ; ou, en cas de refus, feront entendre à Sad. Majesté les causes d'iceluy[2].

La procédure était alors assez simple sur le papier, plus compliquée en pratique : le nouveau gouverneur était nommé par le roi ; suite à cette nomination il devait aller dans le colloque où se tenait sa place forte pour obtenir de l'assemblée une attestation de bonne pratique religieuse ; puis il devait justifier de cette attestation pour recevoir les provisions de son brevet. Le formulaire d'attestation alors retenu et envoyé à tous les colloques et consistoires de France était le suivant :

> Nous ministres et anciens assemblées en colloque en la province de [*blanc*] sur ce que le sieur de [*blanc*] s'est adressé à nous requerant nostre attestation de la bonne profession qu'il a faict de la Religion Reformée sur l'élection que Sa Majesté a faicte de sa personne pour estre pourveue par icelle du gouvernement de [*blanc*] vacquant naguères par le décès de [*blanc*] attestons et certiffions à Sa Majesté que ledit sieur de [*blanc*] faict actuelle profession de ladite religion participant aux sainctz sacremens, vivant religieusement et en homme de byen et faisant toutes les fonctions apartenantes à la profession susdicte dont luy rendons tesmoignage par cette présente pour luy servir ce que de raison[3].

De telles dispositions ne pouvaient que générer des conflits et des tentatives de détournement, mais ils furent mineurs. En pratiquant un

1 BNF, ms. fr. 7192, f° 331r : instructions et réponses pour le sieur de Clerville – 16 septembre 1597.

2 Édition numérique sous la direction de Bernard Barbiche, École Nationale des Chartes : http://elec.enc.sorbonne.fr/editsdepacification/edit_05.

3 BNF, ms Dupuy 323, f° 37r : formulaire d'attestation pour les gouverneurs – 2 mai 1598.

dépouillement systématique des assemblées générales du parti entre 1611 et 1621, c'est-à-dire au début du règne de Louis XIII et au moment du regain des tensions religieuses dans le royaume, les protestations des protestants contre une mauvaise application de cette clause furent très peu nombreuses. Et ceci pour deux raisons : la première est que la vacance des postes de gouverneur était rare car elle n'advenait qu'en cas de décès, la seconde est que généralement les fils succédaient aux pères qui se débrouillaient pour que leur rejeton soit en conformité avec les Églises. En 1611, l'assemblée demandait le respect des procédures et se plaignait des abus, sans les détailler[1]. Cette demande était renouvelée en novembre 1619 à l'assemblée tenue à Loudun mais sans beaucoup plus de précisions[2]. Sur la centaine de places concernées par cette surveillance, pas plus de trois ou quatre firent l'objet d'une requête au roi faisant état d'un irrespect des clauses de l'Édit, ce qui était très peu. Par exemple, en 1615, l'assemblée avait eu connaissance de la démission de Marc-Antoine Marreau seigneur de Boisguérin, gouverneur de Loudun, et de la nomination en sa place de son fils qui n'avait cependant pas reçu d'attestation du colloque[3]. Elle demanda au roi d'annuler la procédure.

En 1615, pour renouveler le lien de fidélité entre ces gouverneurs et les instances centrales du parti, l'assemblée générale imposa la prestation d'un nouveau serment reprenant l'importance de l'union des Églises, la fidélité au roi et l'obéissance aux règles religieuses définies par les Églises. Voici le texte :

> Nous soubsignez ayant ci-devant experimenté et recongnu par tesmoignage tres evidentz combien l'union et concorde est necessaire entre tous les membres des Eglises réformées de ce royaume et souveraineté de Béarn et qu'elles ne peuvent longuement subsister sans une bonne et estroite conjonction continuelle des uns avec les autres, et pour cette raison désirant oster à l'advenir toutes semences de divisions et partialitez entre lesdictes Eglises pour prendre les justes moiens de leur légitime et nécessaires deffence et conservation, et les opposer quand besoing sera soubz l'auctorité et protection du roy aux effortz et violences des ennemis desdictes Eglises, avons pour le bien, conservation

1 BNF, ms. nouv. acq. fr. 7193, f° 194r. On retrouve la même remarque chez Benoist, Élie, *Histoire…*, *op. cit.*, p. 68 et suiv.

2 BNF, ms. nouv. acq. fr. 7195, f° 19v : assemblée générale de Loudun, séance du 8 novembre 1619.

3 BNF, ms. nouv. acq. fr. 7194, f° 53r : assemblée générale de Grenoble, séance du 7 septembre 1615.

> et seureté d'icelles, pour le service de Sa Majesté, bien de toutes les Eglises réformées du royaume cy devant faictes et arrestez entres lesdictes Eglises et signés par leurs députez soubz la protection et obeissance de Sa Majesté comme dit est renouvelé et confirmé et en tant que besoing seroit renouvellons et confirmons par ces présentes ladite union, protestons et jurons sainctement devant Dieu de demeurer inséparable unis et conjoinctz soubz la très humble subjection du roy que nous recognoissons nous avoir esté donnée du ciel pour nostre souverain seigneur (le souverain empire de Dieu demeurant en son entier) et ce, non seulement en doctrine et discipline ecclésiastiques conformément à la confession de foy générale desdites Eglises arrestée en synode nationaux, mais aussy en tous debvoirs et offices de charité publique et particulière et en tout ce qui dépend de la mutuelle conservation, ayde, et support et assistance desdites Eglises les uns envers les autres et mêmes d'observer les résolutions et règlements des assemblées générales et ce pour le bien du service du roy, repos de l'estat et spécialement pour la manutention desdites Eglises promettent en outre garder soigneusement et conserver les places dont la garde nous a esté commise en suitte du brevet du dernier jour d'avril 1598 et autres brevetz, déclarations et concessions faictes sur ce subject en faveur desdites Eglises et pour la seureté d'icelles soubz l'auctorité et obéissance de Sa Majesté le tout sur peine d'estre recongnus et déclarez indignes du gouvernement et garde desdites places et de toutes charges et dignités, comme déserteur de l'union desdites Eglises et d'encourir comme telz toutes censures et peines ordonnées par les assemblées ecclésiastiques et politiques[1].

Dans le contexte troublé amené par le soulèvement du prince de Condé contre la politique de la régente Marie de Médicis, certains nobles protestants furent amenés à prendre les armes et l'assemblée générale tenta de louvoyer entre soutien à la révolte et fidélité au roi. Pour éviter un délitement de ces chefs de guerre, la solution du serment apparut comme la plus pertinente et fut exigée des gouverneurs de place à partir de l'été 1615[2]. Cette procédure de prestation de serment dura jusqu'en 1620, puisqu'au moment où l'affaire du Béarn s'apprêtait à dégénérer en affrontement avec le roi, l'assemblée recevait toujours de la part des colloques, des consistoires et des pasteurs du royaume des avis de prestation de serment. À lire les délibérations de séances des assemblées générales, en quatre ans, toutes les grandes régions protestantes semblent avoir prêté ce serment, gouverneurs de places comme nobles ou bourgeois des villes. Ces cérémonies urbaines qui se firent sous

1 BNF, nouv. acq. fr., 7195, f° 101r : serment de fidélité demandé aux gouverneurs de place – papiers de l'assemblée de Loudun, 1619-1620.

2 BNF, nouv. acq. fr., 7194, f° 25r-26r : séance de l'assemblée générale de Grenoble – 24 juillet 1615.

les auspices des colloques et des consistoires eurent une certaine solennité puisque le Parlement de Toulouse engagea des poursuites contre un membre du conseil politiques réformé de Haut-Languedoc qui venait faire signer le texte aux gouverneurs de Calvinet et Saint-Céré en février 1620[1].

Dans cette politique de conservation confessionnelle, un adversaire fut désigné comme celui qui était en train d'introduire discorde et changement de religion dans les villes protestantes : les jésuites. À l'heure d'une Réforme catholique triomphante, à l'heure d'une installation très importante de maisons religieuses dans les villes et les provinces du royaume, il est symptomatique de remarquer que le parti protestant se polarisa exclusivement dans son combat confessionnel contre la compagnie de Jésus, certes très entreprenante, mais sur ce point loin d'être originale. Dès l'assemblée générale de Saumur en 1611, les députés protestants estimèrent que les jésuites n'avaient pas leur place dans les villes tenues militairement par les protestants[2]. Selon Élie Benoist, l'édit de rétablissement de 1603 laissait la responsabilité au roi d'accepter ou non leur installation dans le royaume, et toujours selon ce protestant patenté, le roi ne pouvait que refuser de voir ses villes de sûreté menacées de l'intérieur par ces hommes de la papauté[3]. Ainsi, à partir des assemblées suivantes, de 1615 à 1621, des protestations contre l'installation de jésuites dans des villes de sûreté émaillèrent les discussions, les gouverneurs recevant ordre de tout faire pour les en chasser. Ce conflit changea d'ampleur à partir du moment où les membres de la Compagnie de Jésus saisirent le roi des oppositions qui leur étaient faites. Par un arrêt du conseil du 10 novembre 1617, Louis XIII donna raison à la requête du syndic du clergé catholique de Montpellier qui se plaignait que les consuls et le gouverneur empêchaient la venue de prêcheurs jésuites dans la ville alors qu'ils les avaient demandés. Le roi répondit « qu'il n'avoit entendu oster la liberté aux habitans catholiques des villes tenues par ceux de la religion pretendue réformée d'avoir tels predicateurs seculiers ou reguliers sans distinction d'ordre, que leurs evesques diocesains leur voudront nommer et choisir »[4]. En 1618, le roi rendit le même type d'arrêt en faveur

1 BNF, nouv. acq. fr., 7195, f° 76v : séance de l'assemblée générale de Loudun – 6 février 1620.

2 BNF, nouv. acq. fr., 7193, f° 194r : séance de l'assemblée générale de Saumur – 22 juin 1611.

3 Benoist, Élie, *Histoire de l'Édit de Nantes…*, *op. cit.*, p. 68.

4 *Arrest du conseil d'Estat et Lettres patentes du roy, par lesquelles il est defendu aux gouverneurs et habitans des villes de seureté d'empescher les peres jesuites de prescher en icelles. Avec la lettre du*

des catholiques de Lectoure, renouvelant ainsi une jurisprudence que les parlements de Bordeaux et de Toulouse allaient exploiter dans leur ressort l'année suivante, 1619[1]. Les jésuites étaient une cible de choix, commune aux protestants et aux gallicans, mais cette opposition viscérale à leur installation dans les bastions calvinistes reflète d'une manière plus générale la peur de la conversion, la peur de la séduction par l'ennemi et ce rêve de faire de ces bastions des lieux confessionnellement sûrs.

LES LIMITES AU CONTRÔLE SPIRITUEL DU PARTI : QUELQUES CAS DE CONVERSION

Ce dispositif avait alors une double finalité : prévenir la conversion au catholicisme des chefs protestants, et prévenir aussi un glissement de leur fidélité du parti vers le roi. Il n'est pas lieu ici de revenir sur ce second aspect, qui fut pourtant le grand drame de l'organisation huguenote au début des années 1620[2]. Le phénomène des conversions fut de son côté très limité. Le parti ne fut ébranlé par les défections religieuses qu'à la marge, les convertis étant peu nombreux par rapport à ce qu'ils allaient être dans les années 1650. Cette question ne fut pourtant pas absente de la gestion quotidienne des places.

Un des cas les plus épineux qu'eut à gérer le parti fut la conversion de Benjamin d'Astarac baron de Fontrailles[3]. Il était alors gouverneur de Lectoure, place importante au cœur de la Guyenne et surtout il était le rejeton d'une vieille famille placée au cœur des réseaux méridionaux. Son père, Michel d'Astarac de Fontrailles, avait été proche de Jeanne

roy portant mesme commandement au gouverneur et habitans de Lectoure. Et els arrests des cours de parlement de Bourdeaux et Thoulouse l'un donné contre les gouverneurs et habitans de Saint Jean d'Angely, l'autre contre l'arresté de l'assemblée de Loudun, Lyon, 1620, p. 4.

1 *Ibid.*, p. 7 : lettre du roi aux habitants de Lectoure sur la prédication du père Regourd ; p. 9 : arrêt du Parlement de Bordeaux concernant Saint-Jean-d'Angély et la prédication du Père Tyssier ; p. 12 : arrêt du Parlement de Toulouse sur la prédication des jésuites à Figeac, L'Isle-Jourdain et Lectoure.

2 Souriac, Pierre-Jean, « La double fidélité des places protestantes sous Louis XIII, au roi et au parti », Philippe Chareyre et Guy Astoul (dir.), *Le protestantisme et la cité*, Montauban, SMERP, 2013, p. 89-107.

3 Haag, Émile et Eugène, *La France protestante*, Paris, Joël Cherbuliez, 1858, t. 1, col. 416.

d'Albret et d'Henri de Navarre, il avait reçu de ces derniers la charge de sénéchal d'Armagnac, charge transmise à son fils à sa mort. C'était un personnage d'influence et ses liens avec la famille royale ne sont plus à prouver. Selon François de Bassompierre, mémorialiste de la cour d'Henri IV et de Louis XIII, la conversion de Fontrailles et surtout l'abandon de sa place aurait fait l'objet d'un accord entre l'assemblée générale et la cour en 1620[1]. En effet, en se convertissant au catholicisme, Fontrailles ne pouvait plus exercer sa charge de gouverneur de place de sûreté, charge pourtant bien ancrée dans sa famille et que ce noble de province ne pouvait se résigner à abandonner sans hésitation. Le parti, au fil de ses assemblées générales, ne cessa, entre 1616 et 1620, de demander la destitution de Fontrailles et son remplacement par un homme du parti et protestant. Selon l'accord royal relaté par Bassompierre, il aurait abandonné Lectoure en raison de sa conversion moyennant le paiement de 50 000 écus de dédommagement par le roi, Louis XIII acceptant d'appliquer strictement l'Édit de Nantes et de maintenir Lectoure sous tutelle protestante.

Alors, que s'est-il passé à Lectoure ? Cette petite ville méridionale est dans la tradition de ces villes de l'entre-deux : elle tenta tout au long du XVIe siècle d'éviter un processus de confessionalisation afin d'éloigner au maximum le spectre de la guerre civile. Ainsi, Thierry Wanegffelen s'est servi du cas lectourois pour montrer ces « temporiseurs » effrayés par la guerre, garantissant les deux cultes rivaux et louvoyant pour conjurer les menaces[2]. Pourtant dans la mouvance du roi de Navarre, cette ville sut maintenir un relatif équilibre entre les confessions dans ces murs et même si elle obtint le statut de place de sûreté en 1598, la position du gouverneur Fontrailles était très éloignée d'autres intransigeances huguenotes. Ainsi, Benjamin de Fontrailles grandit dans une ville où les consuls pouvaient se rendre alternativement à la messe et au temple. Cela ne présume en rien des convictions de notre homme, mais on comprend aussi qu'il n'ait pas été un grand militant confessionnel.

Sur le parcours religieux de Fontrailles, on connaît peu de chose, mais on sait que Lectoure fut administrée à partir de 1599 par l'évêque

1 Bassompierre, François de, *Mémoires du mareschal de Bassompierre contenant l'histoire de sa vie et de ce qui s'est fait et passé de plus remarquable à la cour de France pendant plusieurs années*, Amsterdam, Henry Deroubec, 1721, vol. 1, p. 216.

2 Wanegffelen, Thierry, *Ni Rome ni Genève,…*, *op. cit.*, p. 307-329.

Léodegaire du Plas et son coadjuteur Jean d'Étresse, tous deux originaires du Limousin, tous deux résidant à Lectoure dans cette période des premiers feux de la Réforme catholique. En arrière plan, agit aussi le gouverneur du château de Lectoure, Antoine de Roquelaure, fidèle catholique mais vieux compagnon d'armes d'Henri IV, gouverneur de Guyenne jusqu'en 1613, maréchal de France en 1614 et résidant à Lectoure sur ses vieux jours après 1614[1]. Il fut un des proches du premier Bourbon lors de sa conversion, il s'est toujours attaché à la restauration catholique du royaume et il participa à dynamiser les nouvelles implantations religieuses dans Lectoure, favorisant ainsi le basculement de la place protestante vers un catholicisme rénové. Benjamin de Fontrailles accompagna ce mouvement par sa conversion et celle de sa famille, il peut être considéré comme une des conquêtes de Roquelaure.

Le parti fut averti des gesticulations confessionnelles de son gouverneur lectourois en raison d'abord d'un conflit au sujet de la capitainerie du château avec un autre réformé, le sieur d'Angalin. On est alors en 1616[2]. Le conflit anime deux gentilshommes au sujet d'une charge militaire, et Fontrailles se justifie auprès de l'assemblée comme ayant soutenu la révolte du prince de Condé contre la régente, portant ses armes en faveur du duc de Rohan mandaté par le parti pour soutenir le premier prince du sang en révolte. Ainsi, en 1616, Fontrailles est un gentilhomme qui se doit de revenir dans les bonnes grâces du roi suite à sa participation à une révolte. Sa conversion ainsi que celle de sa femme et de son fils aurait eu lieu entre cette date et 1620, donnant lieu à une protestation des églises. À en croire l'assemblée générale, jusqu'en 1620 il y avait doute, « à cause qu'il continuoyt à faire de bouche quelque lègère profession de la religion réformée », mais comme « il a faict faire profession de la religion catholique à sa femme, enfans et à sa sœur », chassé les soldats protestants de la ville et rendu le clocher le plus haut de la ville à l'évêque, les réformés protestèrent ouvertement de sa conversion[3].

Le roi finit par tenir ses engagements, Fontrailles partit moyennant finance et il nomma un gouverneur protestant, le seigneur de Blainville.

1 Le Droff-Gélas, Joël, *L'ami intime d'Henri IV*, Biarritz, Atlantica, 2006, p. 333 et suiv.

2 BNF, nouv. acq. fr. 7194, f° 112v : séance de l'assemblée générale tenue à Nîmes – 12 novembre 1616.

3 ANF, TT 249, pièce n° 1 : requête au roi des députés généraux contre M. de Fontrailles – s. d. [1618 ou 1620].

Manifestement, il n'était pas du goût du parti car il n'avait pas reçu attestation du colloque de Guyenne. Il le fut encore moins quand il remit sa place sans coup férir à Louis XIII en 1621, lorsque la guerre entre le roi et le parti protestant se ralluma dans le Sud-Ouest[1]. L'affaire de cette conversion montre toute la limite de l'interventionnisme du parti dans les choix de ses chefs de guerre. Si, en amont, les gouverneurs de place devaient se soumettre à un contrôle strict de leur dévotion ainsi qu'à un engagement confessionnel public et irréprochable, ils demeuraient maîtres de leur position militaire. En cas de changement de religion, le parti ne pouvait que demander au roi de tenir ses engagements de 1598, de révoquer le gouverneur traître et d'en nommer un nouveau bénéficiant de toutes les accréditations. Comme ledit gouverneur n'était pas enthousiaste à l'idée de perdre sa place, le tout pouvait traîner en longueur et fragiliser l'identité confessionnelle de la place forte. Et c'est tout naturellement qu'elle repassa sous l'escarcelle du roi et sous la domination d'un gouverneur catholique dès le début des guerres entre Louis XIII et le parti protestant, en 1621.

Si cet *alea* était prévisible, il faut en souligner la rareté. On a bien quelques cas de conversions chez les gouverneurs de place, mais leur nombre est limité. Le gouverneur de Mont-de-Marsan et de Tartas dans les Landes, Jean-Jacques de Castille seigneur de Castelnau de Chalosse est dans ce cas[2]. De même que celui de Montélimar ou de Beauvoir-sur-Mer. Mais le nombre de ces cas est relativement maigre, la cohésion confessionnelle du milieu protestant semblant encore importante dans ces premières années du XVIIe siècle. Il existe évidemment des conversions retentissantes de chefs de guerre, la plus connue étant celle de François de Lesdiguières, converti avant de devenir connétable de France. Mais il avait déjà fait le choix de s'éloigner du parti en restant fidèle au roi et sa conversion n'est que la suite logique d'un choix royal qui primait sur le choix partisan[3].

---

1 Chabans, *Histoire de la guerre des huguenots faite en France sous le règne du roi Louis XIII*, Paris, Toussaint du Bray, 1634, p. 197.

2 Cette conversion fut obtenue par le roi avec l'aide d'un noble lyonnais, Melchior Mitte de Chevrières seigneur de Saint-Chamond, en 1608, dans le cadre d'une confrontation avec le ministre Gigord, *cf.* Lignereux, Yann, *Lyon et le roi. Da la « bonne ville » à l'absolutisme municipal (1594-1654)*, Seyssel, Champ Vallon, 2003, p. 323.

3 Gal, Stéphane, *Lesdiguières, prince des Alpes et connétable de France*, Grenoble, PUG, 2007, p. 340 et suiv.

Le parti protestant eut à cœur, à partir de 1598, de donner à son institution politique centrale, l'assemblée générale, les moyens de surveiller et contrôler les nobles de province qui assuraient en son nom et en celui du roi un gouvernement militaire sur une place forte. Ce contrôle visait à garantir l'unité du parti pour lui conserver son potentiel militaire et faire perdurer une pression sur les catholiques du royaume tout autant que sur le roi. La question de la fidélité religieuse aux Églises, et par corrélation, la question de la conversion potentielle des chefs de guerre du parti, fut une des composantes de ce contrôle. Par le biais de formulaires et de serments, par un contrôle des consciences décentralisé et confié aux colloques ou aux consistoires et par une surveillance du militantisme catholique dans les villes protestantes, l'assemblée générale du parti chercha à se préserver au maximum de ce risque. S'il y eut quelques cas retentissants de conversion, force est de constater que la fragilisation du parti dont l'Édit de Grâce d'Alès de 1629 fut la sanction ne semble pas avoir été le résultat d'un nombre important de changements de religion. Au contraire, il semble que la génération des chefs protestants des années 1620, pour la plupart des fils des capitaines et gouverneurs des années 1570-1580, conservèrent la religion de leur père pour leur plus grande partie. Cependant, cette fidélité confessionnelle ne les empêcha pas, selon les cas, de faire défaut au parti dans sa révolte contre Louis XIII.

Pierre-Jean Souriac
Université Jean-Moulin – Lyon 3
LARHRA (UMR 5190)

LES ENJEUX DE LA CONVERSION DANS UNE RÉGION PLURI-RELIGIEUSE

Parcours de convertis en Rhénanie du Nord (XVIe-XVIIe siècles)

La communauté ne doit pas être entendue comme une « boîte » dans laquelle des billes seraient rangées, pour reprendre la métaphore de Bernard Lepetit à propos des catégories sociales, mais comme une sphère sociale « en perpétuelle reconstruction et tenue par des jeux de relations et d'interaction[1] ». Les différentes formes de groupement et d'association spirituels, symboliques et sociaux se superposent, chacun ayant de multiples sentiments d'appartenance, souvent concomitants et parfois concurrents. La conversion peut dans ce cadre être comprise comme le processus de passage d'une communauté à l'autre : les billes (pour filer la métaphore) que ne sont pas les individus ne passent pas instantanément et par l'opération du Saint-Esprit d'une boîte à l'autre. La conversion, qu'elle soit subite, à l'instar de S. Paul, ou le résultat d'une longue maturation, comme S. Augustin – modèles classique d'interprétation des conversions à l'époque moderne – est toujours un parcours. Le moment du passage est précédé ou suivi d'un apprentissage et/ou d'une mise à l'épreuve des normes, d'une pratique de celles-ci et de la reconfiguration du groupe autour de l'absence de celui qui est parti, ou de la nouvelle présence de celui qui y est rentré.

À partir de quelques témoignages de passages s'étant déroulés dans une région pluri-religieuse au XVIe et XVIIe siècle, dont Gérald Chaix a pu dire que la frontière confessionnelle y était « introuvable », nous voudrions interroger la manière dont le passage d'une communauté de

1 Lepetit, Bernard, « Histoire des pratiques, pratique de l'histoire », *Les formes de l'expérience. Une autre histoire sociale*, dir. Lepetit, Bernard, Paris, Albin Michel, 1995, p. 13, et Lepetit, Bernard, « De la communauté à la fabrique communautaire », *Trouver sa place : individus et communautés dans l'Europe moderne*, dir. Roullet, Antoine, Spina, Olivier et Szczech, Nathalie, Madrid, Casa de Velázquez, 2001, p. 7.

foi à l'autre s'articule avec les multiples liens et influences qui parcourent le tissu social dans lequel le converti est inséré[1]. Nous questionnons en particulier l'idée de rupture qu'occasionne la conversion : quels domaines concerne-t-elle, et est-elle radicale ? La diversité religieuse rhénane permet d'observer une grande variété de conversions, la rendant en de nombreux points comparable aux Provinces-Unies et à la Frise orientale. Il nous semble que, comme ailleurs en Europe, le changement de sphère sociale influence les convertis dans leur choix. Mais le changement ne signifie pas forcément qu'il y a rupture avec les liens sociaux antérieurs, comme le montrent des parcours familiaux de conversions.

LA PLURALITÉ RELIGIEUSE RHÉNANE

L'actuel Land de Rhénanie du Nord, envisagé à l'époque de la confessionnalisation et un peu au-delà (vers 1560 – vers 1675), était un espace pluri-religieux. Les trois territoires qui retiendront notre attention ici, à savoir la ville libre d'Empire de Cologne (à différencier de la principauté-archidiocèse de Cologne, qui l'entourait) et les duchés de Juliers et de Berg, qui avaient tous deux le même prince, sont restés du côté de Rome. L'Église catholique était donc partout majoritaire et en position de force, car elle était (pratiquement) la seule qui assurait à ses membres une existence libérée de l'épée de Damoclès de la persécution religieuse[2]. Cependant, dès le début du XVIe siècle, une forte influence

1 Chaix, Gérald, « La frontière introuvable : pratiques religieuses et identités confessionnelles dans l'espace bas-rhénan » *Les frontières religieuses en Europe du XVe au XVIIe siècle*, dir. R. Sauzet, Paris, Vrin, 1992, p. 180.

2 Sur le positionnement confessionnel et la mise en œuvre d'une réforme catholique dans les espaces considérés, voir entre autre : Molitor, Hansgeorg, *Geschichte des Erzbistums Köln, Dritter Band : Das Erzbistum Köln im Zeitalter der Glaubenskämpfe, 1515-1688*, Cologne, Bachem, 2008 ; Chaix, Gérald, « Von der Christlichkeit zur Katholizität. Köln zwischen Traditionen und Modernität (1500-1648) », *Frühe Neuzeit – Frühe Moderne ? Forschungen zur Vielschichtigkeit von Übergangsprozessen*, dir. R. Vierhaus, Göttingen, Vandenhoeck & Ruprecht, 1992 ; *id.*, *De la cité Chrétienne à la métropole catholique. vie religieuse et conscience civique à Cologne au XVIe siècle*, thèse de Doctorat d'État de l'Université de Strasbourg, 1994 ; Scribner, Robert W., « Why was there no Reformation in Cologne ? », *Bulletin of the Institute of Historical Research*, 49 (1976), p. 217-241 ; Groten, Manfred, « Die nächste Generation : Scribners Thesen aus heutiger Sicht », *Köln als Kommunikationszentrum : Studien*

protestante s'est fait sentir ; très rapidement, le calvinisme s'est imposé parmi les différentes tendances hétérodoxes et réformatrices[1]. Dans la ville de Cologne, qui comptait environ quarante mille habitants, il y eut à partir de 1570 au moins trois communauté réformées clandestines différentes, dont les effectifs surpassaient la communauté luthérienne, et des groupes anabaptistes plus ou moins structurés. Ces derniers étaient les héritiers des mouvements dissidents contemporains de la Réforme, qui croyaient en une Église de professants. Ayant reçu le baptême à l'âge adulte, ils sanctifiaient leur vie dans le siècle par une stricte discipline. Ces communautés trouvaient leur origine majoritairement dans l'afflux massif de réfugiés des Dix-Sept Provinces à partir des persécutions du duc d'Albe de 1566, mais la part d'autochtones parmi eux n'était pas négligeable. Elles n'avaient de clandestin que le nom, dans la mesure où l'appartenance religieuse et confessionnelle de leurs membres n'était souvent pas un mystère pour les amis et les voisins. Cependant, à partir du début du XVIIe siècle, les protestants colonais furent tenus à l'écart de la sphère publique urbaine, entrant *de facto* dans un statut de hors-la-loi, ce qui concourut à fragiliser progressivement les Églises sous la Croix[2].

Dans le Juliers et le Berg, les ducs suivirent une *via media* au XVIe siècle, prenant en main la réforme des territoires[3]. De nombreuses communautés protestantes, principalement calvinistes, s'étaient cependant formées, installées, et suffisamment structurées pour pouvoir tenir des consistoires et des synodes régionaux à intervalles réguliers, à partir du milieu du XVIe siècle jusqu'à la fin de l'époque moderne. Il n'en allait pas de même

zur frühneuzeitlichen Stadtgeschichte, dir. G. Mölich et G. Schwerhoff, Cologne, DuMont, 2000.

1 Simons, Eduard, *Kölnische Konsistorial-Beschlüsse : Presbyterial-Protokolle der heimlichen kölnischen Gemeinde, 1572-1596*, Bonn, Hanstein, 1905 ; Schilling, Heinz, *Niederländische Exulanten im 16. Jahrhundert : ihre Stellung im Sozialgefüge und im religiösen Leben deutscher und englischer Städte*, Gütersloh, Mohn, 1972 ; Denis, Philippe, *Les Églises d'étrangers en pays rhénans (1538-1564)*, Paris, Les Belles Lettres, 1984.

2 Langer, Ute, « Die konfessionelle Grenze im frühneuzeitlichen Köln. Das Zusammenleben von Reformierten und Katholiken zwischen Anpassung und Abgrenzung », *Geschichte in Köln*, 53 (2006), p. 35-63 ; Deeters, Joachim, « Der "Bau zu Mülheim" und der Ausschlus der Kölner Protestanten aus der Gemeinschaft der Bürger », *Rheinische Vierteljahrs-Blätter*, n° 69, 2005, p. 192-211.

3 Schulte, Christian, *Versuchte konfessionelle Neutralität im Reformationszeitalter : die Herzogtümer Jülich-Kleve-Berg unter Johann III. und Wilhelm V. und das Fürstbistum Münster unter Wilhelm von Ketteler*, Münster, Lit, 1995 ; Flüchter, Antje, *Der Zölibat zwischen Devianz und Norm : Kirchenpolitik und Gemeindealltag in den Herzogtümern Jülich und Berg im 16. und 17. Jahrhundert*, Cologne, Böhlau, 2006.

des anabaptistes. Au XVIIe siècle, ils appartenaient principalement aux groupes mennonites, et s'étaient concentrés dans quelques zones du Juliers et de Berg pour former des communautés tolérées parfois puissantes, la plus connue étant celle de Mönchengladbach, qui comptait plusieurs centaines de membres. Enfin, cette pluralité confessionnelle se nourrissait largement du morcellement des territoires. Les frontières étaient vite passées, ce qui permettait aux communautés clandestines de trouver une alternative rapide aux interdictions dont elles faisaient l'objet[1].

La configuration religieuse de la Rhénanie du Nord, et en particulier de la ville de Cologne dans le dernier quart du XVIe siècle, rappelait beaucoup, *mutatis mutandis*, celle des Provinces-Unies ou de la Frise orientale. On découvre parfois sans surprise l'existence d'une concurrence pour les âmes entre les différents groupes religieux, analogue à celle que Nicole Grochowina ou Christine Kooi ont mise en évidence pour ces derniers territoires, au demeurant peu éloignés et avec lesquels les habitants de la région avaient de nombreux contacts[2]. La rivalité entre réformés et anabaptistes-mennonites est bien connue en Frise orientale, comme à Amsterdam. Elle avait quelque fondement. Les deux groupes adoptaient une théologie sacramentaire, il est vrai différente dans le détail. Ils mettaient l'accent sur la discipline et pratiquaient une Cène rare. En outre, beaucoup d'Églises réformées, en particulier sous la Croix, avaient une conception de l'Église comme un petit troupeau d'élus. Les anabaptistes, qui, à partir du milieu du XVIe siècle, s'étaient structurés en groupes ecclésiaux locaux ou régionaux relativement cohérents sous l'impulsion de Menno Simons († 1546), formaient des communautés parfois nombreuses. Ils étaient pourtant toujours suivis

1 Monge, Mathilde, *Des communautés mouvantes. Les « sociétés de Frères Chrétiens » en Rhénanie du Nord. Juliers, Berg, ville de Cologne, v. 1530-1694*, Genève, Droz, 2015 ; Rembert, Karl, *Die "Wiedertäufer" im Herzogtum Jülich : Studien zur Geschichte der Reformation, besonders am Niederrhein*, Berlin, Gaertner, 1899 ; Stiasny, Hans H. Th., *Die strafrechtliche Verfolgung der Täufer in der freien Reichstadt Köln, 1529 bis 1618*, Münster, Aschendorff, 1962 ; Löhr, Wolfgang, « Mennoniten in Mönchengladbach », *Mennonitische Geschichtblätter*, n° 57, 2000, p. 89-98 ; Krumme, Ekkehard, « Die Täufer in Gladbach », *Rheydter Jahrbuch*, n° 12, 1977, p. 9-58 ; Ehrenpreis, Stefan, « Die Obrigkeit, die Konfessionen und die Täufer im Herzogtum Berg 1535-1700 », *Drei Konfessionen in einer Region, Beiträge zur Geschichte der Konfessionalisierung im Herzogtum Berg vom 16. Bis zum 18. Jahrhundert*, dir. B. Dietz et S. Ehrenpreis, Cologne, Rheinland Verlag, 1999, p. 113-152.

2 Kooi, Christine, « Conversion in a Multiconfessional Society : The Dutch Republic », *Konversion und Konfession in der Frühen Neuzeit*, dir. U. Lotz-Heumann, J. F. Mißfelder et M. Pohlig, Gütersloh, Gütersloher Verlagshaus, 2007.

– en particulier dans les terres où ils n'étaient que peu tolérés – par une réputation d'hérétiques fomentateurs de chaos héritée des premières années du XVIe siècle. Malgré cela, les registres des procès-verbaux des synodes du Juliers, comme ceux des consistoires de Cologne, gardent des traces de cette compétition. À la fin du siècle, les Anciens du Juliers rapportent en moyenne tous les deux ans des défections au profit des anabaptistes-mennonite, et en 1670, les Anciens de la classe du comté de Moers se plaignaient à leur seigneur que la large tolérance accordée aux mennonites dans leur territoire provoquait de nombreuses défections[1]. Les conversions du catholicisme vers l'anabaptisme existaient aussi, y compris au XVIIe siècle où la politique des autorités territoriales était beaucoup plus agressive vis-à-vis de ces derniers.

En conséquence, les diverses communautés, catholique, réformée, luthérienne ou anabaptiste-mennonite, comprenaient une majorité de fidèles qui y étaient « nés » et des personnes qui s'y étaient converties, ces dernières devenant évidemment minoritaires au XVIIe siècle, au moment où les frontières confessionnelles eurent tendance à se stabiliser. Les conversions dans cette région pluri-religieuse prenaient donc des configurations très diverses : du catholicisme au calvinisme ou vers l'anabaptisme, de l'anabaptisme au catholicisme, du calvinisme vers le catholicisme, etc. Certaines étaient publiques, d'autres restaient discrètes. Il y avait évidemment des conversions multiples, à savoir qu'un même individu se convertissait plusieurs fois au cours de sa vie, comme il y en eut dans toute l'Europe au XVIIe siècle. En revanche, alors qu'en général, les conversions multiples sont vues – en particulier dans la littérature – comme le propre d'une vie d'itinérance, dans les régions rhénanes il était possible de parcourir un éventail d'appartenances religieuses sans quitter sa maison. Un certain Johann Schloter, sujet du duc de Juliers et né catholique à Mönchengladbach au début du XVIIe siècle, s'est ainsi converti deux fois dans sa vie – au moins. Les anabaptistes-mennonites étant l'une des communautés les plus puissantes de la ville au moment de son mariage, en 1651, il épousa une mennonite et reçut le baptême de foi ensuite. Lorsque ces derniers furent expulsés par le duc en 1654,

1 *Synodalbuch. Die Akten der Synoden und Quartier Konsistorien in Jülich, Kleve und Berg, 1570-1610*, dir. E. Simons, Neuwied, Louis Heuser, 1909, p. 682, 695, 705, entre autre, et *Akten und Protokolle der Classis Moers, 1608-1701*, dir. H. Faulenbach, Bonn, R. Habelt, 2005, p. 255 et 258.

Johann Schloter se convertit à nouveau : les communautés calvinistes étant alors tolérées, il les rejoignit et y fit baptiser ses enfants, sa femme restant mennonite[1].

L'éventail des possibles en termes d'appartenance religieuse, aussi bien simultanément que du fait des évolutions relativement rapides du paysage religieux, a amené une très grande diversité dans la forme même de la conversion. Cette dernière a son importance, dans la mesure où le rituel définissait et bornait les communautés, y compris celles qui cherchaient à se dépouiller des rituels[2]. Nous prendrons ici l'exemple des anabaptistes. Ceux qui se convertissaient au catholicisme (ou à une confession réformée) pouvaient être baptisés, s'ils n'avait reçu qu'un baptême de foi. Dans le cas contraire – s'ils avaient reçu un baptême catholique ou « protestant » dans leur enfance – ils étaient réconciliés dans l'Église catholique, ou admis à la Cène après avoir suivi la catéchèse. On trouve ainsi parfois mention, dans les registres paroissiaux ou dans les registres des baptêmes des communautés réformées, de baptême d'adolescents ou de jeunes adultes.

Mais une même cérémonie pouvait trouver une audience très variable, en fonction précisément de la manière dont les autorités d'une communauté souhaitaient en affirmer la supériorité et en préciser les bornes. À l'échelle européenne, certains baptêmes d'anabaptistes ont été élevés au rang d'événements, ainsi celui qui eut lieu à Paris en 1635, relaté dans un bref canard[3]. La conversion d'anabaptistes au catholicisme la plus largement diffusée dans la ville de Cologne fut celle de deux hommes réconciliés par l'Inquisiteur après un long séjour, en juillet 1565. Après avoir prononcé le *Juramentum* (la formule d'abjuration), « ils sont allés publiquement de la prison de la Dranckgasse à la cathédrale », où le prêtre en charge de l'office a demandé à l'assistance de prier pour eux[4]. Deux femmes capturées en même temps qu'eux et qui ont aussi

1 Hauptstaatsarchiv Düsseldorf (désormais HStAD), JB II, n° 252, 153r et 162r-v.

2 Halvorson, Michael J., « Lutherans Baptizing Jews : Examination Reports and Confessional Polemics from Reformation Germany », *Defining Community in Early Modern Europe*, dir. M. J. Halvorson et K. E. Spierling, Aldershot, Ashgate, 2008, p. 184-185.

3 *Les cérémonies observées au baptesme d'un Anabaptiste, converty à la Foy catholique, apostolique & romaine ; Baptisé par Monseigneur l'archevêque de Paris, en l'Église de notre Dame le lundy 16 juillet 1635*, Paris, Jean Martin, 1635.

4 Historisches Archiv der Stadt Köln (désormais HAStK), 30 G 211, fol. 28v-29v, le 27 juillet 1565. Voir également Burkardt, Albrecht, Schwerhoff, Gerd, « Deutschland und die

abjuré ont été, elles, dispensées de pénitence publique. La capture du groupe de dissidents auquel ils appartenaient avait fait scandale, car non seulement nul n'imaginait alors qu'autant d'hérétiques aient pu se dissimuler dans la ville (il y avait cinquante-sept prisonniers), mais la capture avait été faite dans un contexte politico-religieux régional tendu, avec les prémisses de la révolte des Pays-Bas. Il convenait donc de réparer publiquement l'accroc fait à la cohésion de la communauté sacrée.

Tout cela rappelle les nombreux autodafés qui se déroulaient dans la péninsule ibérique au même moment. Mais dans le contexte germanique, il faut souligner que la publicité et la ritualisation du passage n'étaient pas une condition du passage, non seulement pour les communautés clandestines, mais aussi pour l'Église catholique. Dans le canton helvétique des Grisons au XVIIe siècle, alors pluriconfessionnel, les réformés qui voulaient rejoindre l'Église catholique n'étaient astreints à aucune abjuration ou cérémonie de réconciliation : il leur suffisait d'assister à la messe[1]. La conversion pouvait même passer totalement inaperçue. Ainsi, en le 7 octobre 1598, on baptisa à Cologne la petite Agnès dans la communauté réformée néerlandophone. Le principal témoin, celle qui donna son prénom à l'enfant, était Agnès van Brugge, femme de Willem Tobias. En théorie, la conformité religieuse d'Agnès van Brugge ne fait pas de doute. Mais le 29 décembre de la même année, on baptisa cette même Agnès von Brugge, laissant ainsi supposer qu'elle avait été anabaptiste, ou que ses parents au moins l'avaient été[2]. C'est probablement pour éviter ce genre de surprise, ainsi que l'infiltration de « traîtres », que toutes les Églises sous la croix se mirent, au XVIe siècle, à exiger des migrants se présentant pour être admis à la Cène des sauf-conduits émis par la communauté d'origine.

Inquisition in der Frühen Neuzeit – ein Standortbestimmung », *Tribunal der Barbaren ? Deutschland und die Inquisition in der Frühen Neuzeit*, dir. *ibid.*, Constance, UVK, 2012, p. 9-56, p. 5.

1 Volkland, Frauke, « Konfessionelle Grenzen zwischen Auflösung und Verhärtung. Bikonfessionelle Gemeinden in der Gemeinen Vogtei Thurgau (CH) des 17. Jahrhunderts », *Aufsätze, Historische Anthropologie*, n° 5, 1997, p. 370-387, p. 379.

2 Personnenstandarchiv Brühl, Kirchenbücher, LK 225 p. 405 et 406.

LA CONVERSION, UN CHANGEMENT DE SPHÈRE SOCIALE ?

Pour Frauke Volkland, la diversité synchronique des formes rituelles et institutionnelles de passage d'un groupe à l'autre démontre la perméabilité des frontières religieuses : la religion ne serait qu'une appartenance sociale parmi d'autres[1]. La mention laconique du baptême d'un jeune garçon à Cologne au tournant du XVIe siècle pose justement la question du rôle des différentes sphères sociales dans la conversion. Tobias fut baptisé furtivement à l'âge de 11 ans par le curé de la petite paroisse Saint-Alban à Cologne, en 1594. Le registre paroissial donne[2] :

> L'année 1594 le 9 juillet a été baptisé un garçon âgé de 11 ans. Son père est mort, la mère est anabaptiste, donc les amis (*Freundschaft*) ont fait baptiser le garçon sans que la mère en ait connaissance. Il est appelé Tobias.

Dans ce moment du passage se dessinent plusieurs enjeux sociaux, et le cercle des amis y a joué un rôle déterminant. Il est clair ici que la « communauté » des amis et voisins chapeautait et reliait deux communautés de foi apparemment irréconciliables, auxquelles appartenaient les parents d'une part, les amis de l'autre, à savoir la communauté catholique et les anabaptistes. Dans les sociétés de l'Europe moderne, le cercle des amis était constitué habituellement de ceux qui gravitaient autour de la cellule familiale, parents ou non. Il assumait notamment la responsabilité des enfants en cas d'absence ou de défaillance des parents[3]. C'est bien de cela qu'il s'agit ici : le cercle des amis a considéré comme de sa responsabilité de remédier à ce qu'il considérait comme l'irresponsabilité des parents, acte rendu possible par l'absence du père de famille. Le baptême « forcé » existait en Europe, en particulier dans

---

1 Volkland, Frauke, « Konfession, Konversion und soziales Drama. Ein Plädoyer für die Ablösung des Paradigmas der "konfessionellen Identität" », *Interkonfessionalität – Transkonfessionalität – binnenkonfessionelle Pluralität, Neue Forschungen zur Konfessionalisierungsthese*, dir. K. von Greyerz *et alii*, Gütersloh, Gütersloher Verlagshaus, 2003, p. 91-104.

2 Diöcezanarchiv Köln, A II 45, fol. 9, 9 juillet 1594.

3 Le Maresquier-Kesteloot, Yvonne-Hélène, « Le voisinage dans l'espace parisien à la fin du Moyen Âge. Bilan d'une enquête », *Revue Historique*, n° 605, 1998, p. 47-71, p. 65 ; Harrington, Joel F., « Child Circulation within the Early Modern Urban Community : Rejection and Support of Unwanted Children in Nuremberg », *op. cit.*, dir. M. J. Halvorson, p. 106-107.

la péninsule ibérique ou dans le cadre de persécutions des anabaptistes, mais il posait question aux théologiens et n'avait rien d'évident d'un point de vue légal[1]. Or, la superposition des cercles sociaux et la minorité juridique du « converti » rendait ici apparemment possible un passage d'une communauté à l'autre qui n'avait, en droit, rien d'évident. Le cas du jeune Tobias prend en effet le contrepied de ce qu'a pu montrer Étienne François à propos de la ville d'Augsbourg après les traités de Westphalie. À Augsbourg, l'appartenance à une communauté de foi différente induisait des conséquences radicales sur toutes les autres sphères sociales dans lesquelles le converti était inséré[2]. Cela s'expliquait par la raideur de la séparation confessionnelle, vécue « au quotidien » par les habitants d'Augsbourg, qui manifestement n'existait pas (encore) dans d'autres contextes pluriconfessionnels ou pluri-religieux.

Les cercles sociaux pouvaient peser de plusieurs manières sur la décision du passage d'une communauté à l'autre – est examiné ici de manière privilégiée le passage de l'anabaptisme au catholicisme. Dans le cas de Tringen Keumpgen, presque convertie en 1675 à Gladbach (aujourd'hui Mönchengladbach) dans le duché de Juliers, le désir urgent de faire pleinement partie de la sphère spirituelle dans laquelle elle se trouve physiquement, dans un moment de fragilité personnelle, joue un grand rôle. Dans une supplique adressée au duc de Juliers, le curé raconte comment les anabaptistes-mennonites lui ont, au sens propre, volé une brebis égarée qu'il avait à peine ramenée au troupeau :

> [Tringen Keumpgen], née à Gladbach de parents catholiques, baptisée et élevée en catholique, et séduite par la secte anabaptiste, habitant dans la paroisse de Gladbach, étant tombée malade et devant garder le lit, m'a promis en me serrant la main devant de nombreux habitants de Gladbach, après que je lui ai parlé, de quitter la maudite erreur anabaptiste et de se convertir à la sainte foi catholique dans laquelle elle a été élevée. Mais lorsque les anabaptistes habitant dans la seigneurie de Rheydt l'ont appris, ces derniers, et en l'espèce Klumpgen, qui s'est introduit à Gladbach, se sont présentés chez ladite femme et l'ont détournée de ses bonnes intentions et finalement l'ont amenée chez les « mennistes » de la région de Rheydt[3].

1 Poutrin, Isabelle, « La conversion des musulmans de Valence (1521-1525) et la doctrine de l'Église sur les baptêmes forcés », *Revue Historique*, n° 648, 2008, p. 819-855.

2 François, Étienne, *Protestants et catholiques en Allemagne. Identités et pluralisme, Augsbourg, 1648-1806*, Paris, Albin-Michel, 1993.

3 HStAD, JB II, n° 252, 177[r], le curé de Gladbach au duc de Juliers, [1675].

La situation à Gladbach est celle d'une tension aigüe entre catholiques et anabaptistes (dits ici mennonites, ou « mennistes »), car le curé nouvellement investi fait preuve d'un prosélytisme inhabituel. Les anabaptistes, présents depuis plus d'un siècle dans la ville et la paroisse, bénéficiaient du morcellement territorial extrême de cette partie de l'Empire. Après l'ordre d'expulsion de 1754, beaucoup se sont simplement installés dans la seigneurie protestante de Rheydt, distante de quatre kilomètres. Les mennonites comme le curé jouaient sur le besoin de la mourante d'être en adéquation sur tous les plans avec la sphère sociale dans laquelle elle se trouvait, la situation liminale, géographique et personnelle, de ce petit drame expliquant alors les conversions multiples. Le même ressort motive de nombreuses conversions à travers l'Europe, en particulier celles des migrants. Les consistoires réformés des Pays-Bas réintégraient ainsi sans trop de problème les fidèles qui s'étaient rendus coupables d'apostasie à l'occasion d'un long séjour en terre catholique[1]. À l'inverse, la communauté juive d'Amsterdam montrait la plus grande méfiance envers ses membres qui revenaient après avoir passé beaucoup de temps en Espagne, à partir de 1624[2]. En effet, l'imbrication des communautés de foi et des autres sphères sociales, au niveau local, faisait de la conversion une étape logique allant presque de soi dans le parcours d'intégration.

Le rituel associé à la conversion en lui-même, et non le fait d'appartenir à telle ou telle communauté religieuse, donnait accès à des ressources sociales. La « fraude au baptême » à laquelle se livra une jeune migrante en 1617 à Cologne le souligne. Anna Wilhelms était arrivée des Provinces-Unies – probablement d'Enkhuisen – à Cologne et vivait dans une misère noire. Elle avait demandé à recevoir le baptême car, disait-elle, ses parents étaient anabaptistes. Comble de malchance, une des assistantes à son baptême dans l'église Saint-Paul avaient déjà été témoin de son baptême catholique près d'Arnheim deux ans auparavant. Anna Wilhelms atterrit ainsi en prison et dut rendre compte de son acte, particulièrement grave, car le « rebaptême » était une hérésie passible de mort dans le Saint-Empire. Elle déclara ainsi :

---

1 Kooi, Christine, *op. cit.*, p. 282.

2 Muchnik, Natalia, « Du judaïsme au catholicisme : les aléas de la foi au XVIIe siècle », *Revue historique*, n° 623, 2002, p. 571-609, p. 574.

> [...] qu'elle est amoureuse d'un valet qu'elle ne peut pas avoir à cause de ses amitiés trop basses [*nieder Freundschafft*]. C'est pour cela qu'elle est venue de Benden à Neuß [à côté de Düsseldorf], pour trouver des amis. Comme cela a échoué, elle est venue de Neuß à Cologne pour trouver à s'employer comme servante [...] Elle a été baptisée [...] mais elle n'avait ni parrain ni marraine [...] Elle n'était donc pas sûre d'avoir été correctement baptisée[1].

La jeune fille semble avoir eu besoin d'une marraine qui ait une position sociale suffisamment solide dans la société colonaise pour lui donner accès aux ressources sociales nécessaires à l'obtention d'une place comme bonne. Comme tous les prisonniers, elle « peint la réalité sous des couleurs roses » (G. Schwerhoff), la rendant vraisemblable et excusable. C'est précisément cela qui nous intéresse ici, car Anna Wilhelms montre que la conversion pour obtenir des ressources sociales pouvait apparaître comme légitime. L'intégration sociale et l'incorporation dans la communauté chrétienne étaient souvent liées dans la stratégie prosélyte catholique, et dans la pratique quotidienne. À Lyon ou aux Provinces-Unies, la politique de la Congrégation pour la Propagation de la Foi comprenait une aide financière aux convertis, en particulier aux migrants, pour les aider à s'établir. Les jeunes femmes venues de la Genève réformée à Lyon, catholique, qui se convertissaient au catholicisme au XVIIe siècle, recevaient ainsi aide et travail. Aux Provinces-Unies, où le catholicisme était en position de confession minoritaire au XVIIe siècle, la Mission de Hollande exerçait un prosélytisme actif, autant par une propagande assumée que par une aide financière à l'intention des nouveaux convertis dans le besoin[2].

1 HAStK, 30 G 243, fol. 257r.

2 Kooi, Christine, « Converts and Apostates : The Competition for Souls in Early Modern Holland », *Archiv für Reformationsgeschichte*, n° 92, 2001, p. 202-220 ; Martinat, Monica, « Conversions religieuses et mobilité sociale. Quelques cas entre Genève et Lyon au XVIIe siècle », *Mobilité et transmission dans les sociétés de l'Europe moderne*, dir. A. Bellavitis, L. Croq et M. Martinat, Rennes, PUR, 2009, p. 139-157.

LE PARCOURS FAMILIAL DE LA CONVERSION : LA RECONFIGURATION PROGRESSIVE DES LIENS SOCIAUX

Pour autant, la conversion n'est pas forcément la conséquence, la cause ou l'expression du désir d'un changement social radical. De nombreux membres de la « nation portugaise », réseau marchand transatlantique qui se structure à l'époque moderne, s'étaient convertis au judaïsme après avoir quitté la mère patrie sous le coup des soupçons de l'Inquisition. Beaucoup avaient été marranes, certains restèrent catholiques – et beaucoup hésitèrent. Pour autant, les liens de confiance et d'interconnaissance entre les convertis au judaïsme et les autres n'en furent pas pour autant rompus[1]. L'itinéraire de la famille von den Creutz à Cologne est un passage collectif et progressif de l'anabaptisme à la Réforme – et peut-être aussi au catholicisme. Le patriarche Arndt von den Creutz était un armateur mennonite fortuné probablement arrivé des Provinces-Unies dans les années 1580. Chassé de Cologne pour anabaptisme en 1595, sa famille et ses affaires y étaient si bien implantées qu'en 1601 il obtint du conseil municipal le privilège d'y revenir, contre la promesse de ne pas faire de prosélytisme[2]. Parmi les huit enfants connus du couple, pratiquement tous finirent par être admis à la Cène dans la communauté réformée germanophone clandestine de Cologne. C'est Aeletgen, la fille, qui franchit le pas la première en 1593 en demandant au consistoire à être intégrée. Certains passèrent par le catéchisme, d'autre apparaissent simplement comme parents d'enfant baptisé ou comme témoin. Enfin, Gerhardt, le dernier, est entré par le baptême en 1612[3]. La conversion familiale a donc duré vingt ans, vingt ans au cours desquels il est probable que nombre de ceux qui ne fréquentaient pas le culte réformé étaient encore anabaptistes dans la clandestinité. Il n'y avait donc aucunement

1 Studnicki-Gizbert Daviken, « La "nation" portugaise », *Annales. Histoire, Sciences Sociales*, n° 58, 2003, p. 627-648, [en ligne], § 2-4, et Israel, Jonathan, *Diaspora within a Diaspora. Jews, Crypto-Jews and the World Maritime Empires (1540-1740)*, Leyde, Brill, 2002, p. 129-130.

2 HAStK, 30 G 229, fol. 298^{r} *sq.* ; HAStK, Ratsprotokolle, 21, fol. 51^{r}.

3 Il fait baptiser un enfant en août 1612 et fait faire son testament la même année. Il est alors bourgeois de Cologne et marchand (*Protokolle der hochdeutsche-reformierten Gemeinde in Köln von 1559-1794, 1. Teil, Protokolle von 1599-1630*, dir. R. Löhr, Cologne, Rheinland-Verlag, 1976).

rupture, d'ailleurs les premiers bénéficiaires des testaments des enfants von den Creutz sont leurs parents, qui jamais ne se convertirent[1]. En outre, le père peut apparaître, précisément, comme un *broker*, un intermédiaire, ce qui n'a rien de surprenant considérant sa fortune – il était un « notable » de la communauté. En 1595, juste avant d'être capturé, il concluait en effet une association économique devant le conseil de Cologne avec des membres d'au moins deux communautés religieuses clandestines différentes, à savoir les réformés néerlandophones et les germanophones[2]. Les enfants pouvaient avoir vu dans les communautés réformées la possibilité d'une vie sanctifiée dans le siècle. La famille ne s'est pourtant pas distinguée par son rigorisme. les frères Johann et Heinrich ont été écartés de la Cène à plusieurs reprises au début du XVIIe siècle pour s'être battus dans une auberge ou pour avoir participé à la procession de la Fête-Dieu[3]. La conversion progressive de la majeure partie de la famille von den Creutz montre donc une recomposition progressive de la sphère sociale, et en aucun cas une rupture.

Pour mieux comprendre les enjeux de la conversion dans le cadre de parcours familiaux, on peut l'envisager de l'autre côté, et se demander pourquoi certains individus ne se convertirent pas, sans avoir forcément la réponse d'ailleurs. C'est la question que pose l'histoire du malheureux Bernard Omphalius, un des nombreux fils du docteur Jacob Omphalius, fait chevalier d'Empire par Charles Quint. Dans les années 1570, après la mort du patriarche et à la suite de l'afflux des réfugiés des Pays-Bas en guerre, la famille, à commencer par la veuve, commença à s'afficher parmi les membres de la communauté réformée clandestine germanophone de Cologne. Tous, sauf un, Bernard, qui resta catholique. Il était enserré dans un réseau familial protestant, par ses frères, ses sœurs, et surtout par ses deux épouses. Les familles de ces dernières étaient toutes deux des piliers de la communauté réformée haute-allemande. Bernard, de son côté, était devenu *Ratsherr*, membre du Conseil municipal, et il était de notoriété publique qu'il était malheureux en ménage et que son épouse tentait de le convertir[4]. Les raisons qu'il a pu avoir pour ne pas

1 HAStK, Testamenten, K 853, K 854 et K 855.

2 HAStK, 20, n° 109, fol. 230r.

3 Le 29 mai 1603, voir *op. cit.*, dir. R. Löhr.

4 Herborn Wolfgang, « Die Protestanten in Schilderung und Urteil des Kölner Chronisten Hermann von Weinsberg (1518-1598) », *Niederlande und Nordwestdeutschland. Studien zur Regional und Stadtgeschichte Nordwestkontinentaleuropas im Mittelalter und in der Neuzeit,*

se convertir restent donc obscures : garder un pied dans les confréries ou dans les fabriques, lieux essentiels de la sociabilité colonaise, est une possibilité. C'était d'autant plus important qu'il s'était inséré dans la vie politique colonaise, et qu'il pouvait apparaître comme le porteur de l'ancrage familial. Dans cette mesure, la fidélité à « l'ancienne foi de Cologne » – telle que la décrivent ses contemporains – peut apparaître comme une stratégie familiale tout autant que personnelle. Il est également possible que Bernard ait eu des convictions différentes de celles de son épouse. Cependant, les familles qui viennent d'être évoquées disposaient toutes d'une solide assise sociale et financière. Cela leur offrait de plus grandes possibilités dans leurs stratégies sociales, mais les rendait aussi beaucoup plus visibles à l'historien, par la documentation que leur parcours a laissée. Il est donc difficile de savoir si ce type de parcours collectif, qui contraste tant avec tous ces convertis célèbres s'étant fait les porte-paroles les plus passionnés de leur nouvelle foi, était une exception.

Nous avons saisi quelques parcours de convertis, chacun envisagé à partir d'un moment de ce processus parfois long. Souvent, ce ne sont pas les convertis qui parlent, mais un acteur qui est partie prenante – un membre de l'autorité religieuse ou civile, un témoin. Nous avons envisagés ces récits, d'une grande brièveté ou longs et circonstanciés, en terme de cercles sociaux : cercle des amis, sphère de l'appartenance religieuse et de l'intégration à une communauté à l'échelle locale par exemple. Tous ont montré que la conversion avait finalement à voir avec le décalage de ces différents cercles entre eux. Il s'agit, évidemment, pour le cas de confessions minoritaires ou clandestines, d'être en adéquation avec les prescriptions des autorités, mais aussi de tenter d'accommoder cette contrainte avec d'autres, qui sont aussi bien la conviction personnelle que l'appartenance sociale.

Mathilde MONGE
Université Toulouse – Jean-Jaurès

Franz Petri zum 30. Geburtstag, dir. W. Ehrbrecht et H. Schilling, Cologne, Böhlau, 1983, p. 136-153.

LES CATHOLIQUES ANGLAIS FACE À LA CONVERSION

Parcours et représentations au XVIe siècle

La question de la conversion se pose de plusieurs manières aux catholiques anglais du XVIe siècle. Mon objectif est de la cerner dans toute sa complexité et, au-delà du cas spécifique de l'Angleterre élisabéthaine, de nourrir la réflexion générale sur les convertis à l'époque des conflits confessionnels. Il me semble important de tenir compte à la fois des parcours concrets, en d'autres termes des pratiques religieuses et des attitudes sociales, ET des discours que le groupe lui-même ou d'autres groupes témoins forgent et colportent sur celles-ci. Le présent article n'en est pas moins centré sur des questions de représentation et donc de « propagande », au sens très large du terme. La littérature apologétique et polémique mérite en effet une attention toute particulière, parce qu'elle joue un rôle clé au XVIe siècle, dans le domaine britannique encore plus qu'ailleurs. Or, par ses composantes à la fois politiques et religieuses, la question de la conversion y est omniprésente.

DES CATHOLIQUES DEVENUS « HÉRÉTIQUES »

Le titre de cette première partie est évidemment provocateur, à cause des connotations éminemment péjoratives du terme « hérétique », mais il correspond à une réalité bien tangible dans l'Angleterre élisabéthaine. En effet, vers le milieu du XVIe siècle, les catholiques anglais sont devenus une minorité confessionnelle, au sens numérique mais aussi au sens légal du terme. Si la Réforme d'Henri VIII a sorti le royaume du giron catholique, ce sont le règne d'Édouard VI, puis la consolidation par Élisabeth Ire, après la courte parenthèse de retour au catholicisme sous Marie Tudor, qui l'ont définitivement poussé dans le camp de la Réforme protestante. Surtout, la Réforme telle qu'elle s'est imposée est une Réforme « par le haut » – nonobstant les critiques que les historiens ont pu formuler par rapport à ce concept – associée à l'instauration et au renforcement d'une Église d'État soumise au souverain. Il ne s'agit pas de retracer en détail l'histoire du protestantisme anglais et de ses structures ecclésiastiques au XVIe siècle. Un petit rappel me semble pourtant de mise. Il permettra de mieux comprendre les dilemmes des catholiques. Ceux-ci refusent d'abandonner la religion de leurs ancêtres, voire choisissent délibérément d'y adhérer, au détriment de la confession officielle.

Le *Settlement* élisabéthain, dont l'empreinte va marquer la vie religieuse et politique de l'Angleterre pour des siècles, repose sur deux piliers législatifs érigés en 1559 : un nouvel *Act of Supremacy* ou « Édit de suprématie », qui, faisant écho à celui de 1534, réaffirme la suprématie royale en matière religieuse, et, en parallèle, un *Act of Uniformity*, qui prévoit la mise au diapason de toutes les croyances et pratiques sous l'égide du clergé anglican et de son chef, la reine en personne. En vertu de cet « Édit d'uniformité », tout sujet est obligé d'assister au culte officiel et de se conformer aux doctrines et pratiques reprises dans le *Book of Common Prayer*, le livre de prière imposé par le double pouvoir politique et ecclésiastique. Par ailleurs, quiconque prétend accéder à certaines hautes fonctions de nature politique, judiciaire, économique ou pédagogique, doit prêter un serment d'allégeance au souverain comme chef suprême de l'Église. Ces mesures sont évidemment de nature à léser les deux principales minorités qui subsistent en Angleterre, malgré la politique d'uniformisation religieuse, à savoir les puritains et les catholiques. Dans la pratique, elles frappent surtout les catholiques, du moins au XVIe siècle. Ceux-ci ont le difficile choix entre la résistance, l'exil et différentes formes d'adaptation, parmi lesquelles la conversion ou la semi-clandestinité.

Certaines caractéristiques du catholicisme, notamment l'obligation d'obéir au pape et à une hiérarchie ecclésiastique très structurée, rendent difficile l'acceptation de l'*Act of Supremacy*, en d'autres termes de la suprématie royale sur l'Église d'Angleterre. La question de l'allégeance sera, pendant longtemps, au centre des préoccupations des catholiques anglais : comment combiner leurs obligations de « sujets » et leurs devoirs de « fidèles » ? Jusqu'à quel point peuvent-ils être de « bons sujets », sans pour autant devenir de « mauvais croyants » et des traîtres à la cause catholique ? Leurs adversaires, qu'ils soient politiques, ecclésiastiques ou pamphlétaires – il est d'ailleurs souvent difficile de dissocier ces trois catégories – recourent eux aussi à la question de l'allégeance pour discréditer les catholiques. Ceux-ci seraient tous des « rebelles » en puissance pour la simple raison que la soumission au pape, une puissance étrangère et ennemie, primerait à leurs yeux sur l'obéissance due au souverain et à son Église. En plus, ils tenteraient de pousser d'autres sujets anglais à la rébellion, notamment par leurs entreprises de propagande et de conversion. Ce dernier reproche vise surtout les acteurs de la « Mission d'Angleterre » ; il renvoie aux catholiques anglais dans leur rôle de « convertisseurs », d'agents actifs de la conversion religieuse et politique.

LES CATHOLIQUES ANGLAIS COMME « CONVERTISSEURS » TRÈS ACTIFS

Au sein de la minorité catholique anglaise de l'époque moderne, il existe plusieurs courants dont certains ont été beaucoup moins étudiés que d'autres. Très différents par leurs comportements, ils le sont aussi par leurs conceptions politiques et par leurs attitudes à l'égard de la conversion. Le groupe le plus connu, grâce à une importante historiographie catholique, est celui des *recusants* ou « récusants ». Ces catholiques radicaux refusent catégoriquement de récuser la foi romaine, et donc de se compromettre avec des rouages politiques portés par des « hérétiques ». Sous l'influence de la Compagnie de Jésus et à partir de bastions de la Contre-Réforme en Italie, en France et aux Pays-Bas espagnols, ils mènent un combat acharné pour le retour de leur patrie dans le giron catholique. À partir des années 1570, le « survivalisme » des catholiques attachés à la foi de leur jeunesse et encadrés par le clergé formé sous Marie Tudor, cède la place au « séminarisme », un courant plus offensif, porté notamment par des prêtres éduqués dans les séminaires continentaux. Dans ces milieux-là, la question de la conversion/

reconversion revêt une importance capitale. Elle est un élément clé du processus de radicalisation religieuse.

La « Mission d'Angleterre » donne sporadiquement lieu à des actions politiques exaltées ou désespérées. Mais elle se traduit surtout et avant tout par des tentatives de reconquête spirituelle via la prédication clandestine, des messes célébrées en secret, la diffusion d'écrits de propagande religieuse ou encore la mort en martyr pour donner l'exemple. À travers l'action sur le terrain de leurs « missionnaires », les catholiques anglais exilés poursuivent de vastes campagnes de reconversion destinées à modifier la donne confessionnelle en leur faveur. Les nombreux écrits de propagande produits dans le cadre de la « Mission d'Angleterre » cherchent d'abord à souligner le caractère légitime de celle-ci : le but n'est pas du tout d'appeler à la désobéissance ou à la rébellion ; il s'agit plutôt de propager la « vraie foi » dans des régions gagnées par l'erreur et de défendre les « droits de la conscience » contre les violations perpétrées par des autorités politiques sans scrupules. La conversion, en d'autres termes l'acte de ramener des Anglais contrits ou hésitants dans le giron de l'Église romaine, fait partie des outils privilégiés du combat. C'est ainsi que la décrivent les « missionnaires » et leurs défenseurs, par exemple dans les martyrologes qui racontent les vies et morts exemplaires des catholiques anglais morts en martyrs.

Les écrits polémiques produits et diffusés par les milieux gouvernementaux et leurs auteurs protestants attitrés condamnent au contraire les efforts de conversion déployés par la « Mission d'Angleterre » comme des attitudes criminelles, mettant en danger l'ordre public et la sécurité du royaume. Ils s'inscrivent ainsi dans la lignée de l'*Act of Uniformity* de 1559 qui interdit toute forme de culte non conforme à la liturgie officielle décrite dans le *Book of Common Prayer*. Surtout, ils reprennent l'argumentation échafaudée contre les « convertisseurs » catholiques par la législation royale. En témoigne notamment un édit de 1581 intitulé *An Act to retain the Queen's Majesty's subjects in their due obedience*[1]. Les tentatives de conversion au catholicisme y sont clairement assimilées à des actes de haute trahison. Dix ans auparavant, un autre édit (*An Act against the bringing in and putting in execution of bulls and other instruments from the see of Rome*, 1571), réagissant à l'excommunication d'Élisabeth Ire

1 Elton, G. R. (éd.), *The Tudor Constitution. Documents and Commentary*, Cambridge University Press, 1982 (reprint 1995), document n° 199.

en 1570, a dénoncé avec véhémence toutes les « manigances » organisées par le pape et ses amis. Il a notamment condamné les instruments de conversion amenés en Angleterre par les « agitateurs » catholiques en provenance du continent, et notamment les ustensiles du prédicateur connus sous le nom générique d'*Agnus Dei*[1] :

> *IV. And be it further enacted by the autority aforesaid that if any person or persons shall at any time after the said first day of July bring into this realm of England or any the dominions of the same any token or tokens, thing or things, called by the name of an Agnus Dei, or any crosses, pictures, beads or suchlike vain and superstitious things from the bishop or see of Rome, or from any person or persons authorised or claiming authority by or from the said bishop or see of Rome to consecrate or hallow the same [...].*

En 1585, un édit bien plus virulent encore (*An Act against Jesuits, seminary priests and such other like disobedient people*), qui fait écho à un contexte politique et diplomatique très tendu, interdit les activités de prédication et de conversion des jésuites et des autres prêtres en provenance de l'étranger[2]. Ceux-ci doivent être chassés du territoire et il faut éviter à tous prix que d'autres Anglais ne les rejoignent dans leur combat inique contre la reine et contre l'Église d'Angleterre. À nouveau, le fait de prêcher et de s'adjoindre des émules est considéré comme de la haute trahison, d'après un raisonnement reposant sur la totale confusion entre religion et politique. En parallèle à ces entreprises de dénigrement, et toujours dans l'esprit de l'*Act of Uniformity* qui impose partout l'observance des seules pratiques reconnues par le pouvoir politique, les catholiques anglais font l'objet de tentatives de conversion de la part de l'Église d'État. Celle-ci a tout un appareil politique et socioculturel à son service et elle peut se reposer sur une hiérarchie très efficace. Comment les catholiques anglais réagissent-ils à ces tentatives officielles de conversion orchestrées par le pouvoir ?

1 *Ibid.*, document n° 198.
2 *Ibid.*, document n° 200.

LES CATHOLIQUES ANGLAIS FACE À LA POLITIQUE OFFICIELLE D'UNIFORMITÉ/DE CONVERSION : RÉSISTER OU S'ADAPTER ?

Les catholiques les plus convaincus, qu'ils soient des acteurs de la « Mission d'Angleterre » ou des résidents gagnés à leur cause et complices de leurs activités, refusent évidemment de céder face aux pressions politiques et religieuses exercées par ceux qui les persécutent. Les martyrologes catholiques, tel le *Théâtre des Cruautés* (1587) de l'exilé Richard Verstegan, qui comporte un long chapitre sur « l'inquisition anglaise », dépeignent leur résistance avec beaucoup d'emphase, un des objectifs de ce genre de publications étant aussi d'inciter à l'imitation des martyrs. Regardons, à titre d'exemple, ce que Verstegan écrit au sujet d'un certain Dormitius Hurleus :

> docteur en l'un et l'autre droit, ayant demeuré quinze ans en l'université de Louvain, et quatre ans lecteur en l'université de Reims ; après il s'en alla à Rome, où, reconnu homme de singulière vertu et piété, fut par le pape Grégoire treizième du nom, créé archevêque de Cassel en Irlande, sa patrie naturelle.

Ce cas illustre au moins deux types de comportements de conversion, d'un côté, ceux que le prêtre catholique adopte lui-même pour s'assurer de la fidélité des anciens adeptes ou pour en faire des nouveaux, et de l'autre côté, ceux qu'il doit subir de la part de ses ennemis et auxquels il s'oppose farouchement… en répondant par de nouvelles tentatives de conversion :

> Là diligemment retourné (en Irlande, sous domination anglaise) pour essayer de recueillir son troupeau, rencontra quelque petit nombre de chrétiens fidèles, restés de tout le naufrage, fit selon les fonctions épiscopales le devoir d'un vrai pasteur ; et accusé d'avoir confirmé quelques enfants, fut saisi. On lui offrit premièrement grandes commodités s'il voulait apostasier et renoncer la foi de Jésus-Christ, mais lui ne pouvant être ébranlé de telles promesses, ains leur offrant une douce conférence pour leur faire connaître leurs erreurs et les en retirer, eux, crevant de dépit et forcènerie, le mirent aux tourments. (Suit l'évocation du supplice et de la mort de Dormitius Hurleus)[1].

---

1 Verstegan, Richard, *Théâtre des cruautés des hérétiques de notre temps*, texte établi, présenté et annoté par F. Lestringant, Paris, Éditions Chandeigne, 1995, p. 136.

Célébrées pendant des siècles par leurs coreligionnaires, les récits des martyrs catholiques anglais sont aussi ceux qui ont retenu l'attention presque exclusive des historiens. L'historiographie sur la question a été dominée jusqu'à il y a peu par des auteurs d'obédience catholique qui ont pendant longtemps écrit une histoire de victimes et de héros. Celle-ci a passé sous silence d'autres formes de vie, de pratique religieuse et d'intégration sociale, moins bien documentées par les sources et pourtant bien répandues parmi la minorité catholique dans l'Angleterre du XVIe siècle. Car, en réalité, les militants radicaux ne sont qu'une face de la minorité catholique anglaise à l'époque moderne. L'activisme politique et religieux est en fait une attitude marginale, étroitement liée aux communautés de l'exil et à quelques poches de résistance en Angleterre. Dans l'ensemble, les catholiques anglais restés en Angleterre sont de tendance modérée. Ils font preuve de loyauté à l'égard de la couronne, malgré leur statut parfois précaire. Rappelons que les pressions qu'ils doivent subir varient beaucoup en fonction du contexte politique, interne et international, et des soupçons et mesures anticatholiques que celui-ci engendre.

Les catholiques modérés, particulièrement nombreux dans les milieux de la noblesse, surtout dans le Nord de l'Angleterre, jonglent avec des loyautés en principe incompatibles pendant des siècles. Ils ont recours à des stratégies d'adaptation complexes qui tentent de réconcilier soumission à la loi et respect de la conscience[1]. Ils sont attaqués par les propagandistes protestants, mais aussi, via la prédication et la littérature pamphlétaire, par les « récusants » hostiles à toute forme de compromission avec l'État « hérétique ». Aux yeux de ces derniers, un catholique qui cherche à « se conformer » – dans le sens de la « conformité » demandée par l'Acte royal dit d'« uniformité » – compromet le salut de son âme. Certes, il est question ici d'intégration politique plutôt que de conversion religieuse... Mais dans un régime d'Église d'État, les deux vont de pair et sont même indissociables. Les propagandistes de la « Mission d'Angleterre » ne s'y trompent pas en condamnant le fait de « se conformer » comme une forme de conversion, voire d'abandon à l'« hérésie ».

1 Tutino, Stefania, *Law and Conscience. Catholicism in Early Modern England, 1570-1625*, Catholic Christendom, 1300-1700, Aldershot, Ashgate, 2007.

Dans l'Angleterre protestante, les tenants de la foi romaine mènent en effet une existence de « négociation » permanente et de compromis au quotidien[1]. Ceux qui ne choisissent pas le martyre ou l'exil, préférant à ces deux solutions radicales une vie double, une vie « entre deux », survivent, vivent et parfois même prospèrent grâce à leur aptitude à lâcher du lest et à faire semblant. Des concessions plus ou moins importantes par rapport à la confession officielle et majoritaire sont leur lot quotidien. Un certain degré de reniement de soi-même et de ses spécificités permet d'écarter les dangers les plus immédiats. Les pensées pures et les comportements authentiques sont confinés dans le domaine du secret, du for intérieur et de la vie familiale. L'objectif est de « se conformer » au mieux, du moins vers l'extérieur, tout en évitant la compromission, en d'autres termes la conversion explicite et définitive aux doctrines et aux pratiques de l'Église d'Angleterre. Mais cet exercice d'équilibrisme est très difficile, surtout pour les catholiques issus des couches médianes et inférieures de la société anglaise. Certains parmi ceux qui finissent par accepter la conversion vont alors jusqu'à adapter des comportements relevant du nicodémisme ou du « marranisme » au sens large du terme.

LES « CRYPTO-CATHOLIQUES » ANGLAIS ET LA QUESTION DE LA CONVERSION

Un autre groupe peu étudié, aux contours assez flous, est en effet celui des « crypto-catholiques ». Tout au long de l'époque moderne, beaucoup d'anciens catholiques officiellement convertis à l'Église d'Angleterre adoptent, de manière définitive ou par intermittence, des comportements « crypto-catholiques » afin de minimiser l'effet des contraintes. À l'extérieur, ils simulent l'adhésion à la religion officielle, mais dans leur for intérieur et au sein du noyau familial, ils restent fidèles au catholicisme, à ses dogmes et à ses rites. Ce phénomène des *Church Papists*, des « papistes dans l'Église » (c'est-à-dire dans l'Église d'Angleterre) selon un terme de l'époque, forgé

1 McClain, Lisa, *Lest We Be Damned. Practical Innovation and Lived Experience among Catholics in Protestant England (1559-1642)*, Londres/New York, Routledge, Religion in History, Society and Culture, 2003.

par des auteurs polémiques protestants, n'a pas beaucoup retenu l'intérêt des historiens. Seule Alexandra Walsham lui a consacré une étude pionnière[1].

Pendant la deuxième moitié du XVIe siècle, une période de forte répression des dissidences religieuses, de nombreux anciens catholiques officiellement convertis se contentent ainsi d'assister à un nombre minimal de cultes de l'Église d'Angleterre. En fréquentant de temps en temps leur paroisse, ils tiennent à montrer à leurs critiques réels et potentiels qu'ils agissent en conformité avec l'*Act of Uniformity.* Mais il leur importe aussi d'éviter les pénalités dont sont assorties des absences répétées ou trop nombreuses : sanctions financières, saisies de biens et de terres, restrictions de mobilité, et même peines de prison. Le gouvernement encourage en quelque sorte ces tactiques de simulation et de dissimulation, notamment parce que sa politique d'uniformisation vise avant tout les pratiques déviantes les plus visibles, c'est-à-dire les plus extérieures ; les croyances personnelles et les formes plus intimes de piété ne font pas l'objet d'une surveillance aussi rapprochée.

Les comportements de nicodémisme ou de « marranisme » auxquels recourent les catholiques anglais varient et se perfectionnent au gré des circonstances. Dans les familles les plus fortunées, les pères « se sacrifient » en se rendant de temps en temps au culte anglican de leur paroisse, garantissant ainsi la « conformité » et partant la sécurité des leurs, tandis que les mères et les enfants restent à la maison pour éviter tout contact avec l'« hérésie », préservant ainsi leur intégrité spirituelle et leur pureté d'âme. Il y a aussi ceux qui font semblant d'écouter le pasteur de l'Église d'Angleterre, mais qui prient le rosaire ou qui lisent des missels catholiques en même temps. En général, ces « crypto-catholiques » refusent de communier à la manière anglicane, une attitude qui est régulièrement dénoncée par leurs adversaires. Certes, l'attitude prédominante du clergé anglican, qui est souvent bien au courant des vraies convictions des « crypto-catholiques », est plutôt celle d'un attentisme indifférent, au nom d'un certain « vivre ensemble ». Mais n'oublions pas qu'il s'agit toujours de cas particuliers et que ceux-ci reposent tous sur un *statu quo* fragile ; or, cette fragilité peut à tout moment se retourner contre les familles concernées.

---

1 Walsham, Alexandra, *Church Papists. Catholicism, Conformity and Confessional Polemic in Early Modern England*, Londres, The Royal Historical Society, 1993, reprint The Boydell Press, Woodbridge, 1999.

Ces stratégies de simulation et de dissimulations contribuent à créer une identité spécifique, une identité à la fois religieuse, socio-politique et culturelle qui a fini par marquer plusieurs générations. Par leurs croyances et pratiques, les « crypto-catholiques » anglais se distinguent à la fois de leurs compatriotes du Moyen Âge tardif et de leurs coreligionnaires dans l'Europe continentale, marquée par le renouveau du concile de Trente. La clé de cette différence réside dans la clandestinité, entière ou partielle, qui leur est imposée ou qu'ils s'imposent à eux-mêmes. La notion de « marranisme » renvoie à celle de conversion plus ou moins forcée. Or, les « papistes dans l'Église d'Angleterre » (*Church Papists*), selon le terme péjoratif que leurs adversaires ont forgé, sont en effet des « mal convertis » et surtout des « convertis malgré eux ». En acceptant d'adhérer à la confession d'État, ils se plient souvent aux pressions politiques, sociales et économiques plutôt qu'à la contrainte juridique et militaire. « Conversion imposée » serait donc un terme plus approprié que « conversion forcée », même si la nuance peut paraître infime…

En fait, les catholiques anglais, et plus précisément les « crypto-catholiques » des XVIe et XVIIe siècles, sont, à la fois ou à tour de rôle, des convertis, des personnes à convertir, de « mauvais convertis » et, parfois, des « reconvertis » ou des personnes à reconvertir, toujours selon les circonstances et les rapports de pouvoir. Il leur arrive aussi de vouloir convertir ou reconvertir d'autres. Les « crypto-catholiques » anglais ressemblent à d'autres groupes de « marranes » par leur recours à des stratégies de simulation et de dissimulation. En tant que convertis « mal convertis », par des conversions plus ou moins forcées ou intéressées, ils mènent une « double vie », une vie « entre deux », comme tant d'autres « crypto-croyants » dans l'Europe de la première modernité. Et à l'image d'autres « marranes », les « crypto-catholiques » sont mal considérés par tout le monde, par leurs coreligionnaires catholiques comme par leurs « coreligionnaires » anglicans.

En réalité, les « crypto-catholiques » anglais nous sont surtout connus par les sources polémiques. Les pamphlets publiés à leur sujet, qu'ils émanent du camp protestant doté de la caution gouvernementale ou des franges plus radicales du catholicisme, nous ramènent tous aux accusations de trahison. L'image du traître, assortie de résonances multiples, n'est jamais loin lorsque les *Church Papists* sont évoqués : traîtres à eux-mêmes et à la foi des origines qui doit rester cantonnée dans le secret, traîtres à la nouvelle foi qu'ils prétendent avoir embrassée mais qu'ils ne pratiquent qu'à contre cœur et de manière superficielle, traîtres potentiels au souverain à cause de supposées connivences avec des ennemis extérieurs. Dans le camp des « crypto-catholiques » eux-mêmes, le principale interrogation concerne le degré de « conformisme » qu'il faut rechercher, pour assurer la sécurité des siens et pour éviter les restrictions de droits, sans aller trop loin dans les concessions à la religion officielle, sans renoncer à ses convictions catholiques, sans compromettre le salut de son âme, bref, sans devenir un traître à sa foi. Là aussi, la notion de trahison est présente, en filigrane de toutes les réflexions et de tous les débats.

DES CONVERTIS COMME PROPAGANDISTES ANTICATHOLIQUES

Les accusations de trahison ne sont pas absentes non plus des écrits de propagande rédigés par d'anciens catholiques, convertis de manière sincère et militante à la foi officielle, qui se transforment en porte-étendard de la cause anticatholique. Nous l'avons déjà montré : le thème de la conversion est un élément déterminant de tous les discours « antipapistes ». D'un côté, les catholiques anglais sont dénigrés pour leur refus de conversion, ou pour leur « mauvaise conversion » à la foi et aux pratiques de l'Église d'Angleterre. De l'autre côté, et de manière plus virulente, ils font l'objet d'accusations de duplicité, voire de traîtrise, à cause de leurs propres entreprises de conversion, que leurs adversaires associent à des tentatives d'appel à la rébellion. Cette double condamnation se retrouve aussi dans les pamphlets dus à des auteurs « repentis » qui cherchent à servir la reine et l'Église d'Angleterre en dénonçant et en diabolisant leurs anciens coreligionnaires.

Un des exemples les plus parlants est celui de Sir Lewis Lewkenor. Né dans une famille noble d'ascendance catholique, il s'est engagé pendant les années 1580 dans l'armée des Flandres, c'est-à-dire au service de la cause espagnole et de l'Église romaine. À Anvers, il a rencontré des exilés anglais et notamment des acteurs de la « Mission d'Angleterre ». De retour dans son pays natal après 1590, Lewkenor vire sa cuti et se transforme en un redoutable pamphlétaire anticatholique. Il fait une carrière fulgurante à la cour de Jacques Ier Stuart, suite et grâce à sa décision de se conformer aux doctrines et pratiques de l'Église d'Angleterre. Il y remplit entre autres la prestigieuse charge de maître des cérémonies. Mais plus tard, à la fin des années 1610, lorsque la conclusion d'une paix anglo-espagnole se profile à l'horizon, Lewkenor se reconvertit au catholicisme. Parmi les écrits liés au nom de Sir Lewis Lewkenor se trouve le pamphlet *A Discourse of the Usage of the English Fugitives by the Spaniard*, paru à Londres en janvier 1595. Un autre ouvrage du même acabit, publié la même année, porte le titre suivant : *The Estate of English Fugitives under the King of Spaine and his Ministers. Containing Besides, a Discourse of the Sayd Kings Manner of Government, and the Injustice of Many Late Dishonorable Practices by Him Contrived*[1].

Dans ces écrits aux diatribes très violentes, Lewkenor fait le procès du roi d'Espagne et de ses complices les plus pervers, les jésuites. Il les dépeint comme des intrigants sans scrupules qui attirent les catholiques anglais sur le continent pour les enrôler malgré eux dans des entreprises malhonnêtes. Le véritable but est de profiter de la naïveté des pauvres exilés. Le triste sort de ceux-ci consiste à être instrumentalisés, voire exploités, sans contrepartie et sans échappatoire. Beaucoup se retrouvent dans un état de pauvreté déplorable, affamés et en guenilles. D'autres sont embrigadés pour semer les graines de la désobéissance parmi les leurs en Angleterre. Lewkenor cherche à dissuader d'autres compatriotes catholiques de rejoindre l'armée des Flandres ou la « Mission d'Angleterre », en leur démontrant la profonde duplicité des Espagnols, ainsi que leur haine intrinsèque des Anglais. Il recourt aux ficelles habituelles du genre pamphlétaire, mais il déploie aussi une argumentation habile sur la possibilité de dissocier ses choix religieux personnels de la nécessité de faire allégeance à son souverain et de ne jamais servir les intérêts de puissances étrangères. En fait, les sirènes continentales optent pour de beaux chants religieux alors que leurs véritables intentions sont beaucoup plus terre-à-terre. Les Anglais devraient apprendre à s'en méfier et à se boucher les oreilles :

> *But the prettiest of all is to see how smoothly they handle the matter with you in England, abusing your simplicitie with the subtiltie of their words, and the holynes*

1 British Library et EEBO (*Early English Books Online*) ; fac-similé de *A Discours...* (The English experience, 612), Amsterdam/New York, 1973.

> *of their apparance. They make you and the other Catholikes of England beleeve, that what practises & drifts so ever they take in hand, are all for the zeale of religion and advancement of the Catholike cause. And you silly soules thinke all they saie to bee Gospell, whereas religion is the least matter of a thousand that they thinke uppon. The onely point they aime at, beeing lost companions at home, is to make themselves great where they are, & that by making you hazard your lives, reputations, and credits, and to that ende they are always breeding of prectises and conspiracies, both within and without the realme, caring not what success they take.*

Paroles d'un « repenti »… À l'opposé, il y a les motivations et les discours des nouveaux convertis au catholicisme, la dernière catégorie des catholiques anglais que nous aborderons.

LES NOUVEAUX CONVERTIS AU CATHOLICISME

Les transfuges confessionnels, en d'autres termes les « nouveaux convertis », sont évidemment nombreux parmi les catholiques radicaux et militants de la « Mission d'Angleterre ». Beaucoup de recrues de celle-ci proviennent des familles restées loyales à l'Église romaine ou retournées dans son giron. Mais certaines autres sont issues de milieux étrangers au catholicisme, voire de milieux ouvertement « antipapistes ». Le catholicisme revêt à partir des années 1570 une nouvelle aura d'exotisme et d'originalité qui plaît particulièrement aux jeunes[1]. Il a un goût d'interdit attirant, de « fruit défendu » pour lequel certains très jeunes Anglais sont prêts à rompre avec leurs parents. Les « missionnaires » savent galvaniser cet enthousiasme de la jeunesse pour la « nouveauté » des doctrines et des pratiques catholiques. Ils montrent en exemple les « fils pieux » qui ont rejoint le « droit chemin », sans craindre les sacrifices, par exemple la rupture avec un milieu social privilégié ou la perte de richesses matérielles. Certaines des conversions ainsi obtenues conduisent à un engagement actif dans la « Mission d'Angleterre ». D'autres sont plus hésitantes et plus fragiles, à l'image de beaucoup de conversions de l'époque moderne.

1 Walsham, Alexandra, *Catholic Reformation in Protestant Britain*, Catholic Christendom 1300-1700, Aldershot, Ashgate, 2014, p. 31.

Les conversions les plus intéressantes sont certainement celles de membres du clergé de l'Église d'Angleterre. Mais elles ont surtout lieu au début du XVIIe siècle, sous les règnes de Jacques Ier et de Charles Ier Stuart. Arthur Marotti décrit quelques cas, documentés par des écrits autobiographiques et spirituels passionnants, dans un ouvrage sur les discours catholiques et anticatholiques en Angleterre[1]. Un des parcours le plus connu est celui de William Alabaster, ministre du culte anglican à Cambridge, propagandiste du régime élisabéthain et « antipapiste » notoire… jusqu'à sa rencontre avec un prêtre jésuite en 1597, suivie de lectures approfondies. Alabastar décrit sa conversion de manière détaillée, avec maints arguments à l'appui. Il se dit motivé et inspiré à la fois par des considérations rationnelles, par des raisons émotionnelles et par des élans dévotionnels.

Il y a aussi des convertis dans les milieux artistiques et littéraires. Les tensions entre des loyautés concurrentes sont particulièrement importantes en leur sein. Elles annoncent les états d'âme des écrivains catholiques convertis des XIXe et XXe siècles. Alison Shell a étudié en profondeur les œuvres de Henry Constable et de Thomas Wright, deux poètes anglais convertis au catholicisme à la fin du XVIe siècle[2]. Deux thèmes sont déclinés conjointement dans leurs sonnets pétrarquistes, par un jeu de confusion habile : la vénération pour la Vierge Marie et la glorification de la reine Élisabeth. Voilà une manière étonnante de concilier, du moins en apparence, des identités en principe inconciliables. L'association entre l'amour divin et l'amour humain est un leitmotiv fréquent dans la littérature élisabéthaine, mais ces œuvres en proposent une déclinaison particulière à cause de l'appartenance religieuse de leurs auteurs.

Dans l'Angleterre élisabéthaine, les attitudes face à la conversion et les représentations de celle-ci sont d'une grande variété et complexité : des catholiques « convertisseurs », des catholiques qui récusent toute forme de conversion ou même de compromission, des catholiques qui y échappent en s'adaptant, des convertis qu'on peut décrire comme des « crypto-catholiques », d'anciens catholiques devenus des polémistes

1 Marotti, Arthur F., *Religious Ideology and Cultural Fantasy. Catholic and Anti-Catholic Discourses in Early Modern England*, University of Notre Dame Press, 2005, chap. "Performing Conversion", p. 93-130.

2 Shell, Alison, *Catholicism, Controversy and the English Literary Imagination, 1559-1660*, Cambridge, Cambridge University Press, 1999.

anticatholiques après leur conversion à la doctrine officielle, des catholiques nouvellement convertis, etc. L'étude détaillée et dépassionnée des réalités du terrain confirme qu'à cette époque la conversion religieuse n'est jamais un phénomène univoque, unilatéral ou unidirectionnel. En Angleterre elle l'est encore moins qu'ailleurs, malgré les politiques d'uniformisation religieuse et malgré les discours de récupération mis en œuvre par les différentes factions. Comme le rappelle Michael Questier, l'histoire de la Réforme anglaise, de ses différentes phases et de ses nombreux revirements, est d'abord une histoire de conversions et de reconversion[1]. Surtout, elle pose constamment la question des frontières entre « conformité » et « non-conformité », deux concepts intrinsèquement liés à l'histoire des catholiques anglais. Les études sur la Réforme anglaise devraient s'intéresser davantage aux individus croyants et à leurs trajectoires très diversifiées, au lieu d'être obnubilées par les questions d'identité collective. Les expériences de conversion ne manquent pas dans l'Angleterre de l'époque moderne ; mais elles sont toutes personnelles et difficiles à classifier ou à ramener à des dénominateurs communs.

Monique WEIS
Université libre de Bruxelles
et FNRS

1 Questier, Michael C., *Conversion, Politics and Religion in England, 1580-1625*, Cambridge, Cambridge Studies in Early Modern British History, Cambridge University Press, 1996.

DEUXIÈME PARTIE

DES DESTINS EN LIGNES BRISÉES OU L'ÉPROUVANT PARCOURS DU CONVERTI

SCIENCES ET CULTURES CONFESSIONNELLES

Le parcours de Philipp Apian (1531-1589), mathématicien allemand, entre catholicisme, luthéranisme et « crypto-calvinisme »

La vie de Philipp Apian, par bien des aspects, ne diffère pas des itinéraires confessionnels complexes qui caractérisent les biographies de nombreux humanistes et hommes de sciences européens du XVIe siècle. Si l'on se réfère aux principaux travaux consacrés à son parcours, qui datent du début du XXe siècle et des années 1930, on peut tracer comme suit son itinéraire[1]. Né en 1531, il est le fils du célèbre cosmographe et imprimeur d'Ingolstadt Peter Apian, mathématicien impérial. Philipp Apian est d'abord éduqué par des précepteurs et par son père. Sans doute très doué, il est présenté à plusieurs reprises à Charles Quint et commence à fréquenter l'université d'Ingolstadt dès l'âge de 11 ans. En 1549, en compagnie de son ami Johannes Sambucus, proche de la famille et futur médecin et historiographe de l'empereur Maximilien II, il entame une *peregrinatio academica*, visitant Strasbourg, Dôle, Paris et Bordeaux, avant de revenir en 1552 à Ingolstadt, en raison de la santé défaillante de son père. Ce dernier meurt deux mois après le retour de Philipp, qui a déjà été nommé professeur de mathématiques à la chaire qu'occupait Peter. Pendant ses premières années d'enseignement, Philipp manifeste un intérêt continu pour les sciences mathématiques et géométriques. En 1554, il reçoit de son souverain, le duc Albrecht V de Bavière, une commande pour la production d'une carte du territoire. Ce projet l'occupe sept ans et donne lieu à la production manuscrite puis

1 Voir Günther, Siegmund, *Peter und Philipp Apian. Zwei deutsche Mathematiker und Kartographen. Ein Beitrag zur Gelehrten-Geschichte des XVI. Jahrhunderts*, Prague, Verlag der kön. Böhmischen Gesellschaft der Wissenschaften, 1882. Pour un inventaire et une description précise de la production scientifique d'Apian, voir Karrow, Robert W., *Mapmakers of the Sixteenth Century and Their Maps. Bio-Bibliographies of the Cartographers of Abraham Ortelius, 1570*, Chicago, Speculum Orbis Press, 1993, p. 64-70.

à la publication, en 1563 puis en 1568, de la célèbre carte de Bavière, qui demeure jusqu'au XVIIIe siècle une description inégalée du duché[1]. Il est alors fréquent que les jeunes gens formés à la philosophie et doués pour les sciences mathématiques poursuivent un cursus supérieur en médecine. Philipp se rend à deux reprises en Italie, en 1557 et 1564, et obtient son doctorat de l'université de Bologne.

L'université d'Ingolstadt, sous la tutelle du duc de Bavière, conserve une position assez orthodoxe vis-à-vis du catholicisme, renforcée après 1555 et surtout après la clôture du Concile de Trente[2]. Apian y est soumis au contrôle sourcilleux de Friedrich Staphylus, luthérien converti au catholicisme et professeur de théologie depuis 1560, proche de la Compagnie de Jésus, très investi dans le rétablissement de l'orthodoxie catholique en Bavière et en Autriche. Apian, qui semble avoir été proche du luthéranisme – nous y reviendrons – doit quitter Ingolstadt en 1569. À la recherche d'un nouveau poste, il se rend d'abord à Vienne : Maximilien II n'est pas complètement hostile à la cause luthérienne et commande à Apian une carte de Carinthie avant de renoncer au projet, peut-être en raison de pressions confessionnelles locales. Notre mathématicien entame une errance assez longue, qui le conduit à Prague, Karlsbad, Leipzig, Meissen, Dresde et Wittenberg. Il retourne finalement en Bavière puis se rend à Tübingen, université luthérienne depuis 1534, qui le nomme professeur de mathématiques en 1569. Apian poursuit son œuvre mathématique, produisant deux globes pour Albrecht V, bien que sa résidence de courte durée à Munich n'ait, semble-t-il, guère été appréciée, et rédigeant des œuvres (demeurées manuscrites) sur l'usage de l'astrolabe. En 1583, il est à nouveau confronté à un problème confessionnel : il refuse de signer la Formule de Concorde luthérienne, texte qui établit le contenu de l'orthodoxie luthérienne, face notamment au « crypto-calvinisme » des héritiers de Philipp Melanchthon. Ce refus est traditionnellement interprété comme le signe de « tendances calvinistes », mais on ne dispose

1 L'édition de 1568 porte le titre suivant : *Bairische Landtafeln XXIIII. Darinnen das Hochlöblich Furstenthumb Obern unnd Nidern Bayrn, sambt der Obern Pfaltz, Ertz unnd Stifft Saltzbur, Eichstet, unnd andern mehrern anstossenden Herschafften, mit vleiss beschuben und in druck gegeben. Durch Philippum Apianum. Zu Inngolstat MDLXVIII.*

2 Sur l'histoire de l'université, voir Seifert, Arno, *Die Universität Ingolstadt im 15. und 16. Jahrhundert, Texte und Regesten*, Berlin, Duncker & Humblot, 1971, et *Statuten – und Verfassungeschichte der Universität Ingolstadt (1472-1586)*, Berlin, Duncker & Humblot, 1971.

en fait d'aucune source qui éclaire les motivations du refus d'Apian. Celui-ci demeure à Tübingen et se consacre à l'étude et à la remise en marche de l'imprimerie de son père, qu'il a transférée d'Ingolstadt. Il publie notamment ses propres ouvrages, un traité sur un instrument astronomique nommé « triant » (un tiers de cercle), puis un traité sur l'usage du cylindre, également dans le domaine astronomique. Il complète ses cartes de Bavière par un traité descriptif et par des représentations de lieux historiques et d'inscriptions romaines. Ce dernier travail n'a pas été publié lorsqu'il meurt en 1589.

Déroulée de la sorte, la vie d'Apian n'a rien d'exceptionnel, y compris dans ses errances confessionnelles. Il s'est sans doute, dès sa jeunesse, senti proche des idées de la Réforme – ce fut également le cas de son ami Sambucus – et il semble avoir entretenu une correspondance régulière avec Philipp Melanchthon. Le passage du catholicisme au luthéranisme, de même que la prise de distance avec l'orthodoxie luthérienne ne paraît pourtant pas tant le fait d'une « conversion intérieure » subite, qui aurait conduit Apian à franchir le pas, que de contraintes extérieures, de nature institutionnelle, politique et doctrinale, qui le forcent à se positionner face à des identités confessionnelles en voie de cristallisation. Rappelons brièvement, à ce titre, les moments qui marquent les débuts de la confessionnalisation dans l'Empire. Après 1555 et la paix d'Augsbourg, la politique ecclésiale et scolaire est placée de fait et de droit entre les mains des princes de l'Empire : la confession du prince détermine celle de ses sujets, principe résumé plus tard par la formule latine *cujus regio, ejus religio*. Dans le contexte des années post-tridentines, l'orthodoxie catholique est réaffirmée dans certains territoires. Dans les années 1570 et 1580, les conflits doctrinaux internes au luthéranisme entre « crypto-calvinistes » (qui sont pour partie des proches de Philippe Melanchthon) et « gnésio-luthériens », qui portent notamment sur la question de l'interprétation de l'eucharistie, sont plus ou moins résolus par la rédaction de la Formule de Concorde, acceptée dans un certain nombre de territoires luthériens, parmi lesquels se trouve le duché de Wurtemberg dont dépend l'université de Tübingen.

Le parcours d'Apian témoigne de l'existence, à l'échelle des individus, de différents degrés et critères d'identification confessionnelle, de phénomènes d'échanges et de continuité transconfessionnelle et interconfessionnelle, qui apparaissent surtout à la lumière d'une lecture historique rétrospective[1]. Il témoigne aussi du fait que, si la définition rétrospective et trop fermée des identités confessionnelles comme unités dogmatiques homogènes est une tentation dont on doit se garder, il a cependant bien existé à l'échelle institutionnelle (celle des Églises et celle des universités, dans le cas présent) et à certains moments, des processus contraignants de différenciation confessionnelle. L'époque à laquelle Apian doit, par deux fois, quitter l'institution dans laquelle il enseigne, en 1569 puis en 1583, correspond précisément à un contexte de la « linéarisation des frontières confessionnelles » – expression empruntée à Thierry Wanegffelen, mais qui peut évidemment être appliquée à la situation impériale[2].

Ces choses-là sont bien connues et ce n'est pas ce dont j'aimerais parler ici, parce que le cas d'Apian n'est sans doute pas celui qui se prête le mieux à ce genre d'analyse. On ne conserve aucune source qui témoigne de façon approfondie de ses positions personnelles sur les questions religieuses et confessionnelles. J'aimerais, en revanche, déplacer la réflexion sur des sujets qui touchent de plus près à l'histoire des savoirs et des sciences, et en corrélat à l'histoire des institutions universitaires et des circulations académiques. Il s'agit donc plutôt, au travers du dossier Apian, de s'interroger sur les relations réciproques entre construction du savoir, fonctionnement des institutions savantes, confession, et ici changement de confession. On peut, à ce titre, poser deux questions principales. La première interroge les liens entre confession et parcours académique : dans quelle mesure, de quelle manière l'identité (ou l'identification) confessionnelle définit-elle les circulations et l'activité universitaires dans l'Empire ? La seconde concerne plus directement le lien entre confession, construction confessionnelle, savoir et construction des savoirs : quels rapports la religion (et plus précisément ici la confession) entretient-elle avec le savoir ? Dans quelle mesure contribue-t-elle à le définir, à l'orienter, à le justifier ?

1 Sur ces questions et ces notions, voir notamment Von Greyerz, Kaspar, Jakuboski-Tiessen, Manfred, Kaufman, Thomas, Lehmann, Hartmut (dir.), *Interkonfessionalität, Transkonfessionalität – binnenkonfessionelle Pluralität. Neue Forschungen zur Konfessionalisierungsthese*, Schriften des Vereins für Reformationsgeschichte, 201, Heildeberg, Gütersloher Verlaghaus, 2003.

2 Wanegffelen, Thierry, *Ni Rome ni Genève. Des fidèles entre deux chaires en France au XVIe siècle*, Paris, Honoré Champion, 1997, notamment l'ouverture : « Penser la frontière entre catholicisme et protestantisme hors des schémas confessionnels », p. 3-36.

CONFESSIONS, RÉPUBLIQUE DES LETTRES, PARCOURS ACADÉMIQUE ET CONVERSION

L'interrogation sur les relations entre ces quatre notions n'est pas neuve. Il est usuel de constater que la République des Lettres conserve jusqu'à l'époque des Lumières une capacité de dialogue interconfessionnel – en même temps, il est vrai, qu'une tradition agonistique bien implantée dans laquelle la concurrence pour l'établissement du savoir, la reconnaissance et la distinction sociales peuvent parfaitement se greffer sur les conflits confessionnels[1]. Il est également fréquent que les prises de positions iréniques, conciliatrices ou tolérantes émanent des milieux savants, quelles que soient d'ailleurs les disciplines qu'ils pratiquent. Néanmoins, et à condition de la nuancer, l'interaction interconfessionnelle des mondes savants est surtout lisible dans les relations interpersonnelles, notamment celles qui passent par la correspondance, l'échange de livres, de spécimens et d'informations. La situation est tout autre quand on considère l'activité des savants dans ce qui constitue le lieu professionnel pour la majorité d'entre eux, et dans son caractère collectif : les universités, les écoles, les « semi-universités » (les collèges d'enseignement secondaire pourvus d'un cycle d'études supérieures équivalent aux facultés de philosophie), et dans certains cas les cours princières. Dans ce cadre, les rituels et les pratiques qui contribuent à la communication et à la validation du savoir, à l'expression des relations hiérarchiques, à la constitution de la communauté, sont souvent plus étroitement soumis à l'appartenance confessionnelle.

1 Sur la République des Lettres et son fonctionnement, voir notamment Bots, Hans et Waquet, Françoise, *La République des Lettres*, Paris, Belin, 1997. Sur les relations confessionnelles dans le monde des savants et des lettrés, voir notamment l'étude de cas proposée par Schuber, Anselm, « Kommunication und Konkurrenz. Gelehrtenrepublik und Konfession im 17. Jahrhundert », *Interkonfessionalität...*, *op. cit.*, p. 105-131 ; plus généralement, voir Bots, Hans, « L'esprit de la République des Lettres et la Tolérance dans les trois premiers périodiques savants hollandais », *XVIIe siècle*, 116, 1977, p. 43-57 et Jaumann, Herbert, « Gibt es eine katholische Respublica litteraria ? Zum problematischen Konzept der Gelehrtenrepublik in der Frühen Neuzeit », dir. H. Jaumann, *Kaspar Schoppe (1576-1649). Philologe im Dienste der Gegenreformation. Beiträge zur Gelehrtenkultur des europäischen Späthumanismus*, Francfort-sur-le-Main, Vittorio Klostermann, 1988, p. 361-379.

La *peregrinatio academica*, au principe de l'éducation des élites savantes européennes depuis le Moyen Âge, n'est que partiellement remise en cause par le processus de confessionnalisation. Dans l'Empire, la multiplication des créations universitaires consécutive à la Réforme et à la paix d'Augsbourg induit assurément un morcellement et une réduction de l'aire géographique des recrutements universitaires, ainsi qu'une confessionnalisation de ces recrutements[1]. Néanmoins, l'appartenance confessionnelle n'est pas une barrière absolue à la circulation des étudiants, comme en témoigne le parcours d'Apian lui-même et de nombre de ses contemporains. Il en est autrement pour les enseignants. Il est difficile d'établir une chronologie précise de l'exigence d'identification confessionnelle pour les professeurs, mais la paix d'Augsbourg marque un changement manifeste. Philipp Apian a ainsi pu enseigner plusieurs années à Ingolstadt en donnant, semble-t-il, une certaine publicité à ses sympathies pour la Réforme : correspondance avec Melanchthon, amitié avec Sambucus, qui a étudié à Wittenberg et à Strasbourg auprès de Johannes Sturm (mais aussi dans des institutions catholiques). Le changement est net après 1555 : dans son cas, la politique d'orthodoxie catholique menée à Ingolstadt correspond à la présence de Staphylus, mais aussi à celle des Jésuites qui y fondent un collège en 1556 et développent plus largement leur présence dans le monde scolaire et universitaire de l'Empire[2].

La confessionnalisation de l'occupation des chaires d'enseignement est tout aussi lisible dans les institutions protestantes. Le phénomène apparaît ainsi dans les sources qui relatent la vie de Philipp Apian et l'exercice de sa fonction de professeur à l'université de Tübingen. Il en existe deux principales. La première se trouve dans une série de portraits des professeurs de Tübingen existant à la date de 1577, les *Imagines Tubigensium*, publiées en 1597 par Erhard Cellius, qui enseigna la philosophie dans cette même institution et fit l'acquisition d'une presse typographique en 1596[3]. Il s'agit de la version gravée d'une galerie

1 Pour une synthèse sur la création des institutions universitaires dans l'Empire consécutive à la Réforme, voir Hammerstein, Notker, *Bildung und Wissenschaft vom 15. bis zum 17. Jahrhundert*, Munich, Oldenbourg, 2003, et « Universitäten und Reformation », *Historische Zeitschrift*, 258, 1994, p. 339-357.

2 Hengst, Karl, *Jesuiten an Universitäten und Jesuitenuniversitäten. Zur Geschichte der Universitäten in der Oberdeutschen und Rheinischen Provinz der Gesellschaft Jesu im Zeitalter der konfessionellen Auseinandersetzung*, Paderborn, Ferdinand Schöningh, 1981.

3 *Imagines Tubigensium, senatorii praecipue ordinis. Qui, hoc altero Academiae Seculo, Anno 1577 inchoato, in ea & hodie, Anno (1596) vivunt, ac florent : & interea mortui sunt*, Tübingen,

de portraits peints placés dans les bâtiments universitaires, tradition instituée dans la seconde moitié du XVIe siècle[1].

Le portrait gravé d'Apian le montre dans sa spécialité d'enseignement : il est entouré des attributs qui signalent clairement au lecteur qu'il occupe la chaire de mathématiques. Richement vêtu, le professeur est représenté en savant, tenant livre et feuillets. Devant lui sont posés un compas, un quadrant et un astrolabe, tandis que les angelots qui survolent le cartouche s'affairent eux-mêmes à des activités relevant des mathématiques pratiques. Rien ici ne souligne particulièrement la confession. Le texte en vers qui accompagne la gravure, en revanche, évoque plus longuement sa vie, ses origines, son père, son activité à Ingolstadt, son travail cartographique. Il aborde également la question religieuse, non pas en terme de « conversion », mais à l'inverse en terme de fidélité à la « vraie religion », c'est-à-dire la confession luthérienne : « Mais comme il niait le dogme du Pontife Romain / Ferme dans [sa croyance dans] la vraie religion / Il fut chassé de sa patrie ; chose lamentable, qu'il soit exilé / mais Tübingen l'accueille d'un cœur conciliant »[2]. Il s'agit ici, bien sûr, d'une légitimation du luthéranisme en usage à Tübingen, mais aussi de la présence d'Apian, dont le passé « catholique » est manifestement oublié (bien que son activité savante, ainsi que celle de son père, soient célébrées) : le récit en fait un fidèle perpétuel de la confession luthérienne, comme si la conversion n'avait jamais eu lieu. À l'inverse, son expulsion de l'université de Tübingen, consécutive à son refus de signer la Formule de Concorde, est passée sous silence. Le texte se contente d'évoquer sa constance religieuse et sa piété jusqu'à sa mort.

La seconde source, qui apporte l'essentiel des informations biographiques connues sur Philipp Apian, est l'oraison funèbre prononcée après sa mort, le 14 novembre 1589, par l'incontournable Erhard Cellius, devant les représentants assemblés de la faculté de philosophie et de

---

1596/1597. Le portrait gravé d'Apian se trouve au f. D r°.

1 Sur l'histoire de l'université de Tübingen, de sa faculté de philosophie et de l'enseignement mathématique, voir Hofmann, Norbert, *Die Artistenfakultät an der Universität Tübingen, 1534-1601*, Tübingen, J. C. B. Mohr (Paul Siebeck), 1982 ; Roth, Friedrich, *Urkunden zur Geschichte der Universität Tübingen, aus den Jahren 1476 bis 1550*, Tübingen, Laupp, 1877 ; Schröder, Karl Heinz, *Geographie an der Universität Tübingen, 1512-1977*, Verlag des Geographischen Instituts der Universität Tübingen, 1977 ; Methuen, Charlotte, *Kepler's Tübingen. Stimulus to a Theological Mathematic*, Aldershot, Ashgate, 1998.

2 « Sed cum Pontificis Romani dogma negaret /In vera immotus relligione Dei / Pellitur è Patria : (res ô miseranda) sit exul /Suscipit at miti corde Tubinga virum ».

l'université. Le texte est imprimé en 1591[1]. Bien qu'Apian n'ait plus enseigné dans l'institution depuis 1583, il est ici considéré et célébré comme un membre à part entière, et prestigieux, de l'université.

Composée sur un principe astrologique – l'organisation du texte s'appuie sur la conjonction des astres à la naissance d'Apian – l'oraison relate essentiellement son activité savante, et loue tout particulièrement son travail de cartographe. Les questions confessionnelles sont aussi évoquées. Dans sa première partie, le texte mentionne un échange épistolaire avec Melanchthon qu'aurait entretenu le jeune Apian en 1550, mais sans préciser quelles pouvaient alors être ses convictions personnelles en matière confessionnelle[2]. Elles sont évoquées plus loin, lorsque est relaté son second séjour en Italie pour l'obtention du doctorat : il est affirmé qu'Apian refusa en 1568 (dans le calendrier grégorien, précise le texte) de jurer fidélité à la « religion pontificale », se soustrayant ainsi à l'autorité ducale de sa patrie bavaroise. La conséquence logique est qu'il fut contraint à un exil « douloureux ». L'oraison insiste plus loin sur le caractère pernicieux des « papistes », affirmant qu'Apian ne put demeurer auprès de l'empereur Maximilien à Vienne, en raison des accusations portées à son encontre par les représentants du Pontife à la cour impériale.

À lire ce récit, on ne peut interpréter le passage au luthéranisme comme le résultat d'une « conversion » intérieure. Apian est décrit comme constant dans la « vraie religion » (bien que son éducation ait sans doute été catholique), mais le fait qu'il ait été professeur à Ingolstadt avant d'enseigner à Tübingen n'est ni caché ni critiqué. Le texte insiste surtout sur le fait qu'il refuse de se plier à une autorité (de nature institutionnelle et politique) et présente comme naturelle son activité dans l'université bavaroise dans les années 1560, signe que la confessionnalisation des institutions d'enseignement n'est alors pas considérée comme une fatalité. L'identité locale, la fidélité à la *patria* (et au père, illustre représentant

1 Cellius, Erhard, *Oratio De Vita, Et Morte Nobilis, Clarissimi Viri Philippi Apiani...*, Tübingen, Georgius Gruppenbachius, 1591.

2 Ces lettres ne semblent pas avoir été conservées. Philipp Melanchthon mentionne une fois Philipp Apian dans sa correspondance. Dans une lettre adressée à Christoph Stathmion et datée du 25 août 1553, Melanchthon évoque Peter Apian à propos de la recherche d'éphémérides, et souligne à cette occasion que Philipp l'a remplacé à la chaire d'Ingolstadt. Voir Scheible, Heinz (éd.), *Melanchthons Briefwechsel. Kritische und kommentierte Ausgabe*, vol. 7, Stuttgart-Bad Cannstatt, Fromman-Holzbog, 1993, 6949, p. 111.

des disciplines mathématiques), semblent justifier qu'Apian y ait vécu et enseigné malgré ses sympathies pour la Réforme.

Le reste du texte, reconnaissant cette fois le processus de confessionnalisation territoriale, souligne l'existence de la « vraie religion » dans le duché du Wurtemberg qui accueille finalement Apian. La fin de l'oraison développe un lieu commun des *Arts de mourir*, soulignant la piété du mathématicien à l'approche de la mort, omettant le problème de la signature de la Formule de Concorde et continuant à considérer Apian comme un bon chrétien, tenant de la vraie religion. Cette dernière n'est pas définie, mais le texte peint l'ancien professeur en lecteur assidu de l'Écriture sainte, ce qui peut être compris comme un indice d'appartenance à la confession luthérienne.

Sans mettre de côté la question religieuse et sans négliger de légitimer l'adhésion au luthéranisme, ni de critiquer la sournoiserie des « papistes », le texte donne donc l'impression d'un certain détachement à l'égard de la fixation confessionnelle dans un contexte ecclésial et territorial. La condamnation de la contrainte confessionnelle exercée par les institutions scolaires et politiques se lit notamment dans le récit amer des difficultés qu'Apian rencontre auprès de ses protecteurs « naturels », le duc de Bavière Albrecht V et l'empereur Maximilien II, qui, à titre personnel, reconnaissent sa valeur comme mathématicien mais ne peuvent admettre sa présence à leur cour. De même, le refus de signer la Formule de Concorde n'est pas considéré comme assez grave par la communauté académique pour vouer la vie d'Apian à la *damnatio memoriae*. L'oraison fait allusion de manière récurrente à la République des Lettres et à la circulation européenne d'Apian : peut-être est-ce là le signe d'une perception conciliante à l'égard des divisions confessionnelles et surtout d'une certaine prise de distance à l'égard d'une définition plus rigide des contenus doctrinaux. Notons enfin qu'à aucun moment il n'est question de crypto-calvinisme. Il est fort probable qu'Apian ait conservé jusqu'à sa mort sa fidélité au luthéranisme, tout en penchant pour la souplesse interprétative de l'eucharistie héritée de Philipp Melanchthon.

LA SCIENCE D'APIAN, D'INGOLSTADT À TÜBINGEN

Venons-en au second problème que permet d'aborder le parcours de Philipp Apian, celui des liens entre pratique savante, construction du savoir et confession. L'étude des interactions entre religion et savoirs est une question classique de la sociologie et de l'histoire des sciences depuis les travaux de Robert K. Merton. Ce dernier, dans les années 1930 et dans la lignée de la célèbre étude de Max Weber sur les relations entre protestantisme et éthique du capitalisme, s'est penché sur les travaux et les caractéristiques sociales et professionnelles des grands savants anglais du XVIIe siècle, notamment des membres de la *Royal Society* et des grands expérimentateurs qui ont contribué à ce qu'on appelle communément la « Révolution scientifique »[1]. Merton y trouve un nombre important de Puritains et relève les discours de justification de la pratique scientifique, notamment ceux qui, dans un esprit très calviniste, soulignent l'insuffisance de la raison humaine depuis le péché originel. Dans cette perspective, l'usage d'outils et de techniques dans le cadre de l'expérimentation est compris comme un moyen de créer des substituts à l'insuffisance des sens humains, qui permettent de reconnaître l'action de la Providence dans la nature. Merton pose d'autre part la question du rôle qu'a pu jouer le protestantisme dans la Révolution scientifique et émet l'idée, à titre d'hypothèse, qu'il a pu être un facteur favorable et avoir une fonction de catalyseur. Cette idée reste à l'état de proposition et n'est pas réellement éprouvée par Merton lui-même.

L'hypothèse a quelquefois été transformée en une vulgate tenace, en particulier chez les historiens des sciences protestants, puis a fait l'objet de nombreuses discussions. Il n'est aujourd'hui pas possible de formuler aussi simplement les choses, ni de considérer qu'il existe une *épistémé* spécifiquement catholique ou protestante, moins encore que l'une ou l'autre détiendrait le monopole de la production du savoir moderne et d'une nouvelle philosophie de la connaissance[2]. Néanmoins, il est certain

---

1 Merton, Robert, *Science, Technology and Society in Seventeenth Century England*, New York, Fertig, 1970 (1re éd. 1938).

2 Feldhay, Rivka et Elkana, Yehuda, « *After Merton* ». *Protestant and Catholic Science in Seventeenth-Century Europe*, numéro spécial de *Science in Context*, 3, 1989-1 ; *Sciences et religions*

qu'il existe des particularités confessionnelles en la matière, et qu'à ce titre de véritables cultures confessionnelles peuvent caractériser la production et la transmission des connaissances. Il existe notamment des discours de justification clairement distincts, qui peuvent attiser l'intérêt pour tel ou tel domaine du savoir dans des milieux confessionnels différents.

Le parcours d'Apian est intéressant à ce titre, parce qu'il passe par deux institutions, Ingolstadt et Tübingen, de confessions distinctes, et qui sont par ailleurs marquées par des traditions mathématiques importantes mais d'orientation assez différente. Ingolstadt, dès la fin du XVe siècle, a mis en avant les savoirs mathématiques dans l'enseignement de la philosophie, en insistant tout particulièrement sur les mathématiques appliquées et la construction d'instruments (d'astronomie, d'arpentage, etc.)[1]. Peter Apian (le père) représente particulièrement bien ce courant. Tübingen, depuis son passage au luthéranisme, met en place un modèle d'enseignement qui s'inspire en partie de celui de Wittenberg, et de la réforme qu'y a introduite Philipp Melanchthon à partir des années 1520. Cette réforme confère une importance considérable à l'enseignement des mathématiques dans la faculté de philosophie, ainsi qu'à leur usage. Les savoirs mathématiques (géométrie, astronomie, astrologie, géographie...) supposent en effet une capacité à mesurer l'espace et le temps, qui correspond à la régularité des phénomènes naturels. Pour Melanchthon, cette mesurabilité, qui existe à la fois dans la nature et dans l'esprit de l'homme, témoigne de l'action de la Providence[2]. Connaître et pratiquer les savoirs mathématiques peut donc être un moyen, pour le chrétien, de reconnaître celle-ci. Les très nombreux manuels et traités portant sur la philosophie de la nature et produits dans les universités luthériennes de l'Empire depuis les années 1530 reprennent ce discours, dans des termes souvent très proches de ceux de Melanchthon. Tübingen s'est particulièrement illustrée en ce domaine[3].

---

de Copernic à Galilée (1540-1610), Actes du colloque international de l'École française de Rome, 12-14 décembre 1996, Rome, 1999.

1 Seifert, Arno, *Die Universität Ingolstadt im 15. und 16. Jahrhundert*, *op. cit.*

2 Sur la place de la philosophie naturelle chez Melanchthon, voir Maurer, Wilhelm, *Der junge Melanchthon zwischen Humanismus und Reformation*, vol. 1 : « Der Humanist », 1962 ; vol. 2 : « Der Theologe », 1969, Göttingen, Vandenhoeck & Ruprecht ; *id.*, « Melanchthon und die Naturwissenschaften seiner Zeit », *Archiv für Kulturgeschichte* ; Kusukawa, Sachiko, *The Transformation of Natural Philosophy. The case of Philipp Melanchthon*, Cambridge, Cambridge University Press, 1995.

3 Methuen, Charlotte, *Kepler's Tübingen*, *op. cit.*

Qu'en est-il de Philipp Apian ? Sa production scientifique s'étend sur toute sa période d'enseignement, à Ingolstadt puis à Tübingen. A-t-elle subi un changement qui serait associé au passage d'une institution à l'autre ? L'étude de ses œuvres publiées permet en partie de répondre à la question. Ces œuvres sont au nombre de trois. La première porte le nom de *Bayerische Landtaffel*, publiées en 1563 puis en 1568. Il s'agit de la carte de Bavière mentionnée plus haut et qui a sans doute le plus largement contribué à faire reconnaître Apian dans la communauté savante de l'Empire. Le petit texte qui accompagne les planches gravées ne fournit que quelques informations pratiques sur leur usage et leur conservation. Le deuxième ouvrage porte sur l'usage du *triant*. Publié à Tübingen en 1586, il correspond au moment où Apian n'enseigne déjà plus à l'université. Il est donc en principe soustrait à l'influence de la tradition philosophique et pédagogique mélanchthonienne. Le traité est dédié au duc de Wurtemberg et de façon classique, l'épître dédicatoire est aussi un éloge de l'astronomie. Apian rappelle son histoire pluriséculaire et l'usage ancien qu'en ont fait les princes, souligne son utilité pour la mesure du temps, mais n'invoque à aucun moment la Providence divine. Le troisième et dernier ouvrage porte sur l'usage du cylindre et a été publié à Tübingen en 1588. Ce texte reste, là encore, purement technique, et se passe de toute forme de légitimation religieuse du savoir.

Apian n'adopte donc pas les modes d'enseignement et de légitimation des disciplines mathématiques caractéristiques des universités luthériennes. Il semble que ces formes d'investissement confessionnel du savoir soient surtout le fait des proches et disciples de Melanchthon, qui ont donc mené au moins une partie de leurs études à Wittenberg[1]. Il est néanmoins un domaine de controverse savante dans lequel Apian montre clairement son appartenance au protestantisme : il s'agit de la querelle sur la réforme du calendrier. On sait que celle-ci, proposée par Grégoire XIII et soutenue, notamment du point de vue scientifique, par la Compagnie de Jésus (le grand mathématicien Christoph Clavius y a joué un rôle important), donne lieu à des contestations importantes

1 Sur la transmission de la pensée mélanchthonienne dans le domaine de la philosophie naturelle et des mathématiques, outre les ouvrages de S. Kusukawa et de C. Methuen déjà mentionnés, voir Brosseder, Claudia, *Im Bann der Sterne. Casper Peucer, Philipp Melanchton, und andere Wittenberger Astrologe*, Berlin, Akademie Verlag, 2004.

chez les savants protestants[1]. Tübingen, où la tradition d'enseignement astronomique est ancienne, s'y est particulièrement illustrée. Apian ne rédige pas lui-même de traité, mais les archives de l'université conservent la trace d'une déclaration qu'il aurait faite à ce propos, sans doute à l'occasion d'une enquête en 1582. On en trouve quelques détails dans les protocoles du sénat de l'université : le mathématicien y déclare que ce calendrier est l'œuvre du diable et qu'« en le suivant les astronomes font du ciel une étable », manière assez claire de mentionner le profond dédain que lui inspire cette initiative pontificale, pourtant pertinente du point de vue scientifique et pratique[2]. La réaction d'Apian est ainsi largement partisane et caractéristique des milieux académiques, car certains astronomes protestants (comme Kepler, qui fut lui-même formé à Tübingen mais n'y enseigna pas) ont admis la pertinence scientifique de la réforme du calendrier.

Apian n'a, semble-t-il, pas produit de travaux ni de manuels d'enseignement qui seraient restés manuscrits, à l'exception d'une œuvre d'adolescent sur l'usage du « cosmolabe ». Sa production savante est fortement marquée par sa formation et par l'imitation des pratiques paternelles : intérêt principal pour les instruments mathématiques plutôt que pour l'observation ou la théorie, rédaction et mise en valeur des traités tournées vers le mécénat princier plutôt que vers la pédagogie à destination des facultés de philosophie. Son passage à Tübingen ne lui fait pas adopter les tendances universitaires luthériennes, qui insistent beaucoup plus sur les fondements théoriques, philosophiques et théologiques des savoirs mathématiques et multiplient la production de manuels à destination des étudiants artiens. Il n'adopte donc pas la culture confessionnelle qui marque la production scientifique de Tübingen, ce qui traduit peut-être une certaine souplesse de l'institution à l'égard de ses professeurs.

Malgré la contrainte extérieure, institutionnelle et politique, qui conduit Apian à quitter Ingolstadt puis la chaire de mathématiques de Tübingen, la perception de la communauté savante, telle qu'elle apparaît

1 Coyne, George V., Hoskin, Michael A. et Pedersen, Olaf (dir.), *Gregorian Reform of the calendar. Proceedings of the Vatican Conference to commemorate its 400th Anniversary, 1582-1982*, Vatican, Specola Vaticana, 1983.

2 « Item die astronomi machen uss dem himmel ein kiehstall ». *Universitätsarchiv Tübingen*, 2/3.

dans les textes qui font le récit de sa vie, traduit une certaine distance à l'égard des politiques de normalisation doctrinale qui sont menées à cette période de cristallisation des identités confessionnelles. À Tübingen, la revendication d'appartenance à la « vraie religion » ne s'associe pas à une définition étroite de cette dernière, et surtout autorise la cohabitation des différents positionnements confessionnels et doctrinaux dans l'espace académique. Cette perception caractérise sans doute au premier chef les facultés de philosophie (celles qu'a fréquentées Apian avec le plus d'assiduité). Ce sont elles qui, depuis les débuts de l'humanisme et indépendamment du mouvement de la Réforme, réclament le plus souvent une certaine indépendance à l'égard des facultés de théologie et manifestent aussi avec le plus de ferveur une position irénique en matière doctrinale.

Pour autant, des prises de positions savantes conditionnées par l'appartenance confessionnelle pouvaient se manifester, comme le montre le cas de la réforme du calendrier : des luthériens comme Apian n'hésitent pas à s'opposer directement à une réforme qui est immédiatement identifiée comme l'expression de l'autorité pontificale, et comme telle rejetée comme inadmissible. Ce rejet, exprimé à de nombreuses reprises dans les sources qui font le récit de la vie de Philipp Apian, constitue une pierre de touche, un marqueur de l'identité confessionnelle luthérienne, indépendamment des complexités doctrinales (et notamment de l'interprétation de l'eucharistie) qui ont exigé la différenciation du luthéranisme et du calvinisme et conduit à la rédaction de la Formule de Concorde.

Axelle Chassagnette
Université Lumière – Lyon 2

NICOLAS ANTHOINE (VERS 1602-1632)

Un converti encombrant dans le contexte de l'affirmation des identités confessionnelles

Le parcours de Nicolas Anthoine est déjà connu par l'historiographie depuis le XVIIIe siècle[1], grâce à une documentation assez abondante[2], en partie éditée[3]. Il a été instrumentalisé par certains auteurs à des fins polémiques[4]. Ce jeune Lorrain, né à Briey vers 1602, connaît en effet une trajectoire assez peu commune, sortant des cadres interprétatifs du début du XVIIe siècle. Né catholique, instruit par les jésuites, notamment à Pont-à-Mousson, il se destine sans doute à la prêtrise, mais se convertit au protestantisme à Metz au début des années 1620, sans doute sous la surveillance du pasteur Paul Ferry[5]. Il part ensuite étudier la théologie

1 Voir en particulier, parmi une bibliographie fournie, Spon, Jacob, *Histoire de la Ville et de l'Estat de Genève*, Lyon, Amaule, 1680, p. 229-237 ; [La Roche, Michel de], *Bibliotheque angloise*, Amsterdam, Veuve Marret, 1717, t. 2-1, p. 237-270 ; Haag, Eugène et Émile, *La France protestante*, Paris, Cherbuliez, 1846, t. 1, p. 113-116 ; Weill, Julien, « Nicolas Antoine », *Revue des études juives*, t. 37, 1898, p. 161-180 ; Gautier, Jean-Antoine, *Histoire de Genève des origines à l'année 1691*, Genève, Société générale d'imprimerie, 1909, t. 7, p. 198-230 ; Labrousse, Élisabeth, « Vie et mort de Nicolas Antoine », *Études Théologiques et Religieuses*, t. 52-54, 1977, p. 421-433 ; Guilbaud, Juliette, « Nicolas Anthoine, pasteur réformé lorrain, "converti" au judaïsme, brûlé à Genève en 1632 », éd. J. Guilbaud, N. Le Moigne et T. Lüttenberger, *Normes culturelles et construction de la déviance. Accusations et procès antijudaïques et antisémites à l'époque moderne et contemporaine*, Genève, Droz, 2004, p. 83-89.

2 Archives d'État de Genève [AEG], Procès criminels, 2e série, 2334 ; AEG, Registres de la Compagnie des pasteurs, t. 8, p. 29, p. 78 et p. 176-203 ; AEG, Registres du Conseil, t. 131.

3 Balitzer, Sigismond (éd.), « Nicolas Antoine. Un pasteur protestant brûlé à Genève en 1632 pour crime de judaïsme », *Revue des études juives*, t. 36, 1898, p. 161-196 (édition des registres de la Compagnie des pasteurs) ; Lescaze, Bernard (éd.), « La confession de foi de Nicolas Antoine (1632) », *Bulletin de la Société d'Histoire et d'Archéologie de Genève*, t. 14, 1970, p. 277-323.

4 Voltaire, article « Miracles », *Dictionnaire philosophique*, t. 5, Voltaire, *Œuvres complètes*, Paris, Renouard, 1819, t. 37, p. 316-319.

5 Léonard, Julien, *Être pasteur au XVIIe siècle. Le ministère de Paul Ferry à Metz (1612-1669)*, Rennes, PUR, 2015, p. 243-245.

réformée à l'académie de Sedan en 1623-1624, se passionne pour l'hébreu, ainsi que pour tous les textes vétérotestamentaires. Refusé comme proposant par le synode provincial d'Île-de-France, il part étudier à Genève, recommandé par l'Église de Metz[1]. Il soutient sa thèse de théologie en 1626, sous la direction de Bénédict Turrettini[2]. En 1627, de retour à Metz, il rencontre dans cette ville triconfessionnelle des rabbins qui, sans vouloir le convertir formellement, le renforcent dans certains doutes personnels sur la conformité de l'Ancien Testament avec le Nouveau et sur la Trinité, doutes qu'un voyage chez Abraham Rambour à Sedan ne calme pas. Refusé comme converti au judaïsme à Venise et Padoue[3], on lui conseille de vivre comme un « craignant-Dieu », ce qui le déçoit. Mais il suit cette voie de la prudence et retourne à Genève, où il devient professeur de philosophie, avant d'être recruté comme pasteur par le colloque de Gex, pour l'Église de Divonne en 1630. Il judaïse en secret, ne prêche jamais sur le Christ et sur la Trinité, bien au-delà du tropisme vétérotestamentaire des réformés[4]. Au tournant des années 1631 et 1632, il finit par faire éclater au grand jour sa position, en se déclarant juif, au grand scandale du seigneur de Divonne, puis de Genève, où il se rend en février 1632. Là commence une longue période d'interrogatoires, d'hésitations et d'échanges en partie consignés dans les sources.

Il ne s'agira pas ici de retracer une nouvelle fois le destin tragique du jeune homme, mais plutôt de voir comment il est perçu par diverses autorités ecclésiastiques et politiques gênées par son originalité. Celle-ci est perceptible dans une confession de foi qui lui est très personnelle, dans un contexte de compétition entre des systèmes confessionnels cohérents, hermétiques, et mal adaptés pour comprendre des conversions

1 Stelling-Michaud, Sven (éd.), *Le livre du Recteur de l'Académie de Genève (1559-1878)*, Genève, Droz, t. 1, 1959, p. 167 et t. 2, 1966, p. 50.

2 Heyer, Henri (éd.), *Catalogue des thèses soutenues à l'Académie de Genève pendant les XVIe, XVIIe et XVIIIe siècles*, Genève, Georg & Cie, 1898, p. 49, thèse n° 205.

3 Ioly Zorattini, Pier-Cesare, « La conversion des chrétiens au judaïsme dans la République de Venise à l'époque moderne », D. Tollet (éd.), *La Conversion et le Politique à l'Époque moderne*, Paris, PUPS, 2005, p. 57-70. Dans une perspective plus large, voir Mulsow, Martin et Popkin, Richard H. (éd.), *Secret conversions to Judaism in early modern Europe*, Leyde, Brill, 2004 et Treue, Wolfgang, « "Pour la gloire du grand Dieu d'Israël". Konversionen zum Judentum in der Frühen Neuzeit », *Aschkenas*, n° 15-2, 2005, p. 419-433.

4 Chevalier, Françoise, « Usages de l'Ancien Testament dans la prédication réformée au XVIIe siècle », M. Arnold (dir.), *Annoncer l'Évangile (XVe-XVIIe siècle). Permanences et mutations de la prédication*, Paris, Cerf, 2006, p. 113-128.

individuelles et hétérodoxes : Anthoine lui-même n'est d'ailleurs pas forcément conscient d'échapper aux grilles d'analyse ordinaires en se voulant juif, alors que sa foi est plus complexe. On peut regretter que certaines sources aient sans doute été déformées, soit par les milieux ecclésiastiques réformés qui le poussent à les formaliser, soit par Anthoine lui-même, en fonction d'intérêts divers et fluctuants. Son cas est rendu encore plus exceptionnel par la profession choisie par Anthoine, l'exercice du ministère pastoral, qui aggrave le scandale et sa portée, et pousse à trancher sur le sort à lui réserver : ce sera la mort, le 20 avril 1632, il sera étranglé, puis brûlé. Des auteurs du XVIIIe siècle ont vu l'exécution de Nicolas Anthoine comme une marque d'intolérance rappelant l'affaire Servet, mais sans doute ont-ils de cette histoire une vision déformée par leur propre conception nouvelle de ce qu'est la tolérance. La personnalité du jeune homme, ses doutes permanents et ses questions inadaptées en ce temps de consolidation des orthodoxies en font un exemple intéressant de parcours qui n'est pas acceptable pour les dirigeants ecclésiastiques, y compris dans un contexte de conversions nombreuses et outils de propagande[1].

NICOLAS ANTHOINE, UN CONVERTI OU UN FOU ?

Le récit de ce qui arrive à Anthoine à partir de ce que différents témoins considèrent comme un moment de folie est très révélateur de l'incapacité des contemporains du jeune homme (et peut-être de la sienne même) à percevoir cette affaire en dehors des cadres imposés par les structures confessionnelles. En effet, ce que l'on sait de son hospitalisation, puis de son emprisonnement, détermine également en partie notre connaissance de son passé, rapporté par Anthoine au cours d'interrogatoires assez déformants. On essaie donc de le faire correspondre à des cas connus, à des schémas que l'on peut faire rentrer dans des typologies confessionnelles. C'est particulièrement sensible dans le récit du registre de la Compagnie des pasteurs de Genève. Celui-ci

1 Wanegffelen, Thierry, « Récits de conversion des XVIe et XVIIe siècles. Discours confessionnel et expérience individuelle », éd. J.-C. Attias, *De la conversion*, Paris, Cerf, 1998, p. 183-202.

s'ouvre par un rappel des faits où, précisément, le but est de chercher des indices annonciateurs de ce que les rédacteurs du récit considèrent au moins en partie comme une folie, ou au contraire leur absence, mais dans la même analyse de la foi d'Anthoine comme une forme de démence. Dès le départ, ce qui relativise cette dernière est le rappel régulier de la formation du jeune homme chez les Jésuites, maîtres en matière de dissimulation. Les pasteurs semblent rappeler en 1632 qu'il avait dès le milieu des années 1620 un « esprit ombraigeux qui le mit en soupçon à quelques-uns des plus anciens pasteurs d'estre un homme dangereux surtout à cause de son institution aux Jésuites »[1], mais ils rappellent toutefois son érudition et son application, allant aux prédications avec dévotion et disputant « sans aucun scandale »[2]. De même, les pasteurs essaient de se dédouaner en montrant que rien ne semblait présager une suite si funeste quand il arrive à Divonne, car, pendant son examen par le colloque de Gex,

> il monstra un contentement orthodoxe en tous les points de la Religion Chrestienne et sur tout touchant la personne divine et éternelle, comme aussi l'union de la nature humaine à ceste personne du Fils de Dieu, comme appert par les articles escrits de sa main sur lesquels il fut examiné[3].

Pourtant, à d'autres moments de ses interrogatoires, c'est bien de quelques années auparavant qu'il date sa conversion, et à ce moment il vit comme un « craignant-Dieu », sur le conseil de Juifs italiens. Dans une longue lettre qu'il adresse le 30 mars 1632 à ses confrères de la Compagnie des pasteurs, Paul Ferry insiste sur le caractère du jeune homme en expliquant son attitude et ses idées par un naturel fragile. Mais peut-être ne faut-il pas accorder trop de crédit à cette position, qui vise avant tout à lui éviter l'exécution, et cette lettre est sans doute plus intéressante à propos du débat sur le sort à réserver à Anthoine que sur sa folie prétendue. Il écrit ainsi :

> Je ne doute pas que son mal ne vienne d'une Melancholie noire & profonde, à laquelle je l'ai veu tousjours fort panché [...]. Il ne pouvoit supporter le jour, en faisoit fermer toutes les advenues chez un Gentilhomme où j'avois

1 Balitzer, Sigismond (éd.), « Nicolas Antoine... », art. cité, p. 163-164.

2 *Ibid.*, p. 164.

3 *Ibid.*, p. 165. Les actes de ce colloque ou du synode provincial de Bourgogne n'ont pas été retrouvés pour cette période.

> trouvé moyen de le faire placer, tousjours inquiet, sans pouvoir estre en repos en aucun lieu, taciturne, sans mesme se pouvoir exprimer qu'avec peine, & comme à mots arrachez[1].

Mais une double hypocrisie aggrave le cas d'Anthoine, en atténuant l'image de folie qu'il peut renvoyer. En effet, au cours de la procédure d'installation comme pasteur de Divonne, il promet de croire, confesser et enseigner « la doctrine et Religion Chrestienne contenue au symbole des Sts Apostres, et en la confession particulière des Eglises de France », mais aussi, devant un commissaire du roi,

> qu'il estoit naturel subjet du Roy, [...] quoi qu'en son ame il sceust qu'il estoit subjet du Duc de Lorraine. [...] En quoi il monstra le fruist de son instruction en l'eschole des Jésuites, comme il l'a fait paroistre depuis en ses responses [...] qu'il avoit promis d'enseigner selon ceste confession avec une restriction mentale comme font les Loyolithes en tant qu'elle seroit veritable et conforme à l'Escriture de l'Ancien Testament[2].

Mais même s'il ne mange pas de porc et ne prêche jamais sur le Nouveau Testament, ce n'est qu'à la fin de l'année 1631 qu'il commence à éveiller les soupçons, lorsque pour Noël il prêche sur le Psaume 23 sans faire aucune mention du Christ auquel il est généralement appliqué, et alors que c'est jour de cène. Sept semaines plus tard, en février 1632, c'est après son sermon sur le Psaume 2 que l'affaire éclate totalement et que l'attitude d'Anthoine apparaît clairement comme un accès de folie. Il prononce un texte court et confus et, surtout, le lendemain, « il pria l'hostesse de lui bailler sa Bible, laquelle ne la trouvant pas, lui présenta un Nouv. Test, lequel il jetta là, disant que ce n'estoit pas la Bible, laquelle on lui apporta et lisant dedans ayant oui quelque bruit en la chambre au dessus, il jetta un grand cri effroyable »[3]. Cette attitude, bien que scandalisant le seigneur de Divonne, est considérée comme une marque de démence, « imputans cela à quelque manie et aliénation d'esprit procédant de quelque humeur mélancholique ou hypocondriaque »[4], ce qui requiert des soins médicaux et une assistance spirituelle, notamment assurée par l'appel à des pasteurs du colloque.

1 AEG, Procès Criminels, 2e série, 2334.
2 Balitzer, Sigismond (éd.), « Nicolas Antoine... », art. cité, p. 165-166.
3 *Ibid.*, p. 167.
4 *Ibid.*, p. 168.

Suspendu du ministère et menacé de procès, Anthoine ne semble pas avoir peur, mais veut au contraire aller proclamer sa foi juive à Genève, et s'y « faire brusler pour maintenir la gloire du grand Dieu d'Israël contre les idoles et surtout Jésus Christ »[1].

Il parvient effectivement à s'enfuir, et les conditions dans lesquelles il arrive en ville renforcent l'idée qu'il a perdu la raison, alors même qu'il se montre constant dans ses « blasphèmes » et qu'il y a réfléchi par écrit. Arrivé devant les portes de nuit, dans une tenue étonnante et proférant des propos jugés incohérents, Anthoine semble à plusieurs reprises tenté de se jeter dans le Rhône. Il est explicitement « traicté comme forcené et mélancholique » et interné à l'hôpital à la demande des pasteurs, en concertation avec le Conseil[2]. Le récit du registre le montre agité, refusant de se laisser faire, mais revenant finalement dans un état apaisé, sans pour autant changer de discours, ce qui fait naître les premiers doutes sur son cas. En effet, à l'hôpital, aux pasteurs qui le visitent quotidiennement, il tient désormais un discours cohérent de converti à ce que l'on imagine être le judaïsme. Cela ressemble moins à de la folie qu'à une controverse lorsqu'il s'entretient avec le professeur d'hébreu de l'académie, David Le Clerc, en citant des textes vétérotestamentaires[3]. Il maintient ses dires, se déclare incapable de changer en sa conscience, et insiste sur la surinterprétation de l'Ancien Testament dans le Nouveau, refusant de reconnaître à ce dernier toute autorité, faisant remonter ses doutes sur la Trinité et la conformité du christianisme à la Loi à sa jeunesse catholique, et considérant que « tous les passages de l'Ancien Testament allègués au Nouveau estoyent forcés tirés par les cheveux et crioyent tous miséricorde[4]. »

À ce moment de la procédure, certains pasteurs genevois se rendent compte du caractère exceptionnel de la situation, mais ne peuvent penser qu'il ne soit pas tout à fait juif. L'affaire est transmise au Magistrat qui décide de le mettre en prison fin février[5]. L'enquête est menée prudemment : les pasteurs poursuivent leurs visites régulières et tentent de le ramener à la raison. Le problème est que, pour Anthoine, la raison pousse précisément à rejeter la Trinité et à proclamer l'existence d'un Dieu unique. Lorsque vers le 12 mars il recommence à entrer dans

1 *Ibid.*, p. 167.
2 *Ibid.*, p. 170.
3 *Ibid.*, p. 171.
4 *Ibid.*, p. 173.
5 Stauffenegger, Roger, *Église et Société : Genève au XVIIe siècle*, Genève, Droz, 1984, p. 140.

des phases de troubles, les avis sont partagés : « Ce que quelques-uns imputoient au trouble du cerveau revenant au renouvellement de la lune, et à la suite de sa mélancholie, mais d'autres l'attribuoyent à un jugement signalé de Dieu[1]. » Le 18 mars, il donne une nouvelle occasion de s'interroger sur sa folie ou son hypocrisie, lorsqu'il déclare vouloir signer une confession de foi orthodoxe, à la condition d'être libéré pour la signer. Cela dure jusque fin mars et jette donc le doute sur son état mental, puisqu'il se montre alternativement agité et froid. Les très nombreuses visites suivantes n'y changent rien, les pasteurs restent divisés sur le sens à donner à l'attitude d'Anthoine, parce qu'ils ne la comprennent pas. L'impression qui se dégage, notamment à la lecture du registre de la Compagnie des pasteurs de Genève, est que l'ancien ministre de Divonne est soit un juif, soit un fou, alors que la réalité est sans doute bien plus complexe que cela, comme le montre sa confession de foi rédigée en prison. Car même si lui aussi se considère comme juif, il faut bien faire le constat qu'il est un cas irréductible.

UNE CONFESSION DE FOI ORIGINALE ET PERSONNELLE : AU CŒUR DE L'IDENTITÉ RELIGIEUSE DU CONVERTI

En de rares endroits, la sensibilité réelle d'Anthoine affleure, et même s'il se présente comme un juif, on peut y voir l'originalité d'une confession de foi qui lui est toute personnelle. C'est déjà le cas dans certaines réponses qu'il apporte aux pasteurs et professeurs genevois venus le visiter à l'hôpital et en prison, ou encore dans des requêtes adressées au Magistrat depuis sa cellule. Mais comme il n'entre pas là dans tous les détails de sa pensée, celle-ci reste perceptible comme simplement juive, car c'est l'allure qu'il cherche à lui donner. Il s'agit d'une déformation due à la fois à ce que les Genevois veulent entendre, et à ce qu'un jeune catholique passé au protestantisme pour des raisons de retour à la pure Parole de Dieu peut comprendre de ce qu'il croit être le judaïsme, c'est-à-dire en réalité seulement l'Ancien Testament. Il insiste à plusieurs reprises, dans ses entretiens avec les autorités ecclésiastiques

1 Balitzer, Sigismond (éd.), « Nicolas Antoine… », art. cité, p. 175.

genevoises, sur ce qu'il considère comme de graves contradictions entre l'Ancien Testament et le Nouveau, mais aussi sur les incohérences internes de ce dernier. Il demande régulièrement qu'on lui prouve la théologie chrétienne à partir de textes vétérotestamentaires. Il rappelle aussi qu'il a demandé à être circoncis. En prison, il se montre juif par sa façon de prier, comme le regrettent des pasteurs qui veulent le faire prier avec eux. Ils notent qu'il « vouloit prier Dieu avec eux, toutesfois se mit à genoux avec difficultés, et baissa la teste contre terre à la Judaique, s'y tint coy pendant la prière qui fut faite par l'un desdits Pasteurs »[1]. Les conversations entretiennent l'illusion du judaïsme, dans la mesure où il se limite à une forme nette d'antitrinitarisme et de respect strict de la loi mosaïque[2]. Il n'est pas plus précis sur sa foi dans trois requêtes qu'il écrit au Magistrat les 11 et 12 mars 1632[3]. Il adresse par exemple la première « Au nom du grand Dieu des Cieux, qui est le puissant Dieu d'Israël, son saint nom soit éternellement bénit Amen[4]. »

Sans doute cherche-t-il à se créer ainsi des certitudes, à faire de son parcours une conversion à un système de foi orthodoxe et compréhensible dans un schéma confessionnel. Pourtant, ce judaïsme formel de façade ne correspond pas bien à la réalité, telle qu'il la développe dans une confession de foi rédigée en prison, avec l'accord du Magistrat et de la Compagnie des pasteurs. Dans ce long document de trente-deux pages, qu'il signe en plusieurs endroits, il présente un système beaucoup plus simple que celui du judaïsme talmudique et rabbinique qui lui est contemporain[5]. Certes, il existe des courants purement vétérotestamentaires de cette religion comme le karaïsme, mais les Juifs qu'il a rencontrés étaient tous membres de communautés rabbiniques. Il ne connaît pas bien le Talmud, et ne désire d'ailleurs pas le connaître, ne considérant l'enseignement rabbinique comme utile que s'il parvient aux mêmes conclusions que lui à partir de l'Ancien Testament. De ce point de vue, il semble conscient tout de même de s'éloigner un peu du judaïsme institutionnel. Dans un de ses interrogatoires, les pasteurs lui demandent s'il a été influencé par les rabbins à Venise dans l'élaboration

1 *Ibid.*, p. 180.
2 *Ibid.*, p. 181-182.
3 AEG, Procès Criminels, 2e série, 2334.
4 *Ibid.*
5 AEG, Procès Criminels, 2e série, 2334. Publiée par Lescaze, Bernard (éd.), « La confession de foi… », art. cité, p. 290-323.

de sa foi, et il répond « que non et qu'il ne scavoit ce que croyoyent et enseignoyent les Juifs mais qu'il croyoit à la parole de Dieu contenue en l'Anc. Test. »[1] On pourrait presque dire, en schématisant peut-être à l'extrême, qu'il reprend là une position proche de celle des protestants vis-à-vis de la Tradition ou des Pères, ne leur attribuant une autorité que dans la mesure où ils sont conformes à la Bible. Anthoine fait la même chose avec les rabbins, mais évidemment en réduisant le texte biblique au seul Ancien Testament. L'influence protestante sur celui qui s'était déjà converti en partant du catholicisme est évidente, dès le début de sa confession de foi, quand il met en garde l'éventuel lecteur :

> Avant que d'avoir ny leu ny entendu, qu'on ne crie point : blaspheme, blaspheme, à la façon des Idolatres et superstitieux de la papauté, quand on parle contre leurs Saincts et Sainctes ou quand on desbrise leur marmouset ou quand on foule aux pieds leurs dieux de fiente, assavoir l'hostie qu'ils pourmentent par les rues[2].

Selon Élisabeth Labrousse, la volonté de marquer le théocentrisme par refus de l'idolâtrie « papiste » est également une marque de l'influence spirituelle réformée sur lui[3]. L'Ancien Testament, qu'il connaît parfaitement et en hébreu, est son seul document de travail et il le lit de façon littérale : la foi qu'il se forge est donc coupée de la culture juive et de ses traditions. Quand il évoque, à de rares occasions, la raison naturelle, c'est également quand elle est conforme à ce que l'on trouve dans les Écritures. Les douze points qu'il développe sont d'importance inégale, mais visent tous à marquer sa différence avec le christianisme, sans doute plus d'ailleurs que d'affirmer un judaïsme formel. Il ne s'attache qu'à souligner l'illégitimité de l'abolition par les chrétiens des prescriptions vétérotestamentaires, et il rappelle ainsi l'obligation maintenue d'obéir à la Loi (point 2), de circoncire (point 3), d'observer le sabbat (point 4), de respecter les interdits alimentaires (point 5). Il proclame également que Jérusalem sera rebâtie et que les sacrifices seront rétablis (points 6 et 7), et que le « vray messie, l'oinct de Dieu, doit venir » (point 8). Avec cette dernière affirmation, Anthoine va plus loin, car il rappelle que le futur messie ne sera qu'un homme et un roi terrestre, et

1 Balitzer, Sigismond (éd.), « Nicolas Antoine… », art. cité, p. 171.

2 AEG, Procès Criminels, 2e série, 2334. Les citations suivantes sont également tirées de ce document.

3 Labrousse, Élisabeth, « Vie et mort de Nicolas Antoine », art. cité, p. 426.

« veritablement de la semence de David ». On sait par ses interrogatoires que ses premiers doutes avaient germé devant les incohérences des généalogies de Jésus dans les évangiles de Matthieu et Luc : il est d'ailleurs possible que, sur ce point, ses interlocuteurs juifs aient utilisé pour le convaincre les *Toledoth Yeshuh*, « réponse à la fois polémique et parodique » aux évangiles, qui abordent précisément la généalogie de Jésus et qui sont connues dans les communautés juives[1]. Quoi qu'il en soit, cela l'amène à des remises en cause radicales, niant la divinité du Christ et soulignant que Dieu est « une essence pure et simple sans division » (point 1), que le péché originel et la prédestination n'existent pas dans l'Ancien Testament (points 9 et 10). À l'appui de chacun de ces points, il se contente généralement de citations bibliques qu'il considère comme particulièrement explicites. Parfois, il développe des raisonnements plus influencés par la logique, comme à propos de la Trinité dans le développement du point 1 : si elle avait été vraie, « Dieu ne l'eust point celé[e] à son peuple d'Israel ». Anthoine a des réponses courtes et claires à toutes les objections qu'il imagine, et assène, Deutéronome à l'appui, que l'Ancien Testament a établi la Loi pour toujours et que rien n'y dit que cela soit amené à disparaître un jour. Le point 12 est le seul pour lequel il consent à citer le Nouveau Testament, car il s'agit d'en montrer les incohérences internes (notamment sur la question déjà évoquée des généalogies de Jésus) et surtout les incompatibilités avec l'Ancien. Pour lui, tous les passages invoqués par les chrétiens sont « detorqués et tirés hors de leur vray sens et non convenable à ce à quoy ils sont appropriés. »

Au XVIIIe siècle, Michel de La Roche a pu souligner l'étrangeté de se convertir en partant de l'incohérence généalogique, écrivant que « Nicolas Anthoine est peut estre le seul Chrétien, qui ait renoncé à sa Religion par un tel motif[2]. » Pourtant, cette question est parfaitement révélatrice de son état d'esprit et, finalement, de la façon très personnelle dont il construit sa foi. Comme l'ont déjà souligné Bernard Lescaze et Élisabeth Labrousse, sa religion est peut-être surtout révélatrice d'une représentation du judaïsme par un converti au protestantisme. Mais que lui et ses interlocuteurs genevois soient conscients ou non de cette originalité, la question qui se pose est celle du sort à lui réserver, et le débat divise profondément, notamment la Compagnie des pasteurs.

---

1 Osier, Jean-Pierre, *L'Évangile du Ghetto. La légende juive de Jésus du IIe au Xe siècle*, Paris, Berg International, 1984, p. 9. Je remercie Daniel Tollet d'avoir attiré mon attention sur cet ouvrage.

2 [La Roche, Michel de], *Bibliotheque angloise…*, *op. cit.*, p. 239.

QUE FAIRE DE CE CONVERTI ?

Dans un cadre confessionnel strict, le parcours d'un pasteur né catholique et devenu, selon lui, juif, pose nécessairement le problème du sort à lui réserver. Les débats, en particulier parmi les pasteurs, qui sont sollicités par le Conseil, sont notamment dus au fait qu'il n'est pas perçu comme un fou par tout le monde, mais aussi qu'il a exercé le ministère pastoral, et a donc été en charge de prêcher, administrer les sacrements et faire respecter la discipline. Il a de plus été tenté, durant son voyage en Italie, de détourner un étudiant en philosophie. Début avril 1632, avant que chaque pasteur explique sa position devant le Conseil, il est décidé par la Compagnie d'organiser « une preconsultation »[1]. Il semble alors y avoir trois opinions principales parmi les ministres. Certains soulignent son état d'esprit particulier et le fait

> Qu'il n'estoit ni Manichéen, Arrien, ni Circoncellion [donatiste] ains qu'il s'estoit jetté au Judaisme qui blasphème à la vérité Jésus Christ, mais qui est une profession tolérée au milieu de la Chrestienté, que le grand Mal estoit qu'il avoit pris le ministère : mais que hors cela tout ce qu'on pouvoit faire estoit de le flestrir, le déposer et exhantorer du ministère[2].

D'autres sont plus circonspects, mais pensent

> que ces blasphèmes et ce crime estoit digne de mort, mais que ceste manie froide rendoit l'affaire suspecte et que la sévérité d'un supplice apporteroit plus de mal que de bien, soit que cest homme estant tranquille d'Esprit persistast en ces opinions et blasphèmes invoquant le grand Dieu d'Israël, ce qui pourroit donner d'estranges impressions au peuple, soit que sa manie et phrenesie le saisit allant au supplice, qui seroit une chose absurde de voir supplicier un homme hors du sens, toutesfois qu'il ne le faloit point relascher, ains le tenir en prison estroite quelque temps, [...] et prendre advis des Médecins de dedans et de dehors mesme des Académies et surtout des Eglises de Suisse ainsi qu'on avait fait de Servet[3].

Enfin, la troisième position est de juger

---

1 Balitzer, Sigismond (éd.), « Nicolas Antoine... », art. cité, p. 183.

2 *Ibid.*

3 *Ibid.*

> que ceste manie survenue ne le pouvoit excuser estant survenue après une longue préméditation et préparation à ce blasphème, comme un jugement de Dieu qui l'avoit livré à Satan [...], et qu'au reste toute la Chrestienté nous regardoit, tant Papistes que Reformés, cest homme ayant une complicité de divers crimes[1].

Après une dernière députation infructueuse vers Anthoine, les pasteurs sont entendus un par un le 19 avril devant le Conseil et présentent les trois mêmes grandes positions que durant le débat interne. Mais tous s'entendent sur un point, qui est « la démonstration de l'importance de cest affaire, et qu'estant un faict qui à peine avoit esté veu dés la Reformation, au prix duquel n'estoit rien l'affaire de Servet, de Valentin Gentil, et autres hérétiques », car c'est un

> crime énorme qu'un né Chrestien baptisé quoi qu'en l'Eglise Romaine, neantmoins au nom de la Ste Trinité, et en la possession de Jésus Christ, venu à l'Eglise Reformée détestant l'idolâtrie Papistique, et depuis venu à l'estude de la Théologie, finalement au St Ministère après avoir promis de prescher et annoncer Jésus Christ et tout le mystère de la foi Chrestienne, ayant participé aux mystères et sacremens de l'Eglise, vinst à un tel degré d'impiété[2].

Finalement,

> Quelques uns des autres Pasteurs conclurent au délai pour les raisons susmentionnées tant pour voir s'il estoit bien revenu à soi mesme, que pour avoir advis de dehors, mais la pluspart panscherent à la sévérité, monstrant qu'il estoit question d'un monstre et non d'un homme[3].

La demande d'avis extérieurs n'est guère écoutée : la peine de mort est prononcée le 20 avril, après une rencontre entre des députés du Magistrat et le prisonnier. L'exécution est fixée au jour même, et le délai que certains pasteurs demandent *in extremis* n'est pas accordé, alors que des lettres venues de France, notamment celles de Jean Mestrezat et Paul Ferry, semblaient demander aux pasteurs, et au Conseil à qui les lettres sont lues début avril[4], de la réflexion ou de l'indulgence. Le pasteur de Charenton, issu d'une famille genevoise, parle d'Anthoine comme un « antitrinitaire », ou comme un « moine juif et ministre renié », ce qui

1 *Ibid.*
2 *Ibid.*, p. 186. Voir aussi AEG, Registres du Conseil, t. 131, fol. 57-58.
3 Balitzer, Sigismond (éd.), « Nicolas Antoine... », art. cité, p. 190.
4 AEG, Registres du Conseil, t. 131, fol. 32-33.

prouve qu'il ne connaît pas bien le dossier[1]. Au contraire, Ferry est un ancien proche d'Anthoine, et il travaille à lui sauver la vie. On a déjà vu comment il avait essayé d'insister sur son infirmité naturelle, mais il essaie aussi de mettre ses confrères genevois et le Magistrat en garde contre les effets désastreux d'une exécution :

> Messieurs, permettez-moy, je vous supplie, de vous dire qu'il semble bien necessaire pour l'édification de l'Eglise que cette affaire se traite avec une grande retenuë. Tout autre exemple que l'on en voudroit faire, nuiroit sans doute merveilleusement. Proposez-vous, s'il vous plaist, le scandale que l'on en recevroit prés & loing, & ce qui pourroit estre dit contre la Charge, & contre la Profession d'un homme venant du Papisme : Et ayant, parmi nous en Academies plus illustres, à la table de plusieurs Pasteurs, appris à Judaïzer d'un sens recognu, & jugé entier. Le Judaïsme aussi n'étant pas une Secte, de laquelle il faille rien craindre, il ne semble pas qu'il soit necessaire d'en prevenir la consequence par une punition publique[2].

La crainte du bruit que ferait l'affaire est également présente dans les registres de la Compagnie, notamment celle de fausses rumeurs, qui feraient de son éducation jésuite une des causes de son exécution : c'est ce qui explique que ses écrits ne sont pas brûlés, afin de servir de preuves à son crime[3]. Genève se sait centre de l'attention[4]. Peut-être faut-il également y ajouter la crainte d'en faire un martyr, quand on connaît les retombées parfois négatives d'une affaire comme celle de l'exécution de Servet en 1553, souvent citée dans les débats[5].

Jusque dans les dernières exhortations des pasteurs venus le « soulager » avant son exécution, Anthoine reste ferme sur ses positions et dans son attitude. L'inquiétude relative à l'exercice de son ministère est bien visible, puisque c'est au cours de ces entretiens qu'on lui demande, au nom de pasteurs du Pays de Gex, comment il a baptisé les enfants de Divonne. Finalement, les ministres parviennent à instrumentaliser l'exécution et à en faire un spectacle édifiant, comme le rapporte leur registre :

1 AEG, Procès criminels, 2e série, 2334.
2 *Ibid.*
3 AEG, Registres du Conseil, t. 131, fol. 58.
4 Stauffenegger, Roger, *Église et Société…*, *op. cit.*, p. 280.
5 Zuber, Valentine, *Michel Servet et les conflits de la tolérance. Entre mémoire et histoire*, Paris, Honoré Champion, 2004.

> il s'escria il n'y a qu'un Dieu, ne croyez pas ce qu'on vous dit, Je n'en recognoi point d'autres, grinçant les dents et secouant la teste faisant des gestes estranges surtout quand on lui parloit de nostre Seigneur et Sauveur Jésus Christ, ce qui donna occasion à l'un des Pasteurs de dire au peuple, Mes frères voyez vous ici l'ennemi de nostre Sauveur qui blasphème et maudit nostre Seigneur Jésus Christ, qui ne le veut point recognoistre, à laquelle parole tout le peuple frémit et eut telle horreur que de tous costez on entendit un bruit sourd[1].

Dans la perspective du renforcement des identités confessionnelles, l'exécution est donc, semble-t-il, un succès. Jacob Spon, au début des années 1680, note pourtant que « Quelques-uns murmuroient, & disoient qu'il y avoit trop de severité, d'executer des gens à mort pour de simples opinions »[2]. La mise à mort d'Anthoine s'accompagne d'ailleurs, comme on l'a vu, de doutes chez certains pasteurs eux-mêmes, doutes renforcés par les avis qui viennent de France. Michel de La Roche, au XVIIIe siècle, note avec emphase que « Mr. Ferry & Mr. Mestrezat, deux grands Théologiens des Eglises Réformées de France, n'approuvoient pas que l'on fît mourir cet Apostat. On devoit, selon eux, se contenter de le renferme & de l'instruire[3]. » Mais la tolérance est une notion qui a changé de sens depuis 1632[4].

Si Nicolas Anthoine a été exécuté parce qu'il a renié son baptême pour le judaïsme, et sans doute parce qu'il a exercé malgré tout le ministère, son cas pose de nombreux problèmes. Tout d'abord, il est difficile de mener des études comparatives. En effet, une spécialiste du crypto-judaïsme ibérique ne compte à cette époque que six cas de chrétiens « radicaux » franchissant la barrière « religio-ethnique » hors de la péninsule[5]. C'est ce qui explique sans doute que l'on ne sache pas toujours très bien comment qualifier Anthoine, parfois cité dans la littérature comme un « marrane »[6], ce qu'il n'est assurément pas, étant plutôt un judaïsant, ou un « craignant-Dieu » uniquement appuyé sur l'Ancien Testament, s'il faut à tout prix le faire entrer dans une catégorie.

---

1 Balitzer, Sigismond (éd.), « Nicolas Antoine... », art. cité, p. 195.

2 Spon, Jacob, *Histoire de la Ville...*, *op. cit.*, p. 230.

3 [La Roche, Michel de], *Bibliotheque angloise...*, *op. cit.*, p. 270.

4 Lecler, Joseph, *Histoire de la tolérance au siècle de la Réforme*, Paris, Albin Michel, 1994 (1re édition 1955).

5 Bodian, Miriam, *Dying in the Law of Moses. Crypto-Jewish Martyrdom in the Iberian World*, Bloomington, Indiana University Press, 2007, p. 179.

6 Mulsow, Martin et Popkin, Richard H. (éd.), *Secret conversions...*, *op. cit.*, p. 5.

Ensuite, l'affaire a été considérablement obscurcie par les interprétations ultérieures, généralement fondées sur la notion de tolérance, soit pour défendre un christianisme ouvert, comme chez La Roche, Gautier ou Chauffepié, soit pour condamner en bloc des religions intolérantes, comme chez Voltaire. Ce dernier, détournant les sources avec ironie, écrit à propos des pasteurs de Genève que

> Les plus sensés de ces prêtres opinèrent à faire saigner Nicolas Antoine à la veine céphalique, à le baigner et le nourrir de bons potages, après quoi on l'accoutumerait insensiblement à prononcer le nom de Jésus-Christ, ou du moins à l'entendre prononcer sans grincer des dents comme il lui arrivait toujours[1].

On peut conclure sur ce cas en reprenant les analyses qu'en faisait Élisabeth Labrousse, qui est sans doute l'historienne qui a le mieux cerné le cas Anthoine, en mettant en avant le caractère particulier et personnel de sa religion, uniquement vétérotestamentaire et non rabbinique, mais aussi en soulignant la rareté, à son époque, de l'invocation de la conscience du sujet pour expliquer pourquoi il ne peut pas se plier aux injonctions de l'Église et du Magistrat[2]. Pourtant, il n'est sans doute pas lui-même conscient de cette originalité, puisque même si elle nous apparaît clairement dans sa confession de foi, il n'y fait pas référence, préférant se qualifier lui-même de juif, pour mieux entrer dans les catégories connues de l'ère des divisions confessionnelles. Il est dans une certaine mesure un converti compréhensible lorsqu'il passe du catholicisme au protestantisme. Mais sa profonde réflexion théologique, en se prolongeant et en s'enrichissant dans le calvinisme, lui fait prendre la voie d'un théocentrisme qui n'évolue pas vers le socinianisme ou un antitrinitarisme connu, mais plutôt vers ce qu'il croit être le judaïsme, car fondé sur le seul texte vétérotestamentaire.

Julien LÉONARD
Université de Lorraine

1 Voltaire, article « Miracle », art. cité, p. 318.
2 Labrousse, Élisabeth, « Vie et mort de Nicolas Antoine », art. cité.

DE L'IRÉNISME LUTHÉRIEN AU CATHOLICISME

Réflexion sur le parcours d'un universitaire et diplomate dans l'Empire au XVIIe siècle

Au cours du deuxième tiers du XVIIe siècle, un courant original s'épanouit au sein du luthéranisme, inspiré en particulier par la pensée de Melanchthon et l'héritage humaniste. Autour du théologien Georges Calixte à Helmstedt, l'irénisme étend son influence, essentiellement dans le nord de l'Empire et en Scandinavie. Attaqué autant par les catholiques que par les tenants d'une stricte orthodoxie luthérienne, qui voient dans certaines propositions calixtiennes une façon de nier les barrières érigées entre confessions, ce courant est notamment accusé d'avoir favorisé la conversion au catholicisme de certains de ses partisans. L'un d'entre eux, Henri-Julius Blume, attire particulièrement l'attention, tant par sa trajectoire spectaculaire que par la noirceur des portraits qui lui ont été consacrés. Davantage que celles des princes et hauts dignitaires de l'époque, la conversion de Blume soulève des questions sur la spécificité et le mécanisme d'une telle décision, prise par un savant et théologien serviteur de l'État ; mais surtout, le poids réel de l'irénisme, comme système de pensée et ciment d'un groupe, mérite d'être évalué et précisé. Ainsi, il s'agit moins de mener l'enquête sur l'individu et l'imbrication de ses motivations religieuses, économiques ou politiques, que de tenter une approche plus sociale. L'homme et sa carrière ont d'ailleurs déjà fait l'objet d'analyses ; rouvrir le dossier, dans ce cas précis, consiste donc à chercher les moyens de requalifier certains jugements émis, ainsi qu'à redessiner le contexte et l'équilibre des forces qui ont rendu un tel parcours possible.

UN MIRACLE ET UNE ÉVIDENCE ?

RETOUR SUR UNE TRAJECTOIRE

Si l'affaire est connue de quelques spécialistes, il importe tout de même d'en rappeler rapidement les principaux traits, afin de rendre les remarques qui suivront intelligibles[1]. Né en 1624, Heinrich-Julius Blume semble être issu d'une famille proche de la cour du duc de Brunswick-Wolfenbüttel. Très jeune, en mai 1637, il débute des études à Helmstedt, alors l'une des plus prestigieuses universités du monde luthérien. Les deux grands noms de l'institution, le théologien Calixte et le médecin et juriste Conring s'attachent immédiatement au jeune garçon, l'hébergent et lui donnent une formation de très haut niveau[2]. Blume est à ce point doué que Calixte obtient pour lui la chaire d'histoire ecclésiastique au sein de la faculté de théologie[3] : à seulement 26 ans, en 1650, il voit s'ouvrir devant lui une carrière prestigieuse, d'abord au sein de l'université, potentiellement ensuite au sein des organes les plus illustres des États welfes – et pourquoi pas au-delà. Notons qu'au moment de sa nomination, il semble ne pas être encore rentré de la longue pérégrination qu'il a débutée en 1648 : après Leyde, il a visité Rome, puis Venise et Vienne où il s'est perfectionné dans ses domaines de spécialité, la philologie et la lecture de manuscrits anciens en lien avec l'histoire ecclésiastique[4]. Signe encore de la confiance qui lui est accordée, il est désigné au début de 1651 pour se rendre en urgence à Rome et accomplir une délicate mission. Le prince Jean-Frédéric de Brunswick-Lunebourg, tombé entre les mains du bibliothécaire du Vatican Holstenius et de plusieurs jésuites, est en passe de se convertir

1 La principale étude consacrée à Blume est celle de Cerbu, Thomas, « Conversion, learning, and professional choices : the case of Heinrich Julius Blume », Zedelmaier, Helmut et Mulsow, Martin (dir.), *Die Praktiken der Gelehrsamkeit in der Frühen Neuzeit*, Tübingen, 2001, p. 179-220. Voir aussi la biographie d'Ahrens, Sabine, *Die Lehrkräfte der Universität Helmstedt, 1576-1810*, Helmstedt, Kreismuseen, 2004, p. 23-24.

2 Georges Calixte et Hermann Conring ont fait l'objet de très nombreuses études ; pour une mise au point rapide, voir Ahrens, Sabine, *ibid.*, p. 41-44 et p. 54-56.

3 Voir sa lettre de nomination qui définit le cadre de sa mission : *Niedersächsisches Staatsarchiv Wolfenbüttel*, 37 Alt Nr. 362 f° 57-60.

4 Cerbu, Thomas, art. cité, p. 190-194.

et l'inquiétude a gagné les plus hautes sphères de l'État welfe[1]. Ce qui se passe à l'arrivée de Blume à Rome n'est pas clair, mais l'issue est connue : le prince Jean-Frédéric se convertit, mais Blume aussi, apparemment – à partir de 1650, tout devient en effet confus[2]. Si Blume revient au printemps 1652 à Helmstedt, il quitte ensuite définitivement le pays, l'université et son cercle de collègues et d'amis, sans doute pour rejoindre la suite de Jean-Frédéric ; en décembre 1653 il est à Ratisbonne où se tient une importante Diète et il en profite pour faire une profession de foi publique en décembre. Une brillante carrière diplomatique, politique et juridique l'attend, d'abord à Mayence puis à Vienne et enfin à Prague. Anobli dès 1662, Blume meurt en 1699 alors qu'il est conseiller impérial et vice-président de la haute cour d'appel de Prague[3].

Replacé dans le contexte particulier des années qui suivent la fin de la Guerre de Trente Ans, le cas de Blume n'apparaît pas isolé à première vue[4]. De nombreux princes protestants, ainsi que des membres de la petite noblesse et des commis d'État se convertissent dans la période 1648-1653 – que l'on songe, entre autres, au cas célèbre du baron de Boinebourg, premier ministre du Prince-Archevêque de Mayence et l'un des diplomates les plus en vue de l'Empire[5]. Néanmoins, les cas de

1 Sur la biographie et la conversion de ce prince, devenu ensuite héritier de la principauté de Hanovre, voir : Räss, Andreas, *Die Convertiten seit der Reformation nach ihrem Leben und ihren Schriften dargestellt*, Fribourg-en-Brisgau, Herder, 1866-1880, 13 vol., ici vol. 6, p. 449-464 ; Boetticher, Manfred von, « 'Warumb wilt du nicht Römisch-Catholisch werden ?'– Hannover unter Herzog Johann Friedrich (1665-1679) und der lutherische Generalissimus-Superintendent Justus Gesenius », dir. R. Hering, H. Otte, J. A. Teiger, *Gottes Wort ins Leben verwandeln Perspektiven der norddeutschen Kirchengeschichte, Festschrift für Inge Mager zum 65. Geburtstag*, Hanovre, Landeskirchliches Archiv, 2005, p. 227-256, ici p. 231 et suiv. ; à propos de l'importance de Lukas Holste ou Holstenius, voir : Fuchs, Peter, « Holste, Lukas », *Neue Deutsche Biographie (NDB)*, 9 (1972), p. 548-550.

2 Cerbu, Thomas, art. cité, p. 191-196.

3 *Ibid.*, p. 199-216 ; Ahrens, Sabine, *op. cit.*, p. 23.

4 Voir notamment les remarques de Mader, Eric-Oliver, « Die Konversion Wolfgang Wilhelms von Pfalz-Neuburg : Zur Rolle von politischem und religiös-theologischem Denken für seinen Übertritt zum Katholizismus », dir. U. Lotz-Heumann, J.-F. Mißfelder, M. Pohlig, Matthias, *Konversion und Konfession in der Frühen Neuzeit* (Actes du colloque de Berlin, décembre 2004), Gütersloh, Verlag-Haus, 2007, p. 107-146, surtout p. 107-111 ; sur le contexte, voir : Fuchs, Ralf-Peter, « The Right to Be Catholic, The Right to Be Protestant ? Perspectives on Conversion before and after the Peace of Westphalia », dir. D. M. Luebke, J. Poley, D. Ryan, D. W Sabean, *Conversion and the Politics of Religion in Early Modern Germany*, New York/Oxford, Berghahn, 2012, p. 69-86.

5 Räss, Andreas, *op. cit.*, vol. 6, p. 536-557 ; plus généralement, l'ouvrage de Räss permet de se faire une idée du nombre des convertis au catholicisme à cette période.

conversion de professeurs d'université, à plus forte raison de professeurs de théologie, sont pratiquement inexistants, seul le basculement en 1635 du juriste de Tübingen, Christophe Besold, rappelant celui de Blume[1].

CONVERSION ET NARRATION

Mais au-delà de ce premier constat, la conversion de Blume surprend et se distingue par le fait qu'elle n'a pas suscité de source qui lui soit propre[2]. Alors qu'il représente un cas spectaculaire dans un contexte de tension religieuse, le parcours de Blume n'a pas servi d'outil de propagande ou de polémique, n'a pas été au départ de publications diverses, ni de mémoires ou même d'écrits du for privé. Aucun récit précis ne vient masquer ou au contraire donner à comprendre la part d'indicible qui est irréductible dans toute conversion, ou satisfaire la curiosité ; personnage au second plan d'autres récits, Blume s'efface, se dérobe sans cesse. Cette situation explique d'ailleurs que son itinéraire se soit prêté plus tard à toutes les reconstructions, et notamment à l'élaboration d'une « légende noire »[3] : dès le XVIIIe siècle et au-delà, les auteurs protestants qui l'évoquent soulignent son hypocrisie, son art du calcul politique et de la dissimulation.

Même du côté catholique, les auteurs paraissent avoir quelques difficultés à traiter et à exploiter le cas Blume. Dans sa notice déjà citée, Andreas Räss concède que la décision du jeune théologien paraît si

1 Pohlig, Matthias, « Gelehrter Frömmigkeitsstil und das Problem der Konfessionswahl : Christoph Besolds Konversion zum Katholizismus », dir. U. Lotz-Heumann, J.-F. Mißfelder, M. Pohlig, Matthias, *op. cit.*, p. 323-352 ; voir aussi : Asche, Matthias, « Von Konfessionseiden und gelehrten Glaubensflüchtlingen, von Konvertiten und heterodoxen Gelehrten – Mobilitätsphänomene konfessionell devianter Professoren zwischen obrigkeitlicher Duldung, Landesverweis und freiwilligem Abzug », dir. H. P. Jürgens, T. Weller, *Religion und Mobilität : zum Verhältnis von raumbezogener Mobilität und religiöser Identitätsbildung im frühneuzeitlichen Europa*, (Actes du colloque de Mayence, février 2002), Göttingen, Vandenhoeck und Ruprecht, 2010, p. 375-400.

2 Le premier à reconstituer le parcours de Blume est Burckhard, Jacob, *Historia Bibliotheca Augustae Quae Wolfenbutteli est…*, Leipzig, Meisner/Breitkopf, 1744, 276 p., p. 223-240 : l'auteur s'appuie essentiellement sur les références faites à Blume dans la correspondance entre Conring et Boinebourg, procédé repris par Räss pour élaborer sa notice sur Blume, *op. cit.* Pour une présentation de cette correspondance, voir : Mortzfeld, Peter (éd.), *Hermann Conring, die Bibliotheca Augusta zu Wolfenbüttel, zugleich über Bibliotheken überhaupt*, Göttingen, Wallstein, 2005, p. 11-28.

3 Voir notamment Rotermund, Heinrich Wilhelm, *Das gelehrte Hannover oder Lexicon von Schriftstellern…*, Brême, Schünemann, 1823, 2 vol., ici vol. 1, p. XXXI ; sans preuve, l'auteur accuse notamment Blume de s'être converti par cupidité et ambition, puis d'avoir converti le prince Jean-Frédéric. Voir aussi Cerbu, Thomas, art. cité, p. 216-217.

inattendue qu'elle ne peut être qu'un miracle... ce qui le conduit à tenter de faire entrer très maladroitement le personnage de Blume à l'intérieur d'une autre histoire : partant d'un épisode de la vie de saint Joseph de Cupertino, au cours duquel ce dernier aurait accompli un miracle à Assise aboutissant à la conversion du prince Jean-Frédéric de Brunswick-Lunebourg, Räss s'avance jusqu'à suggérer que Blume était présent – et il décrit même son émotion et son trouble intérieur, imaginant que la vue du miracle l'a ébranlé, mais n'a pas abattu immédiatement ses doutes intellectuels[1] ! Cette tentative alambiquée et non étayée de rendre compte du cheminement intérieur de Blume pose ainsi la question de savoir si, dans le cas d'un savant et théologien qui n'a rien livré de ses réflexions, le récit traditionnel ne montre pas ses limites ; butant sur la possibilité de laisser entrevoir le basculement intérieur, il tente de reconstruire une place au miracle, ne parvenant finalement qu'à rendre la chronologie et la démarche de Blume plus confuses.

FAMILLE UNIVERSITAIRE ET *NOBILITAS LITERARIA*[2]

UNE CONVERSION DE GROUPE

Ce dernier constat, ajouté au relatif silence des sources indirectes, amène à réorienter l'approche de manière plus sociologique. Il s'agit de considérer le contexte et le milieu social et intellectuel concernés, non pas comme un tableau permettant de tracer des lignes marquant l'influence ou de souligner des analogies, mais comme un champ définissant les actions possibles. Ce qui conduit à repartir d'un constat dressé de longue date : la conversion de Blume s'inscrit à l'intérieur de celle d'un groupe entier. Une constellation de convertis gravite en effet autour du jeune homme à la fin des années 1640 : Nihus, von Ranzau,

1 Räss, Andreas, *op. cit.*, p. 558 et suiv. : l'auteur renvoie au récit détaillé qu'il a donné du miracle d'Assise dans la notice consacrée à Jean-Frédéric, *ibid.*, p. 449-464.

2 À propos de cette expression, voir : Füssel, Marian, « A Struggle for nobility : 'Nobilitas literatia' as Academic Self-Fashioning in Early Modern Germany », dir. R. Kirwan, *Scholarly Self-Fashioning and Community in the Early Modern University*, Farnham, Ashgate, 2013, p. 103-120.

Boinebourg, ou bien encore le prince Jean-Frédéric et Holstenius figurent parmi les personnages qu'il fréquente ou bien avec qui il correspond[1] ; or, à l'exception des deux derniers, tous ces hommes ont été des disciples de Georges Calixte, nourris et marqués par son irénisme luthérien, voyageant sur ses conseils à Leyde puis à Rome, parfois en passant par la France ou Mayence.

Souvent évoquée, cette coïncidence conduit presque toujours à souligner l'impasse dans laquelle s'était engagé un Calixte en décalage avec le raidissement des positions confessionnelles[2]. Intéressé d'abord par l'histoire ecclésiastique des cinq premiers siècles, il a eu tendance en effet à relativiser l'approche dogmatique et polémique, pour replacer l'histoire au centre des débats théologiques, fondant en somme une dogmatique minimaliste pouvant être un socle interconfessionnel[3]. Professeur d'histoire ecclésiastique après avoir disputé sous la direction de Calixte sur le thème de la messe solitaire, Blume incarne plus qu'un autre la démarche de son maître[4]. Or, il est indéniable que ce souci du rapprochement qui va jusqu'au refus de damner les catholiques peut, à l'échelle d'une conscience individuelle, générer le doute ; les jésuites, d'ailleurs, ont saisi l'opportunité, suggérant aux irénistes d'effectuer le pari le moins risqué – celui qui, en devenant catholique, conduit à éliminer tout risque de damnation[5].

1 Tous ces personnages sont évoqués par Räss, Andreas, *op. cit.*, vol. 6 ; voir aussi : Schubert, Anselm, « Kommunikation und Konkurrenz, Gelehrtenrepublik und Konfession im 17. Jahrhundert », dir. K. von Greyerz, M. Jakubowski-Tiessen, T. Kaufmann, H. Lehmann, *Interkonfessionalität – Transkonfessionalität – binnenkonfessionelle Pluralität*, Heidelberg, Gütersloher Verlagshaus, 2003, p. 105-131 ; sur les liens entre eux, voir surtout : Cerbu, Thomas, art. cité, p. 181-199.

2 *Ibid.*, p. 181-182.

3 Boetticher, Manfred von, art. cité, p. 227-230 ; sur l'irénisme calixtien, voir aussi : Mager, Inge, « Reformatorische Theologie und Reformationsverständnis an der Universität Helmstedt im 16. und 17. Jahrhundert », *Jahrbuch der Gesellschaft für Niedersächsische Kirchengeschichte*, Bd. 74 (1976), p. 11-33 ; Böttigheimer, Christoph, « Das Unionskonzept des Helmstedter Irenikers Georg Calixt (1586-1656) », dir. H. Klueting, *Irenik und Antikonfessionalismus im 17. und 18. Jahrhundert*, Hildesheim/Zurich/New York, Georg Olms, 2003, p. 55-70.

4 Calixt, Georg, Blume, Heinrich Julius, *De Missis Solitaris Contra Pontificos Exercitatio...*, Helmstedt, Typographeum Calixtinum/Müller, 1647, in-4°, 52 f° (seconde édition à Francfort en 1650).

5 Il semble que ce soit l'argument qui a ébranlé Boinebourg, comme le laissent penser ses échanges de lettres avec Conring en mars 1652 (cité dans : Räss, Andreas, *op. cit.*, p. 536 et suiv.) ; voir aussi : Boetticher, Manfred von, art. cité, p. 227 et suiv.

Mais l'irénisme ne joue pas seulement comme un arsenal d'arguments que la rhétorique savante aurait retourné au profit de la confession rivale ; constitutif d'une véritable culture minoritaire au sein du luthéranisme, il a fait de l'université de Helmstedt son bastion et du domicile de Calixte son ultime refuge. Tous les hommes précédemment cités, ainsi que Blume et d'autres, ont habité ensemble et partagé le foyer de Calixte à Helmstedt – une vaste demeure riche d'une bibliothèque et d'une imprimerie. Tous déracinés géographiquement et familialement depuis leur plus jeune âge, ces savants confondent bien souvent les liens affectifs essentiels avec ceux forgés au sein de la « famille universitaire » ; le *Stammbuch* – ou « livre d'amitié » – du fils de Georges Calixte, Frédéric-Ulrich, lui-même théologien, en fournit une illustration éclatante. Au fil des pages de ce livret, un mot, une citation, une signature, gardent le souvenir des rencontres marquantes et des amitiés nouées durant des années. Or, plusieurs décennies après la conversion de Blume, son ancien camarade a conservé précieusement sa dédicace, sans jamais l'effacer ou la dissimuler[1].

Dernier fruit d'une forme d'humanisme tardif, l'irénisme s'est donc constitué comme une culture qui cimente les relations interpersonnelles au-delà de la conviction religieuse. Associé à un champ lexical mettant souvent en avant le terme de modération (« *moderatio* »), il se décline en politesse et en système de représentation sociale. Implicitement, ses tenants se sentent appartenir à une *nobilitas literaria*, où les joutes éventuelles ne peuvent aboutir à l'insulte ou à la rupture consommée. Ironiquement, c'est sans doute cette dimension qui a fait de l'irénisme le facteur d'une conversion de groupe, en plus des motifs plus personnels ou strictement religieux.

DES RÉACTIONS MESURÉES

Par ailleurs, la façon dont ont réagi les maîtres et amis du converti à Helmstedt illustre encore la nature des liens existants entre les tenants de l'irénisme. Dans une lettre qu'il adresse à Boinebourg, Conring relate ainsi un épisode curieux : au début de février 1654, Blume s'est rendu à Helmstedt et a retrouvé ses anciens maîtres et collègues au domicile

1 Herzog August Bibliothek (Handschriftendatenbank), *Stammbuch F. U. Calixt* (Cod. Guelf. 47 Noviss. 12°), f° 255. Né deux ans avant Blume, Frédéric-Ulrich Calixte a grandi et étudié avec lui, avant d'être lui aussi nommé professeur de théologie à Helmstedt en 1650 : voir Ahrens, Sabine, *op. cit.*, p. 40-41.

de Calixte[1]. Alors même qu'il s'est déjà converti, ruinant l'image de l'institution et abandonnant sa chaire de théologie, ces derniers le reçoivent et le questionnent, tous apparaissant autant touchés par la perte d'un camarade que par les conséquences de son geste sur l'Église et l'université. La scène paraît à ce point décalée que les historiens n'ont cessé de vouloir déceler des non-dits dans la lettre de Conring, comme une gêne de Blume ou des insultes de ses anciens amis[2]. Bien au contraire, le fait même que Conring raconte cette rencontre à un autre ancien disciple également converti, avec une sincérité touchante, est en soi révélateur ; il rappelle la façon dont ce même Conring a tenté d'éviter la conversion de Blume de façon désespérée en 1651, en lui écrivant qu'il ne pouvait ainsi envisager de quitter sa vocation, la paix de la cité et l'amour de ses amis[3].

Drame familial presque plus encore que scandale religieux, la conversion n'implique donc qu'une rupture partielle, momentanée, avec le cercle d'origine. Très vite après la déflagration, les liens se recomposent et se réajustent dans un jeu aux règles nouvelles, qui promet des gains à tous les participants. Le 23 novembre 1655, Conring écrit ainsi à Blume pour le remercier de lui avoir envoyé son opuscule consacré au droit de l'archevêque de Mayence de couronner le roi de Rome[4] – dans une précédente lettre perdue, Blume a donc vraisemblablement fait sa paix avec le grand médecin et juriste de Helmstedt, comme Boinebourg l'avait fait avant lui. Conring, quant à lui, n'est pas insensible et se plie à l'échange de bons procédés : quelques jours plus tard, le 29 novembre, il écrit pour appuyer la nomination de Blume comme archiviste à Mayence[5]. Si ce dernier peut désormais se prévaloir de ses liens avec un savant à la renommée européenne, il constitue également un relai de choix au sein du monde catholique pour ses anciens maîtres. Soucieux de disposer des sources permettant de nourrir sa réflexion sur l'histoire du droit allemand, mais aussi d'obtenir des ouvrages pour la collection du prince de Wolfenbüttel, Conring se réjouissait très certainement de la position acquise par Blume.

1 Voir : Räss, Andreas, *op. cit.*, vol. 6, p. 564-565 et Cerbu, Thomas, art. cité, p. 198-199. Blume s'est probablement rendu à Helmstedt en raison du décès de l'épouse de Calixte, survenu le 8 février 1654.

2 Voir les interprétations de l'épisode par A. Räss et T. Cerbu, *ibid.*

3 Cité dans Räss, Andreas, *op. cit.*, vol. 6, p. 560-563.

4 *Ibid.*, p. 568.

5 *Ibid.* ; voir aussi : Cerbu, Thomas, art. cité, p. 200-202.

Mais si l'irénisme, par ses principes intellectuels et la nature des liens qu'il crée, rend l'acte de conversion aussi envisageable, il ne s'est pourtant pas dissout dans une vague de défections au cours des années 1650 : la réaction de ses défenseurs pour élever des digues mérite donc d'être analysée.

METTRE FIN AUX CONVERSIONS

VERS UNE THÉOLOGIE DE COMBAT

Malgré les remarques qui viennent d'être faites, il est évident que les conversions des années 1640-1650 ont profondément affaibli et ébranlé les théologiens et savants irénistes de Helmstedt. Pour ces hommes qui pensaient réconcilier luthéranisme et humanisme pour mieux effacer les frontières confessionnelles et les conflits, la fuite de plusieurs disciples brillants annonçait l'extinction de leur groupe, autant qu'elle les désignait à la vindicte et à l'ironie de leurs adversaires. Dans le cas précis de Blume surtout, le coup était particulièrement rude. Spécialiste d'histoire ecclésiastique, il était censé faire triompher la discipline et l'approche théologique que les irénistes considéraient comme la clef de toute démonstration. Sa pérégrination en France et en Italie devait l'aider à se perfectionner dans le domaine philologique, mais aussi lui permettre de renforcer son rejet des erreurs et « superstitions papistes »[1] – et parce qu'historien de l'Église, il était même apparu comme le meilleur choix pour éviter la conversion du prince Jean-Frédéric. Autant de convictions qui apparaissent après 1652 comme des vues bien naïves, même aux yeux de ceux qui, à Helmstedt, restent fermement convaincus par l'enseignement de Georges Calixte. Sommés de réagir, les anciens collègues et condisciples de Blume prennent des mesures concrètes dans les années qui suivent sa défection.

D'abord, l'organisation de la faculté de théologie et la hiérarchie des enseignements sont repensées[2]. À la fin du XVIe siècle, les fondateurs de

1 Räss, Andreas, *op. cit.*, vol. 6, p. 559.

2 Klein, Boris, *La Transmission des savoirs au sein des universités luthériennes germaniques à l'époque de la confessionnalisation, le cas de Helmstedt, XVIe-XVIIe siècles*, Thèse de doctorat, Université Lyon 2, 2011, p. 197-298.

l'université avaient souhaité que la faculté de théologie, dominante au sein de l'institution, compte quatre chaires. Fidèles à l'esprit luthérien, ils avaient prévu qu'au sommet, les deux meilleurs théologiens prendraient en charge l'exégèse de l'Ancien et du Nouveau Testament ; plus bas dans la hiérarchie, deux autres professeurs devaient se charger de l'homilétique et de la dogmatique – soit la formation concrète des futurs pasteurs[1]. Par la suite, on l'a dit, une chaire d'histoire ecclésiastique avait été ajoutée en 1650, sous l'influence de Calixte. Alors que ce dernier se retire progressivement avant de décéder en 1656, ses deux disciples Titius et Cellarius, respectivement en charge de l'Ancien et du Nouveau Testament, font subir à la faculté une évolution marquante. Sans contredire la lettre des statuts qui définit les différentes chaires et les missions des professeurs, ils confient de plus en plus le travail d'exégèse à de jeunes professeurs d'hébreu et de grec au sein de la faculté de philosophie[2]. Progressivement, les deux théologiens, en dépit de leur titre, se consacrent surtout à la controverse, publiant sous leur nom ou sous des pseudonymes des attaques violentes contre les catholiques[3]. En 1659, Titius change même de titre pour devenir officiellement professeur de controverse : immédiatement, il se lance dans une série de cours dans lesquels il présente et attaque systématiquement les décrets du concile de Trente[4]. Dans le même temps, il déclenche une polémique par écrits interposés contre le jésuite Ebermann, un converti considéré comme le meilleur controversiste catholique dans l'Empire[5].

De son côté, le fils de Georges Calixte, Frédéric-Ulrich, chargé officiellement de l'enseignement de la dogmatique, aborde cette discipline non pas comme un moyen de souligner les points communs et rapprochements

1 Voir les statuts officiels de l'université de 1576 : Baumgart, Peter, Pitz, Ernst (éd.), *Die Statuten der Universität Helmstedt*, Göttingen, Vandenhoeck und Ruprecht, 1963, p. 31-34, p. 86.

2 Klein, Boris, *op. cit.*, p. 211-212, 227-229 ; l'évolution concerne d'abord la chaire de Titius, celle de Cellarius étant touchée surtout après son décès en 1671.

3 Voir entre autres : Cellarius, Balthasar, *Examen Potiorum, Quae Ecclesiis Augustanae Confessionis Addictis Cum Pontificiis Intercedunt, Controversiarum Iuxta Ductum Concilii Tridentini : XVII. Disputationibus in academia Iulia publice institutum*, Helmstedt, Müller, 1650-1657 ; Titius, Gerhard (pseud. Hennies), *Prüfung des Hildesheimischen Papistischen Probirsteins der wahren und falschen Kirche*, Helmstedt, Müller, 1653, in-4°, 160 p.

4 Klein, Boris, *op. cit.*, p. 247-254, d'après les archives concernant les cours de Titius.

5 Vitus Ebermann (1597-1675) était un converti devenu jésuite et professeur de théologie à Mayence ; voir : Haass, Robert, « Ebermann, Vitus », *NDB*, 4 (1959), p. 565 ; Titius, Gerhard, *Animadversionis Viti Erbermanni Apostatae & Jesuitae Herbipolensis...*, Helmstedt, Typographeum Calixtinum, 1660, in-4°.

possibles entre confessions, mais plutôt comme la présentation d'un arsenal d'arguments propres à nourrir la polémique. Lorsqu'en 1666 les théologiens orthodoxes de Wittenberg, derrière Calov, relancent les attaques contre les irénistes, le jeune Calixte se précipite dans les flammes du combat[1]. Cessant toute activité pédagogique pendant plusieurs mois, il se consacre entièrement à la publication d'ouvrages polémiques contre les partisans de Calov, lesquels attaquent la pensée de son père en lui reprochant de conduire au syncrétisme avec les catholiques. Jusqu'au milieu de 1669, les joutes se succèdent, mêlant théologie, défense de l'honneur familial et insultes[2].

De moins en moins philologues et polis par l'humanisme, les théologiens qui s'emparent des rênes de la faculté à partir du milieu des années 1650 s'affirment donc comme de farouches combattants défendant une citadelle assiégée ; loin de son objectif initial visant au dépassement des fractures confessionnelles, l'irénisme calixtien s'est mué en positionnement irréductible, dont l'essence ne tient finalement plus que dans son double rejet de ceux qui pourraient l'absorber. Par une sorte d'ironie, il revient à l'ancien disciple et converti Boinebourg de déplorer cette évolution, au nom des valeurs irénistes. Dans une lettre de janvier 1654 à un ami médecin à Francfort, il s'attriste de voir que Titius et les autres disciples de Calixte ont abandonné toute modestie et tout souci de la mesure, qu'ils se sont « hulsemanisés », attaquant et mordant comme des chiens enragés[3].

Quant à l'affirmation et à l'autonomisation de l'histoire ecclésiastique en tant que discipline universitaire, que la création d'une chaire spécifique devait consacrer, elles sont bien évidemment battues en brèche par la défection de Blume. La chaire survit néanmoins, mais elle échoit à des hommes moins liés directement à Calixte et plus effacés – pour ne pas dire de faible envergure[4]. Finalement, c'est Gebhard Theodor Meier qui prend en charge cet enseignement original pendant presque trois décennies à partir

1 Professeur de théologie à Wittenberg, Abraham Calov défendait des positions radicalement orthodoxes et souhaitait l'exclusion des irénistes du luthéranisme ; voir : Calov, Abraham, *Consensus Repetitus Fidei Vere Lutheranae...*, Wittenberg, Borckard, 1666, in-4°, 117 p.

2 Klein, Boris, *op. cit.*, p. 239-241.

3 Lettre citée par Räss, Andreas, *op. cit.*, vol. 6, p. 562 ; théologien orthodoxe et principal adversaire de Calixte, Johannes Hülsemann (1602-1661) avait notamment publié : *Calixtinischer Gewissenswurm...*, Leipzig, Ritzsch, 1654, in-4°.

4 Scherer, Emil Clemens, *Geschichte und Kirchengeschichte an den deutschen Universitäten*, New York/ Hildesheim, Georg Olms, 1975 (reprise de l'édition de 1927), p. 218-219 ; Klein, Boris, *op. cit.*, p. 261-297.

de 1665[1]. Quelque peu en marge du cercle des théologiens de Helmstedt et des grandes controverses, Meier paraît plus intéressé par la théologie morale que par l'histoire ; pendant des années, il se livre à des expériences, proposant aux étudiants d'explorer l'histoire des religions, celle de l'athéisme, ou bien encore l'histoire comparée des religions mondiales[2]. Visiblement peu soucieux de s'attacher à une définition claire de sa discipline, ou de la confiner dans une mission spécifique de préparation de la controverse, Meier croise les approches, mêlant commentaires moralisants, remarques historiques, géographie mondiale ou encore enquête ethnographique ; sans le vouloir vraiment, et dans l'indifférence créée par la marginalisation de sa discipline, il a fait de cette dernière un espace où bouillonnent les idées – bien loin des objectifs assignés en 1650 par le chef de fil de l'irénisme.

DE L'IDÉAL THÉOLOGIQUE AU DISCOURS POLITIQUE

Le choc des années 1650 pour les irénistes de Helmstedt, dont Blume demeure le symbole, a donc été surmonté au prix d'une mutation du discours et des pratiques des théologiens héritiers de Calixte. À défaut de conserver entièrement sa nature et de voir son objectif de réconciliation religieuse aboutir, l'irénisme échappe à la disparition. Mais parallèlement, il trouve aussi la voie d'une résurgence. Débordant de l'université et du champ du débat théologique, il fournit en effet le socle d'un discours politique d'apaisement et de compromis qui confère à la principauté de Hanovre une réelle originalité dans le dernier tiers du XVIIe siècle.

Lorsque le prince Jean-Frédéric, converti en même temps que Blume, accède au pouvoir à Hanovre en 1665, le clergé luthérien craint le pire. Désormais à la tête de l'Église territoriale, le nouveau souverain possède les outils et le pouvoir pour entamer une recatholisation attendue par le pape et de nombreux dirigeants dans l'Empire[3]. En butte à l'hostilité de ses sujets, Jean-Frédéric refuse de renoncer à ses droits et s'impose fermement sur le trône ; en revanche, il surprend et déçoit son propre camp par la politique qu'il met en place. Après avoir obtenu que la chapelle du palais soit consacrée

1 Pour sa biographie, voir : Ahrens, Sabine, *op. cit.*, p. 157-158 ; pour le détail de ses cours à partir des archives conservées, voir : Klein, Boris, *op. cit.*, p. 281-297.

2 Voir notamment : Meier, Gebhard Theodor, *Historia Religionum Christianae Judaicae Gentilis Et Muhammedanae, A Condito Mundo Ad Nostra Usque Tempora*, Helmstedt, Hamm, 1697, in-4°, 348 p., ouvrage très original qui fait écho à certains de ses cours.

3 Boetticher, Manfred von, art. cité, p. 232 et suiv.

au culte catholique, il soutient financièrement la construction d'un grand temple luthérien en plein cœur de la ville; surtout, il interdit la présence des jésuites, n'introduit aucun catholique au sein de son conseil et maintient le superintendant (« *Generalissimus* ») Justus Gesenius à la tête du clergé[1].

Ancien élève et disciple de Georges Calixte, ce dernier s'affirme alors comme un partenaire inattendu du souverain. Profondément marqué par l'irénisme, Gesenius maintient qu'aucune damnation du catholicisme n'est possible et accepte que le culte catholique soit pratiqué à la cour[2]. De son côté, Jean-Frédéric promulgue en 1671 un édit qui punit très sévèrement toute violence interconfessionnelle ou mauvais traitement contre des convertis, et interdit la damnation publique d'un concitoyen – appelant à la modération, à la bonne entente et à l'amour entre les chrétiens, le texte constitue, sans le dire explicitement, une mise en application des principes calixtiens[3]. Dans ce climat de tolérance et de coexistence pacifique fermement encadrée, l'opposition confessionnelle se déplace alors sur le terrain de la conversion et de la littérature polémique. Ciblant en priorité la jeunesse luthérienne éduquée, les capucins font ainsi preuve d'un zèle missionnaire ardent, reprenant à leur compte l'argument du pari le moins risqué – celui-là même que les jésuites avaient agité deux décennies plus tôt pour convaincre les jeunes irénistes calixtiens. Face à ce défi et aux premières défections, Gesenius réagit promptement. Dans un opuscule de 1669 qui se présente comme une conversation entre amis, il assume les apparents dangers du discours luthérien iréniste[4]. Selon lui, si un chrétien sincère peut faire son salut dans n'importe quelle Église respectant les cinq piliers du catéchisme, il faut cependant tenir compte de la situation de chacun et de la conscience individuelle (« *Gewissen* »); ainsi, un luthérien qui effectuerait un virage vers une forme moins véritable de christianisme, alors même qu'il a reçu un bon enseignement, accomplirait un geste contre sa conscience et dangereux pour son salut. Puisqu'ils sont naturellement les meilleurs chrétiens, les luthériens irénistes ne peuvent

1 *Ibid.*, p. 235-237 et p. 252. L'attitude de Jean-Frédéric diffère nettement de celle du prince de Palatinat-Neubourg, décrite par Mader, Éric-Oliver, art. cité; pour la biographie de Gesenius (1601-1673), voir : Krumwiede, Hans-Walter, « Gesenius, Justus », *NDB*, 6 (1964), p. 339.

2 Boetticher, Manfred von, art. cité, p. 245 et suiv.

3 *Ibid.*, p. 233-237.

4 Gesenius, Justus (pseud. : Timotheus Friedlieb), *Erörterung der Frage : Warumb wilt du nicht Römisch-Catholisch werden wie deine Vorfahren waren ?*, (s. l.), 1669, in-4°; voir le commentaire de Boetticher, Manfred von, art. cité, p. 245-249.

décemment pas renoncer au progrès qu'ils incarnent – et point n'est besoin d'excommunier ou de damner, le bon sens suffit ici à dicter une conduite.

En somme, Gesenius a contribué à résoudre les apories du discours théorique de son ancien maître et il a fait de ses nouveaux arguments une arme de propagande qui a largement freiné les conversions, son ouvrage rencontrant un très grand succès. En acceptant parallèlement de collaborer avec un prince catholique également ouvert au dialogue, il a permis que s'instaure un régime de tolérance et de coexistence. Devenu le fondement d'un discours et d'une pratique politique au moment même où les théologiens universitaires s'en éloignaient, l'irénisme a donc muté avec succès pour réinvestir un nouveau champ ; au terme de cette évolution, presque un demi-siècle après les conversions de Blume et de ses condisciples, il s'est même affirmé comme une défense efficace contre les tentatives de conversion de tout un État.

Si on laisse de côté les possibles calculs et autres ressorts psychologiques qui ont pu guider Blume dans sa démarche, celle-ci peut être replacée à l'intérieur de l'histoire du courant iréniste inspiré par Calixte ; le poids du contexte des années 1648-1652, au-delà des seuls événements politiques, s'avère décisif : pour une grande partie des disciples du théologien de Helmstedt, la conversion fait figure de choix possible autant que d'issue. À peine une génération plus tard, un autre savant inspiré par l'irénisme, dans un autre contexte, a pu suivre un itinéraire différent[1] : secrétaire particulier de Boinebourg, puis bibliothécaire de Jean-Frédéric à Hanovre, proche de plusieurs professeurs de Helmstedt, Gottfried Wilhelm Leibniz voyagea en France et en Italie, refusa de servir comme bibliothécaire au Vatican et fut enterré en 1716 dans le grand temple de Hanovre, non loin du portrait de Gesenius.

Boris Klein
Université Lumière – Lyon 2
Labex COMOD/ISERL

1 Voir entre autres : Schepers, Heinrich, « Leibniz, Gottfried Wilhelm », *NDB* 14 (1985), p. 121-131 ; voir aussi Schunka, Alexander, « Irenicism and the Challenges of Conversion in the Early Eighteenth Century », D. M. Luebke, J. Poley, D. Ryan, D. W. Sabean, *op. cit.*, p. 101-118.

PAUL PELLISSON-FONTANIER (1624-1693)

Une conversion « pour l'avancement de la religion et la gloire du roi »

Paul Pellisson-Fontanier, dont Pierre Bayle affirme qu'il fut « l'un des plus beaux esprits du XVIIe siècle »[1], naquit le 30 octobre 1624 à Béziers. Il appartenait à la noblesse de robe huguenote : son père était conseiller de la Chambre mi-partie de Castres. Ses études en province achevées, le jeune homme vint s'installer à Paris en novembre 1650, s'y lia avec le monde littéraire, fut reçu à l'Académie. En 1657, le surintendant des finances Nicolas Fouquet le nomma son premier commis et secrétaire, ce qui lui valut bientôt d'être victime de la disgrâce de son maître. Arrêté le 5 septembre 1661, il fut embastillé en décembre. Son emprisonnement, qui dura quatre ans et deux mois, lui donna cependant le loisir d'étudier l'Écriture sainte, la Tradition et les ouvrages de controverse, études qui préparèrent sa conversion au catholicisme.

De son cachot, le prisonnier privé d'écritoire adressa au roi le 8 septembre 1665 sa fameuse « Lettres des libertés », où il réclamait la permission d'une plume et de se consacrer à l'éloge du souverain[2]. Libéré en janvier 1666, presque ruiné, il persévéra dans sa volonté de gagner les faveurs du roi par un éloge d'Anne d'Autriche[3]. Dans les premiers jours de février, il se rendit deux fois à Saint-Germain-en-Laye, où Louis XIV le reçut avec bienveillance. Pellisson suivit le roi en 1667 dans sa campagne de Flandre, qui lui inspira un nouvel éloge, la *Conversation de Louis XIV devant Lille*[4]. Il fut également de celle de Franche-Comté, dont il proposa

1 Bayle, Pierre, *Dictionnaire historique et critique*, Paris, Desoer, 1820, t. 11, p. 524.

2 Rosellini, Michèle, « Pourquoi écrire des poèmes en prison ? Le cas de Paul Pellisson à la Bastille », *Les Dossiers du Grihl. Écrire en prison, écrire la prison (XVIIe-XXe siècles)*, [*dossiersgrihl.revues.org*, 2011-01, § 28-29].

3 La reine mère venait de s'éteindre le 20 janvier.

4 Après la reddition de cette place le 17 août.

en 1669 une relation manuscrite. Le monarque finit par récompenser son assiduité à faire sa cour en le nommant son historiographe en janvier 1670, le gratifiant d'une pension annuelle de 6 000 livres[1]. Le 4 février, Pellisson fut admis au lever et coucher du roi[2]. Le 8 octobre, il abjura solennellement le calvinisme à Chartres, dans l'église des Pères de la Doctrine chrétienne, devant Gilbert de Choiseul du Plessis-Praslin, évêque de Comminges.

Aux dires de l'abbé d'Olivet, continuateur au XVIIIe siècle de l'*Histoire de l'Académie française* commencée par Pellisson, le courtisan converti n'eut dès lors « que ces deux objets devant les yeux : l'avancement de la religion et la gloire du roi »[3]. Après avoir résolument cherché à placer son talent littéraire au service de Louis XIV, sa conversion ne lui aurait-elle pas révélé un autre devoir, celui de contribuer auprès de ce maître au rétablissement de l'unité religieuse du royaume ? N'impliquait-elle pas une allégeance au souverain et une adhésion totale à sa politique religieuse, Pellisson s'engageant à servir « Dieu comme le roi voulait qu'il fût servi »[4] ?

1670-1676 : PREMIÈRES IMPLICATIONS D'UNE CONVERSION

Dans sa « Lettre au Roi sur son Abjuration faite à Chartres », Pellisson expliquait qu'il comptait celle-ci au nombre des grâces qu'il avait reçues de Dieu et de Louis : si sept ans de prières et d'études l'avaient préparée, il l'avait sans cesse repoussée du fait de son état d'infortune dont le souverain avait eu la clémence de le délivrer. Le courtisan promettait de lui en « être éternellement obligé »[5]. Interprétée comme une faveur indirecte

1 Pellisson-Fontanier, Paul, *Histoire de Louis XIV*, Paris, Rollin fils, 1749, t. 1, préface de Le Mascrier, p. XI.

2 Niderst, Alain, *Madeleine de Scudéry, Paul Pellisson et leur monde*, Paris, PUF, 1976, p. 103.

3 Pellisson-Fontanier, Paul et Thoulier Olivet, abbé d', *Histoire de l'Académie française*, Paris, Didier, 1858, t. 2, p. 266.

4 Marcou, François-Léopold, *Étude sur la vie et les œuvres de Pellisson*, Paris, Didier/ A. Durand, 1859, p. 341.

5 *Œuvres diverses de monsieur Pellisson*, Paris, Didot, 1735, t. 2, p. 412.

du roi, cette abjuration rendait Pellisson redevable de services qui ne furent que progressivement dirigés vers la grande cause de l'unification religieuse du royaume. Avant de pouvoir la servir, le courtisan dut se soumettre à un temps de probation destiné à clarifier sa position sur les moyens de ramener au catholicisme les « frères séparés » et à mettre sa motivation à l'épreuve.

Au temps de l'abjuration de Pellisson, il existait à la cour, sous l'influence de prélats tels qu'Hardouin de Péréfixe, archevêque de Paris, ou que Bossuet, un climat favorable au retour volontaire de ceux de la R.P.R. La controverse, écrite ou orale, avait cessé d'être violente, explorant les voies de la réconciliation. Nombreux furent les courtisans qu'elle ramena au catholicisme. Pellisson adhéra à ce courant qui avait l'assentiment du roi. En 1670, il fut convié à retoucher les *Mémoires* de Louis XIV. S'il prit l'initiative d'y blâmer les moyens violents de la conversion et de reconnaître quelques-unes des réclamations des protestants contre la discipline catholique, n'est-ce pas parce qu'il croyait traduire la pensée de son maître ? Le souverain barra toutefois ces passages[1].

Une autre occasion se présenta au converti d'exprimer son attachement à une politique de conversion non violente, lors de la réception à l'Académie de l'archevêque de Paris François de Harlay, le 3 février 1671. Comme directeur de cette compagnie, Pellisson prononça un *Panégyrique du roy*, premier témoignage public de sa reconnaissance pour celui qui lui avait pardonné d'avoir été indéfectiblement fidèle à un ministre déchu[2] et le comblait désormais de ses faveurs[3]. Il loua dans ce discours « les victoires non sanglantes » que les prélats et leurs troupes sacrées remportaient chaque jour sur les protestants grâce à leur travail et à leur savoir, ajoutant que si elles étaient l'œuvre « des Pasteurs », le choix « des Pasteurs é[tait] l'ouvrage du Roi, comme le Roi celui de Dieu même ! »[4]. Cet éloge de la conversion pacifique s'adressait sans doute plus directement à son ami

1 Marcou François-Léopold, *op. cit.*, p. 292.

2 De sa prison, Pellisson défendit le surintendant par des mémoires destinés à éclairer le roi sur les activités du ministre, imprimés sous le titre de *Défenses de M. Fouquet* et tenta d'appeler le pardon royal par une « Élégie sur la disgrâce de M. Fouquet », long poème imprimé et diffusé dans les premiers mois de 1663.

3 Quelques mois après sa conversion, le roi lui avait payé pour moitié une charge de maître des requêtes, Niderst, Alain, *op. cit.*, p. 495.

4 *Panégyrique du roy Louis quatorzième, prononcé dans l'Académie françoise*, Paris, P. Le Petit, 1671, p. 9.

Étienne Le Camus qui, comme évêque de Grenoble depuis 1669, ramenait avec succès par des « aumônes » les égarés de son diocèse au catholicisme, soutenu dans son entreprise par les secours du souverain.

Louis XIV dut laisser dire, au commencement de la Guerre de Hollande, pour des raisons de politique extérieure, qu'il avait l'intention d'extirper l'hérésie de l'Europe. Or s'il fit restaurer dans les places fortes des Provinces-Unies conquises par ses armées un culte public en faveur des catholiques, lesquels n'étaient autorisés depuis l'union d'Utrecht (29 janvier 1579) qu'à le pratiquer dans l'espace privé, le roi ne chercha pas à restreindre celui des réformés hollandais. Pellisson, toujours aussi empressé de suivre son maître dans ses campagnes pour en préparer la narration, est attentif à signaler dans ses lettres à son amie Madeleine de Scudéry[1] les progrès que le roi fit faire au catholicisme dans cette République. Il informe que l'église principale de la place d'Orsoy, puis celle de Rhynberg, sur le Rhin, furent redonnées aux catholiques au début de juin 1672 et qu'à Orsoy, plusieurs protestants souhaitèrent abjurer[2]. Emmerick s'étant rendue au prince de Condé le 8 juin, il mentionne que le cardinal de Bouillon porta triomphalement le Saint-Sacrement au jour de la Fête-Dieu dans cette cité peuplée d'une majorité de catholiques[3]. Le 2 juillet, les Français s'emparèrent d'Utrecht. Siège épiscopal jusqu'à la Réforme, cette ville était devenue au XVIIe siècle un bastion à la fois de l'orthodoxie réformée et du catholicisme[4]. Pellisson confie l'émotion qu'inspira à l'assistance et à lui-même la célébration d'une messe solennelle dans la grande église, le 10 juillet 1672 et loue la décision du roi de la rendre au culte catholique comme une action de justice, de piété et de bon politique[5]. Il ne cache pas cependant les intentions conciliatrices du souverain dans cette reconquête spirituelle : par la voix du cardinal de Bouillon, il fit connaître au corps de cette ville qu'il souhaitait ramener les réformés « à la véritable religion par des actions de charité et de bonté, plutôt que par aucune autre voie »[6].

---

1 263 lettres furent adressées à « l'illustre Sappho », du commencement de l'année 1670 à 1688, qui devaient former la matière à des mémoires historiques et furent publiées en 1729 sous le titre de *Lettres historiques*.

2 *Lettres historiques de monsieur Pellisson*, Paris, Jean-Luc Nyon, 1729, t. 1, p. 117, p. 119.

3 *Ibid.*, t. 1, p. 158-159.

4 Forclaz, Bertrand, *Catholiques au défi de la Réforme. La coexistence confessionnelle à Utrecht au XVIIe siècle*, Honoré Champion, Paris, 2014.

5 *Lettres historiques…*, *op. cit.*, t. 1, p. 242-243.

6 *Ibid.*, t. 1, p. 244-245.

En courtisan exemplaire, redevable de faveurs royales au nombre desquelles il comptait son accession à une vérité spirituelle, Pellisson traduisit, célébra et fit donc siennes les intentions de son maître en matière de lutte contre l'« hérésie ». Alors que le roi œuvrait pacifiquement à la conversion des calvinistes hollandais, son historiographe en prenait exemple pour éclairer les huguenots de ses armées : au siège de Maastricht, en 1673, il contribua aux côtés d'un père jésuite à l'abjuration d'un ingénieur militaire à l'article de la mort[1]. Au siège de Cambrai (20 mars-19 avril 1677), il fit tout ce qu'il put pour celle d'un officier blessé du nom de Sigoville[2]. Son propre cheminement devait servir d'exemple aux égarés.

Toutefois, les affaires religieuses n'étaient pas la priorité de Louis XIV dans cette guerre. La gloire militaire l'intéressait davantage. Pellisson le comprit : dans sa « harangue au Roy, sur ses heureuses conquêtes », prononcée le 25 juillet 1676 à l'Académie, il se tut sur les éphémères victoires spirituelles de la guerre de Hollande pour ne célébrer que celles d'ordre temporel.

1676-1680 : LE « GRAND CONVERTISSEUR »

Jusqu'en 1676, le converti n'avait été qu'un agent discret de l'œuvre des conversions. L'idée se concrétisa alors à la cour que les revenus des bénéfices sans titulaires pouvaient servir en des gratifications et pensions à destination des Nouveaux Catholiques[3]. Pellisson fut probablement l'inspirateur du projet d'employer à partir du 1er novembre 1676 le revenu de 100 000 livres annuelles des abbayes de Cluny et de Saint-Germain, les plus riches du royaume, dont il avait l'économat[4], aux Nouveaux Catholiques. Durant l'hiver, il insista auprès de Colbert pour que le « tiers des économats » de tous les autres bénéfices tombés en régale

1 *Ibid.*, t. 1, p. 332-334.

2 *Ibid.*, Paris, François Barois, 1729, t. 3, p. 234.

3 Orcibal, Jean, *Louis XIV et les protestants. La cabale des accommodeurs de religion. La caisse des conversions. La révocation de l'Édit de Nantes*, Paris, Vrin, 1951, p. 44.

4 L'économe d'un bénéfice en administrait, pendant la vacance, le temporel. Pellisson avait reçu l'économat de l'abbaye de Cluny en 1674 et celui de Saint-Germain en 1675.

depuis le début de l'année 1677 soit versé dans une « caisse des économats », bientôt appelée par les protestants la « caisse des conversions ». Il en devint légitimement l'administrateur, sa compétence financière ayant déjà été éprouvée lorsqu'il était au service de Fouquet.

Conscient des limites d'abjurations arrachées par la corruption, Pellisson voulut qu'elles soient accompagnées d'une instruction efficace. Ce prosélytisme instrumentalisant l'imprimé s'inspirait des stratégies développées dans les missions de l'intérieur. L'approbation ayant été donnée le 25 novembre 1676, ses *Courtes prières durant la Sainte Messe* furent publiées l'année suivante[1]. Dans une lettre datée du 15 septembre 1683, le courtisan confie les circonstances de la rédaction de son opuscule à son ami Claude Boisot, un docte devenu abbé commendataire de Saint-Vincent de Besançon : elle se fit à l'abbaye de la Trappe, où il accomplissait une retraite de dix jours après son abjuration. Plus tard, le maréchal de Bellefonds s'intéressa au manuscrit et en fit une copie « qu'il répandit partout, ce qui obligea de l[e] faire imprimer »[2]. De même qu'il suggère dans sa lettre au roi que Dieu avait inspiré son abjuration, Pellisson confie à son correspondant bisontin qu'il n'eut guère de part à ce modeste ouvrage, qui fut dicté et béni par Dieu. Il ne faudrait donc pas seulement interpréter l'engagement du converti dans l'œuvre des conversions comme l'expression d'une reconnaissance pour son royal protecteur et d'une obéissance aux desseins de celui-ci, mais comme l'exécution d'une mission inspirée du ciel.

Sa responsabilité le fit pénétrer davantage dans la familiarité du roi, qui lui accordait « de temps en temps » des audiences particulières, ainsi qu'il le confie à Claude Boisot, dans une lettre datée du 13 avril 1679[3]. Durant ces séances de travail, il présentait le bilan des conversions dans les diocèses et sollicitait l'autorisation du souverain dès que les distributions étaient supérieures à 100 livres[4].

Le « grand convertisseur » se vit bientôt investi d'une mission plus prestigieuse encore, à laquelle semblait se prêter le contexte européen : la réunion irénique des Églises. Inquiet du péril ottoman, Le pape Innocent XI paraissait la vouloir autant que Louis XIV, tandis que de

1 L'ouvrage fut plusieurs fois réédité, il en circula 100 000 exemplaires jusqu'à la mort de son auteur.
2 Bibl. d'Étude et de Conservation de Besançon, ms 602, f° 27 v°.
3 *Ibid.*, f° 13.
4 Orcibal, Jean, *op. cit.*, p. 46-47.

Suède, Samuel von Pufendorf joignait ses efforts à Bossuet pour l'envisager par quelques concessions avec ceux de la confession d'Augsbourg. En mai 1680, pressenti pour une approche diplomatique officieuse avec le pape, Pellisson adressa une lettre au souverain pontife dans laquelle il lui demandait sa bénédiction apostolique pour les succès de la caisse des économats et la concluait en se réjouissant que Dieu ait accordé à l'Église un pape si bon, à un moment où la réunion des hérétiques paraissait envisageable[1]. Dans une deuxième lettre datée du 29 juin, il suggérait cette fois de façon plus explicite la collaboration de Louis XIV et du pape au vaste projet de Réunion et demandait l'autorisation de lui adresser les mémoires de ceux qui, en France, travaillaient à ce projet. Cette sollicitation ne fut toutefois pas relayée à Rome, car le pape craignait sans doute que le gallicanisme n'en sorte renforcé[2].

1681-1685 : LES TOURMENTS D'UN CONVERTI AU TEMPS DES DRAGONNADES ET DE LA RÉVOCATION

Ce ne fut pas la seule déconvenue : alors qu'à la fin de l'année 1679, on comptait 10 000 abjurations obtenues au prix d'« aumônes », leur nombre diminua par la suite. Il n'était pas jusqu'à Pellisson lui-même pour évoquer les abus du système et vouloir les combattre. À son ami Boisot, qui sollicitait le secours de la Caisse en faveur d'un soldat converti quelques années plus tôt, il répondait dans une lettre du 11 novembre 1683 « que le roi ne remont(ait) pas au passé, supposant que ceux qui viennent demander au bout de trois ou quatre ans que leur conversion est faite peuvent déjà l'avoir reçu. Il serait impossible autrement d'éviter les surprises qu'on tâche de nous faire tous les jours en mille manières »[3]. L'intransigeance des deux camps n'était pas de nature à faciliter les abjurations, et l'achat des consciences se trouvait être dans ces conditions une piètre tentation.

1 Lettre publiée en annexe dans *Ibid.*, p. 169-176.
2 *Ibid.*, p. 64-65.
3 Bibl. d'Étude et de Conservation de Besançon, ms 602, f° 30 v°, 31 r°.

En outre, les affaires d'Angleterre, où se déchaînait une véritable persécution à l'égard des catholiques, convainquirent en France d'adopter une ligne plus dure : 85 actes furent promulgués entre 1679 et 1685 contre la minorité protestante. Le 18 mars 1681, l'intendant du Poitou Marillac fut autorisé par Louvois à utiliser ses dragons pour intimider dans sa généralité ceux de la R. P. R. En moins d'un an, il arracha 38 000 abjurations. Cette politique de répression était censée compléter celle de Pellisson, puisqu'en enlevant les moyens d'existence aux huguenots, elle rendait plus nécessaires les secours offerts par la Caisse[1].

Alors que le pasteur Pierre Jurieu s'en prenait, en 1681, dans un brûlot intitulé *La politique du clergé de France*, aux opportunistes « qui n'ont aucune attache à la religion de leurs pères », à ceux « qui ne sont pas de la religion de Dieu, mais de celle du roi, et qui changeraient incontinent s'ils étaient dans un état où l'on ne voulût leur donner les charges qu'à cette condition-là »[2], Pellisson allait-il se détacher de cette « religion du roi » qui lui avait procuré tant de faveurs, au moment où elle devenait persécutrice pour ses anciens coreligionnaires ?

Dans le voyage qu'il fit à la suite du roi en octobre 1681, dont le terme était Strasbourg, il put se rendre compte de la terreur qu'inspiraient les dragonnades aux protestants français. Faisant étape avec la cour à Sainte-Marie-aux-Mines, petite cité au cœur des Vosges où coexistaient catholiques, réformés et luthériens, il constata que la plupart des habitants avaient fui à l'approche du roi, par crainte d'être molestés par sa garde et contraints d'adopter le catholicisme. Il fut hébergé par un menuisier et sa femme. L'homme était luthérien, la femme calviniste, ils n'avaient osé abandonner leur demeure de peur qu'elle soit incendiée et l'avaient vidée de son mobilier parce qu'ils craignaient d'être pillés[3].

Jusqu'alors, Pellisson s'était montré exemplaire au service des intérêts de sa confession d'adoption et du roi. Mais les violences faites à ses anciens frères de religion lui donnèrent le courage de se démarquer du conformisme courtisan : son neveu Rapin-Puginier rapporte qu'il surprit la cour en osant critiquer fermement celles-ci en présence du roi[4]. Sa

1 Orcibal, Jean, *op. cit.*, p. 58.

2 Jurieu, Pierre, *La politique du clergé de France, ou entretiens curieux de deux catholiques romains (...)*, Cologne, Pierre Marteau, 1681, p. 38, p. 40.

3 *Lettres historiques...*, *op. cit.*, t. 3, p. 349.

4 Cazenove, Raoul de, *Rapin-Thoyras, sa famille, sa vie et ses œuvres*, Paris, Auguste Aubry, 1866, p. 139-140.

protestation est probablement contemporaine des premières dragonnades. Pierre Bayle prétend qu'il les désapprouva[1]. Dans une lettre du 1er janvier 1682 à son amie Madame de Brinon, Madame de Maintenon évoque les « chagrins » du courtisan, mais n'en précise pas la cause[2].

Il savait néanmoins plus qu'aucun autre le prix de la disgrâce pour ne la plus vouloir. Ses écrits corrigent cette passagère dissidence. En mai 1682, espérant toujours faire progresser à Rome le projet de réunion des Églises, Pellisson écrivit une troisième lettre au pape, dans laquelle il minorait les violences commises par les dragons en Poitou[3], alors que Marillac avait été disgracié trois mois plus tôt. La lettre fut présentée au roi, mais les relations s'étant encore tendues avec Rome depuis que l'assemblée du clergé avait proclamé en mars la déclaration en quatre articles, on ne crut pas utile de l'envoyer à son destinataire[4].

Quelques années plus tard, Pellisson chercha à justifier à lui-même, et sans doute à la postérité, cette position en apostillant cette lettre : « Cela était très vrai quand je l'écrivais. On n'a pas toujours tenu depuis la même conduite, surtout en 1685, quand on voulut se hâter d'achever l'ouvrage, pour révoquer l'édit de Nantes »[5]. Il faisait allusion à la « grande dragonnade du Midi », commencée au printemps 1685. Cette violence armée devait encore se poursuivre après l'Édit.

Dans une relation « touchant l'état de la Religion en France » qu'il dit avoir écrite en 1682 et qu'il rendit publique quatre ans plus tard dans le premier volume de ses *Réflexions sur les différends de la religion*, Pellisson insiste sur le devoir d'obéissance des sujets face aux efforts d'unification religieuse du royaume :

> Tous généralement, sans en excepter ceux-là même que l'erreur sépare de nous, n'ont en cela qu'un même esprit, et qu'un même sentiment, qui est que plaire, quand ils le peuvent, à un si grand, si bon et si sage maître, aller au-devant de ses pensées, lui obéir avant même qu'il commande, n'est pas seulement leur devoir, mais leur propre félicité. On sait, on voit, on sent avec quelle ardeur il désire de ramener les Français à la foi de leurs pères. C'en est assez avec toutes les dispositions que nous avons déjà remarquées, pour

1 Bayle, Pierre, *op. cit.*, p. 524.

2 Lavallée, Théophile, *Correspondance générale de Madame de Maintenon : publiée pour la première fois sur les autographes et les manuscrits authentiques*, Paris, Charpentier, 1863, t. 2, p. 222.

3 *Œuvres diverses…*, *op. cit.*, t. 2, p. 435-445.

4 Orcibal, Jean, *op. cit.*, p. 76-77.

5 *Œuvres diverses…*, *op. cit.*, t. 2, p. 437-438.

> espérer, comme nous faisons, de voir en France, et durant son règne, un seul troupeau et un seul pasteur[1].

L'édit de Fontainebleau le confronta précisément à ce devoir d'obéissance. Presque tous les catholiques français applaudirent sa promulgation. Tallemant et Barbier d'Aucour s'empressèrent de célébrer dans leur panégyrique du roi la victoire sur l'hérésie, le second parlant même du « miracle » de son extirpation[2]. S'il était le maître des éloges au roi, Pellisson se tut. Il ne retrouva de l'éloquence que pour désavouer, dans l'« éloge de Louis XIV » inséré dans la deuxième édition de ses *Réflexions* qui parurent en 1687, l'exode des protestants français, quittant

> Sans raison un air, un climat, des mœurs, des lois, un gouvernement, un roi que toutes les Nations vous envient ; un roi, nous le savons, tel que vous le feriez vous-mêmes hors votre erreur, si vous aviez à le faire par vos souhaits : sage, juste, magnanime, bienfaisant jusque dans la rigueur salutaire dont vous vous plaignez, qui n'est en effet qu'une affection de père pour ses peuples. [...] Pendant que toute la France pleine de son nom, et des charmes de votre patrie, apprend à parler français, vous tâcherez de vous former avec peine aux accents de quelque langue étrangère, qui ne laissera pas de vous faire entendre à toute heure ce que vous avez perdu[3].

À en croire le courtisan, ce n'était pas pour se soustraire à la violence de l'État qu'ils se jetaient sur les chemins de l'exil, mais par obscurantisme, parce qu'ils refusaient d'admettre le dogme de la Présence réelle, principal sujet de désaccord entre les Églises. Pellisson ne voyait de remède à cette ignorance que par l'instruction.

---

1 Pellisson-Fontanier, Paul, *Réflexions sur les différends de la religion, avec les preuves de la Tradition ecclésiastique*, Paris, Gabriel Martin, 1686, p. 241-242.

2 Zoberman, Pierre, *Les panégyriques du roi prononcés dans l'académie française*, Presses de l'université de Paris-Sorbonne, 1991, p. 53-54.

3 *Œuvres diverses...*, *op. cit.*, t. 2, p. 346-347.

1686-1693 : « C'EST DIEU QUI NOUS CONVERTIT [PAR] LA PRIÈRE ET L'ÉTUDE »

Depuis sa conversion, il s'était signalé par un prosélytisme qui ne devait pas contraindre mais convaincre. À présent que le roi obligeait ses sujets protestants à renoncer à leur foi, son serviteur crut devoir plus que jamais s'attacher aux voies pacifiques du zèle convertisseur.

L'introduction au premier volume des *Réflexions sur les différends de la religion*, dont le privilège avait été accordé deux mois après l'édit de Fontainebleau, apparaît comme le manifeste de ce courant cher à Pellisson :

> Un homme ne convertit point un autre homme, proclame-t-il. C'est Dieu qui nous convertit tous. Il endurcit qui il lui plaît : il fait miséricorde à qui il fait miséricorde. Mais il ne veut pas nous convertir sans nous ; et il se sert ordinairement de deux moyens qu'il nous inspire lui-même ; la prière et l'étude. La prière avec une grande confiance en Dieu, pourrait réussir sans l'étude par un effet extraordinaire de sa grâce : mais l'étude ne réussira pas sans la prière[1].

Les principes conduisant à la conversion ainsi énoncés, il précisait les vertus nécessaires au convertisseur :

> [...] Si quelqu'un veut servir de guide aux autres dans cette étude, qu'il ne prie pas moins, qu'il éloigne de lui toute colère, tout chagrin, tout orgueil ; qu'il prenne des entrailles de charité pour ses frères qui errent de bonne foi. [...] Jamais on n'a persuadé quelqu'un, en lui disant des injures. La nature de l'esprit humain n'est pas de rendre les armes aussitôt à l'esprit humain : il veut y penser, y revenir, en délibérer avec lui-même, se convaincre en secret, plutôt que d'être convaincu en public. Semons, plantons, arrosons sans nous rebuter ; mais n'attendons que du ciel cette secrète vertu qui peut faire pousser et croître[2].

Aux protestants, il recommandait le « grand et profond examen »[3] de leur confession.

1 Pellisson-Fontanier, Paul, *Réflexions...*, *op. cit.*, p. 3-5.
2 *Ibid.*, p. 6-7.
3 *Ibid.*, p. 8.

N'était-ce pas prendre ses distances avec la « religion du roi » que de s'attacher, sous le régime de l'édit de Fontainebleau, à cette voie de la charité ? En réalité, Louis XIV ne renonça pas immédiatement à recourir à celle-ci : sous son impulsion, près de mille caisses de livres furent envoyées dans les provinces aussitôt après la Révocation. Ces ouvrages de piété et de religion étaient destinés aux Nouveaux Catholiques[1] et le roi alla jusqu'à financer l'impression de certains d'entre eux en rognant sur ses dépenses somptuaires et celles de ses plaisirs. Si le choix des titres fut confié à Harlay, archevêque de Paris, et au père de La Chaize, confesseur du roi, Pellisson prit également part à cette ambitieuse entreprise. Le jour même de la promulgation de l'édit de Fontainebleau, le roi écrivait à Harlay : « J'ai dit au sieur Pellisson d'envoyer le plus qu'il pourra de *Nouveaux Testaments* en langue française à l'évêque de Bazas »[2]. Louis XIV suivit avec attention cette œuvre. Au début de l'année 1686, il fit défense au « grand convertisseur » de distribuer les *Psaumes* de Godeau aux Nouveaux Convertis, par crainte qu'ils ne s'habituent à les chanter en langue vernaculaire[3].

Après l'édit de Fontainebleau, Pellisson tint à contribuer à cet effort d'instruction par un autre moyen qui l'engageait davantage : il mit sa plume au service d'une pastorale et d'une controverse sans animosité envers ses contradicteurs d'Angleterre, de Hollande et d'Allemagne. Le premier volume des *Réflexions sur les différends de la religion avec les preuves de la Tradition ecclésiastique* parut en 1686. L'année suivante, il fit réimprimer l'ouvrage avec l'addition d'un nouveau tome intitulé *Réponse aux Objections d'Angleterre et de Hollande, ou de l'Autorité du grand nombre dans la religion chrétienne.* En 1689, il y joignit un autre tome, divisé en quatre parties et intitulé *Les chimères de M. Jurieu.* La quatrième partie parut en 1692, sous le titre de *Lettres de M. de Leibniz et Réponses de M. Pellisson.* Il travaillait à son grand ouvrage, le *Traité de l'Eucharistie*, lorsque la mort le surprit.

---

1 Chédozeau, Bernard, *Bossuet et les protestants. « La voie de la charité et les distributions de livres aux nouveaux convertis (1685-1687) », LIAME, Bulletin du centre d'histoire moderne et contemporaine de l'Europe méditerranéenne et de ses périphéries*, Montpellier, 2002, n° 10, juillet-décembre, 134 p. L'auteur fonde son étude sur le manuscrit 7054 conservé dans le fonds français de la BnF. Il s'agit d'un livre de comptes contenant « différents mémoires concernant la fourniture de livres faites aux N. C. pour leur instruction ».

2 BnF, ms Clairambault 489, f° 63 v° ; cité par Orcibal Jean, *op. cit.*, p. 119, n. 46.

3 Orcibal, Jean, *op. cit.*, p. 134-135.

Les partisans de la conversion volontaire furent toutefois réduits à un rôle secondaire après 1687, avec l'abandon des distributions d'ouvrages aux convertis. Cette situation frustrante donna peut-être à Pellisson le courage de critiquer à demi-mots la violence employée pour ramener le royaume à l'unité religieuse. En 1692, dans le quatrième volume de ses réflexions, il répondit au protestant Leibniz, défenseur de la pluralité religieuse, qu'un dirigeant

> fait bien de tolérer la diversité de religions, si l'État est perdu sans cela. Il fait bien de ne la pas tolérer, s'il ne le peut sans perdre l'État, se souvenant toujours néanmoins de la charité, de l'humanité, et que les supplices sont assez souvent des remèdes d'ignorant pour cette sorte de maux, et les irritent plutôt qu'ils ne les guérissent[1].

Paul Pellisson se convertit au catholicisme à l'âge de 45 ans. Cet acte le détourna de son passé, car il renonça non seulement au calvinisme dans lequel l'avait élevé une mère très attachée à cette confession, mais aussi à sa carrière de poète mondain connu sous le pseudonyme d'Achante, qui enchantait « par les sons amoureux de sa lyre charmante »[2] le salon de Madeleine de Scudéry. Ses talents d'administrateur, d'homme de lettres et de théologien furent désormais exclusivement placés au service de Dieu et du roi.

Le parcours religieux et politique du converti fut guidé par un sentiment de reconnaissance pour s'être trouvé délivré à la fois de l'« erreur » et de son long embastillement, mais aussi d'obligation : il se fit le thuriféraire de la gloire de Louis XIV, son bienfaiteur, et chercha à répandre le catholicisme chez ses anciens coreligionnaires. Fondé sur le principe qu'une conversion ne peut être contrainte, ce prosélytisme s'affirma lorsque le converti fut nommé en 1676 administrateur de la « caisse des économats ». Conjuguer le service du roi et de Dieu se révéla difficile, dans le contexte des dragonnades et de la Révocation de l'édit de Nantes. Sans trahir sa fidélité au souverain, le courtisan se permit à deux reprises, au moins, de lui conseiller la modération et l'humanité dans l'affaire des conversions, ce qu'il réussit à faire pour lui-même dans ses ouvrages de controverse.

---

1 Pellisson-Fontanier, Paul, *De la Tolérance des religions. Lettres de M. Leibniz et réponses de M. Pellisson ou quatrième partie des réflexions sur les différends de la religion*, Paris, Jean Anisson, 1692, p. 47.

2 Extrait de l'épitaphe que lui adressa son ami Gilles Ménage.

Dans son *Histoire de Louis XIV*, Pellisson confie : « [...] l'intérêt a eu peu de part à toute la conduite de ma vie, et autant que la faiblesse et la vanité humaine me l'ont pu permettre, j'ai voulu du moins faire ma première passion de l'honneur et du devoir »[1]. Ces lois morales inspirèrent le converti, lorsqu'il voulut rendre grâce de sa conversion.

Corinne MARCHAL
Université de Franche-Comté

1 Pellisson-Fontanier, Paul, *Histoire de Louis XIV*, Paris, Rollin fils, 1749, t. 1, p. 8.

TROISIÈME PARTIE

LA CONVERSION MISE EN RÉCIT

ENTRE REPRÉSENTATION ET PROPAGANDE

SIX PARCOURS POLITIQUES DE CONVERTIS IMPRIMÉS PAR SIMON MILLANGES DE 1594 À 1622

Étudier des ouvrages réalisés par un imprimeur bordelais – Simon Millanges – permet de mettre en lumière le rôle majeur de cet imprimeur du roi dans la diffusion des récits de conversion au catholicisme durant les affrontements confessionnels de la fin du XVIe et du premier quart du XVIIe siècle. À lui seul, dans son atelier, il produit dix imprimés entre 1572 et 1623, rendant publics les changements religieux de six personnages (Constantin, Fontrailles, Lesdiguières, Maleret, les deux frères Sponde). Les années d'exercice de cet imprimeur, représentatif dans l'intensité de son activité éditoriale[1], correspondent à des pics de publication de récits dans le royaume de France, avec 130 ouvrages datés (graphique 1)[2].

1 Il est le premier imprimeur pour le nombre de récits de conversion sortis de ses presses. Pourtant cela ne représente qu'une infime partie de sa production puisque, au total, les historiens estiment à 600 le nombre d'imprimés réalisés dans son atelier bordelais. Desgraves, Louis, Béguerie, Alain, *Le livre en Aquitaine au XVe-XVIIIe siècles*, Atlantica, Centre régional des lettres d'Aquitaine, 1998, p. 32.

2 Les chiffres présentés sont fondés sur la lecture de précieux instruments de travail. Cette démarche part d'un postulat méthodologique supposant la représentativité et la pertinence du corpus des imprimés disponibles, corpus jugé clos. – Voir : Desgraves, Louis, *Répertoire des ouvrages de controverse entre catholiques et protestants en France (1598-1685)*, Genève, Droz, Collection de l'École des Hautes Études IVe section Sciences historiques et philologiques, 1984-1985, 2 volumes ; et la collection *Bibliotheca bibliographica aureliana* : Aquilon, Pierre, Baillet, Lina, Benzing, Josef, Bentz, Jacques, Desgraves, Louis, Kolb, Albert, Labarre, Albert, Muller, Jean, Ronsin, Albert, Van der Vekene, Émile, *Répertoire bibliographique des livres imprimés en France au XVIe siècle*, 1968-1971, volumes 1 à 9.

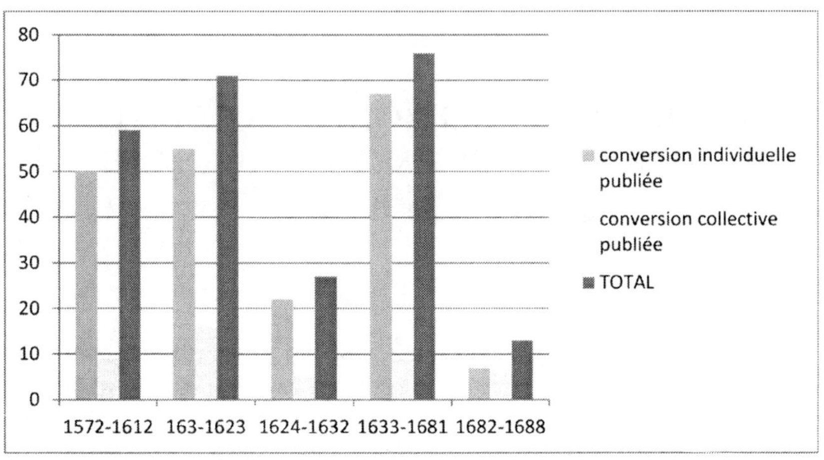

Graphique 1 – Évolution de la publication des récits de conversion entre 1572 et 1688.

Avec la conversion (acte public) et la parution de ces imprimés (autre acte public, de nature différente), la sphère publique accueille la diffusion d'un choix privé, même si le sujet, dans son « arriere-boutique[1] », peut professer alors une religion différente de celle de son souverain. En effet, le contexte politique et religieux est marqué par la poursuite des conflits religieux du règne d'Henri IV et de son fils Louis XIII, alors que le pouvoir politique construit la tolérance religieuse et instaure *in fine* le régime dit de l'Édit de Nantes applicable dans tout le ressort du royaume de France[2]. Cependant, tous les convertis ne portent pas à la connaissance de leurs contemporains leur expérience religieuse. Constantin, Fontrailles, Lesdiguières, Maleret, les deux frères Sponde perçoivent cet acte à la fois comme un achèvement de leur conversion et une prise de position publique, de nature politique puisque invitant les protestants à rejoindre les rangs de l'Église catholique.

Le choix de l'imprimeur-libraire est des plus importants, pour les deux partis : Simon Millanges et les six convertis. Car même si l'alphabétisation reste minoritaire à cette époque, « l'écrit imprimé

1 Montaigne, *Les Essais*, 1580, I, 39, 241. Simon Millanges produit l'édition originale.
2 Christin, Olivier, *La paix de religion : l'autonomisation de la raison politique au* XVI*e siècle*, Paris, Seuil, collection « Liber », 1997.

joue déjà un rôle premier dans la circulation des modèles culturels[1] ». Quels critères Simon Millanges retient-il pour la publication des récits individuels de conversion ? S'agit-il de critères « politiques » ? Autrement dit, est-ce que la question du parcours politique du converti, à savoir du croyant agissant dans la cité, est centrale dans ces publications du début du XVIIe siècle ? Ne se peut-il pas qu'une matrice littéraire et éditoriale soit forgée par Millanges et ses convertis au début du XVIIe siècle ? Les impressions de Simon Millanges ont ceci de remarquable qu'elles relayent certes une action publique autant politique que religieuse, au cœur des affrontements confessionnels, sans pour autant revêtir une forme et un fond polémique.

RELAYER UNE ACTION PUBLIQUE

En choisissant de publier des récits de conversion, Simon Millanges marque son intérêt pour ce nouveau type de publication, dont le genre éditorial oscille entre l'ouvrage de controverse et l'autobiographie personnelle spirituelle. L'analyse comparée des différentes éditions de tel ou tel récit de conversion, l'étude attentive d'ouvrages imprimés seulement par cet imprimeur bordelais, permettent d'esquisser une relation entre converti et imprimeur-libraire, sur fond de stratégie éditoriale, commerciale[2], stratégie éclairée, pour une large partie, par les choix sociologiques des convertis.

APPORTER AUX LECTEURS DES ÉLÉMENTS D'INFORMATION

Tout d'abord, Millanges a peut-être rencontré ou assisté à la conversion de certains et se fait donc le relais de l'enthousiasme ainsi soulevé dans

1 Chartier, Roger, « Stratégies éditoriales et lectures populaires (1530-1660) », *Histoire de l'édition française*, dir. H.-J. Martin et R. Chartier, Paris, Promodis, 1982, t. 1 : « le livre conquérant. Du Moyen Âge au milieu du XVIIe siècle », p. 87.

2 Cette démarche est nécessaire, car les récits de conversion imprimés par Simon Millanges ne comportent pas d'avant-propos de l'imprimeur, dont l'étude permettrait de connaître les modalités de la rencontre entre le converti, l'auteur (si différent du converti, ce que les ouvrages n'invitent pas à trancher), et l'imprimeur-libraire. Pour une telle analyse, voir : Desgraves, Louis, « Avant-propos et autres textes de l'imprimeur S. Millanges », *Bulletin de la société des bibliophiles de Guyenne*, n° 90, 1970, p. 165-193.

Bordeaux, cité dans laquelle Simon Millanges est installé, comme imprimeur du roi, depuis 1576. Car, après avoir été licencié en droit, avocat au Parlement de Bordeaux, puis régent au collège de Guyenne, il a racheté, sur l'insistance de ses collèges régents, du matériel d'imprimerie à Pierre Haultin, imprimeur à La Rochelle, le 17 juin 1572[1].

En 1616, Constantin rend valide son changement religieux dans la cathédrale saint-André de Bordeaux le 22 avril[2] : l'imprimeur indique les précisions chronologiques et spatiales dans le titre de l'ouvrage imprimé quelques semaines plus tard, sans pour autant afficher sa devise « Millia millium ministrabant ei[3] », sa marque typographique évoluant entre 1616 et 1622, de motifs floraux simples à des compositions plus élaborées alliant figures humaines et végétaux.

DÉFENDRE L'ÉGLISE CATHOLIQUE

Ensuite, l'imprimeur-libraire bordelais se présente comme le héraut de la Contre-Réforme, dans la mesure où il publie toujours des récits de conversion au catholicisme. Certains de ces ouvrages relèvent de la controverse religieuse, comme les imprimés consacrés aux frères Sponde. D'origines protestantes, ancien étudiant de l'Académie d'Orthez, Henri de Sponde séjourna trois ans à Genève avant de faire abjuration du protestantisme entre les mains du vicaire général de Paris. C'est l'imprimeur lyonnais Juilliéron qui publie l'ouvrage en 1594[4], alors que Millanges obtient le privilège pour *Defense de la Déclaration dv fev Sievr de Sponde [Jean de Sponde], par son Frere*[5]. Il revient sur la conversion de son frère,

---

1 Desgraves, Louis, *Élie Vinet humaniste de Bordeaux (1509-1587)*, Genève, Droz, 1977, p. 22.

2 Simon Millanges le souligne fortement dans le titre, avec une précision chronologique et spatiale : *Declaration des principales causes et raisons qui ont meu le Sieur Constantin cy devant Ministre de l'Eglise prétendue reformée, en Xaintonge et Angoumois, d'abjurer ladite religion, et faire profession de la foy catholique, apostolique et romaine, en l'Eglise de S. André de Bourdeaus, le 22 du moys d'avril 1616*, Bordeaux, Simon Millanges, 1616, 104 p., in-8°.

3 Mellot, Jean-Dominique, Queval, Élisabeth, *Répertoire d'imprimeur/libraires (vers 1500-vers 1810)*, Paris, Bibliothèque nationale de France, 2004, p. 403 c. La consultation de cet instrument de travail est complétée par l'interrogation de la base de données, régulièrement mise à jour : http://data.bnf.fr/

4 Cet imprimeur (en activité jusqu'en 1627) figure parmi les imprimeurs du roi (1594-1596) et les imprimeurs de la ville de Lyon (1594-1597). Il publie, sous pseudonyme, des ouvrages favorables à Henri IV. Or Sponde est le filleul du roi de France et de Navarre…

5 *Defense de la Déclaration dv fev Sievr de Sponde*, *op. cit.*, Bordeaux, Simon Millanges, 1597, 332 p., in-8°. Page de titre reproduite dans l'ouvrage : Desgraves, Louis, Béguerie, Alain, *op. cit.*, p. 77.

Jean de Sponde (1557-1595), dont il expose les motifs dans plusieurs ouvrages. Les ouvrages des frères Sponde ont en commun leur format *octavo*, leur volume (aux alentours de 300 pages) et la prédominance accordée aux arguments théologiques. D'ailleurs, de nature controversiste, la *Declaration* a fait l'objet d'une réponse par le ministre de Saintes, Étienne Bonnet, *Response sommaire a la Declaration de Desponde*[1]. Proche de Du Perron, Henri de Sponde accompagna sur ses conseils l'archevêque de Bordeaux, Mgr François d'Escoubleau de Sourdis, à Rome lors du jubilé en 1600; le 27 mars 1606, il reçut le sacerdoce[2].

En parallèle, d'autres imprimés de Millanges illustrent, régionalement, l'enjeu des conversions et le retentissement tout particulier des changements religieux de capitaines de places-fortes protestantes[3]. À l'heure où l'Assemblée protestante cherche à s'assurer de la fidélité des gouverneurs des places-fortes, l'exemple de Benjamin de Fontrailles, « *Lieutenant de sa Maiesté, Gouuerneur & seneschal d'Armaignac, ville & Chasteau de Lectoure*[4] », fils d'un fidèle d'Henri de Navarre, est révélateur. Influencé par sa femme et sa fille, il acte son changement religieux. Deux imprimeurs sont attentifs à la publication de son récit de conversion : la Veuve Colomiez à Toulouse (2 éditions différentes en 1618 et en 1620)[5] et Simon Millanges à Bordeaux (1 seule édition)[6]. Mais les choix littéraires sont très différents. Quand l'atelier toulousain retient le rôle des

1 Publication réalisée chez Jérôme Haultin, imprimeur protestant, en 1596 à La Rochelle.

2 Vidal [Mgr], J.-M., *Henri de Sponde évêque de Pamiers (1568-1643)*, Castillon, Bulletin historique du diocèse de Pamiers, 1929, 263 p.; Roess, *Die Convertiten seit der Reformation*, t. 3, p. 205-207.

3 Voir la contribution de Pierre-Jean Souriac dans ce même volume : « Fidélité et conversion chez les chefs protestants au début du XVIIe siècle (1598-1627) ».

4 *Manifeste de l'abjuration publique de la religion prétendue réformée faicte en la ste chapelle de Notre-Dame de Garaison par Madame et Madamoiselle de Fontrailles le jour de la Nativité de Sainct Jean Baptiste 24. de Juin 1618. Avec un advis sur le triomphe imaginaire de Chamier, Ministre de Montaubann touchant la Conférence de Lectoure avec le P. Alexandre Regourd, Religieux de la Compagnie de Jésus*, Toulouse, Veuve de I. Colomiez, 1618, p. 6.

5 L'activité de cet imprimeur-libraire reste peu connue. *Manifeste de l'abjuration publique, op. cit.*, Toulouse, Veuve de Jean Colomiés, 1618, 39 p., in-8°; *Abjuration de la Religion prétendue réformée faicte par M. de Fontrailles seneschal d'Armagnac en la Saincte Chapelle de Nostre Dame de Garaison le 16 d'octobre 1620*, Toulouse, Veuve I. Colomiez, 1620, 15 p., in-8°.

6 *Récit véritable des particularités importantes du voyage du roi en Béarn, où est rapportée l'abjuration de l'hérésie que fit à N. Dame de Garaison, M. De Fontrailles, gouverneur de Leitoure (sic), le même jour que le roi entra dans Pau, avec les désordres qui y sont survenus depuis le départ de Sa Majesté*, Bordeaux, Simon Millanges, 1620, in-8°.

jésuites (soutenus par le roi, même si l'Assemblée de Saumur de 1611 entendait leur interdire les places fortes) et du Parlement de Toulouse dans le processus de conversion de la femme et de la fille du gouverneur, l'imprimeur-libraire bordelais s'attache à montrer le ralliement d'un militaire à son roi, dans le contexte du voyage du roi pour acter l'union, au royaume de France, du Béarn, ancienne terre patrimoniale des Albret-Bourbon à dominante protestante. Simon Millanges choisit donc le manuscrit qui fait de la conversion de ce gouverneur une victoire royale, dans le cadre des affrontements confessionnels touchant le Sud du royaume.

S'INSCRIRE DANS UN CONCERT DE CONVERSIONS ET DE PUBLICATIONS

Ce dernier choix éditorial est encore plus perceptible dans la volonté de bénéficier d'un privilège d'impression pour une conversion des plus célèbres et souvent portée à l'écrit dans le royaume : le cas de figure est celui de Lesdiguières, avec treize titres différents dont trois donnent lieu à au moins deux éditions différentes. Millanges se fait donc le seul relais dans le Sud-Ouest du royaume de la retentissante, et polémique, conversion du célèbre protestant survenue à Grenoble. Il a par conséquent le souci de « trouver des lecteurs pour des textes déjà éprouvés[1] ». En revanche, ses deux anciens apprentis désormais installés comme imprimeurs, François Budier et Arnaud Du Breil, ne portent à la connaissance de leurs contemporains que des conversions de seconde influence[2] : pour le premier – par ailleurs imprimeur de Mgr le cardinal de Sourdis –, celle de Galtery (similaire à celle de Maleret chez Millanges); pour le second, celles de Durand[3], Enguerrand[4], et Vidouze (trois équivalents de

1 Simonin, Michel, « Des projets littéraires et de leurs réalisations éditoriales à la Renaissance », *Cahier de l'Association internationale des études françaises*, 1999, n° 51, p. 190.

2 Desgraves, Louis, *Les livres imprimés à Bordeaux au XVIIe siècle*, Genève, Droz, collection Histoire et Civilisation du livre, 1971.

3 *La Novvelle conversion dv Sievr Dvrand, Ministre de Lodun [Loudun, département de la Vienne], a la religion catholique*, Bordeaux, François Budier et Arnaud du Breil, 1601, 6 p., in-8°.

4 *Déclaration de Maistre Olivier Enguerrand de Mante-sur-Seine [aujourd'hui Mantes-la-jolie, département des Yvelines], cy devant ministre en l'Eglise réformée de Chef-Boutonne [département des Deux-Sèvres] en Poictou. Contenant l'abjuration de l'hérésie luthérienne et calvinique et la protestation de vivre et mourir en la doctrine de l'Eglise catholique, apostolique et romaine, qu'il a faicte et prononcée publiquement dans l'église de Maire l'Eveschaut, membre dépendant de l'abbaye de Nouaillé, au diocèse de Poitiers*, Bordeaux, Armand du Brel [ou du Breil], 1607, 40 p., in-12°.

Constantin chez Millanges, mais avec une forte réfutation protestante pour les deux derniers[1]).

Ainsi, à la fin du XVIe siècle et au début du XVIIe siècle, Simon Millanges participe au développement de ce nouveau genre éditorial qu'est le récit de conversion. Il choisit d'entrer dans le débat politique en portant à la connaissance de ses contemporains des conversions au catholicisme, pour à la fois informer des événements survenus, et souligner le rôle de l'Église catholique. Cet imprimeur-libraire bordelais prend donc une part active à la mise par écrit de ces expériences religieuses à des fins de publication.

DES IMPRESSIONS SANS POLÉMIQUE ?

Les autorités invoquées par ces convertis sont de deux natures différentes : des membres de la famille de naissance ayant de l'ascendant sur eux (un père pour un converti ; une mère pour une convertie) ou bien de brillants ecclésiastiques, l'accumulation des deux références étant possible. Les premières sont détaillées au fil du récit et ne relèvent que de la forme littéraire de l'expérience religieuse ; les secondes bénéficient éventuellement d'une mise en page différente par l'imprimeur-libraire.

UNE FORME LITTÉRAIRE SOIGNÉE

Dès la page de titre, dès le choix du titre pour la publication du récit de l'expérience religieuse, Simon Millanges reste au plus proche du contenu des ouvrages qu'il publie et ne se livre pas à une quelconque surenchère. Mais pour d'autres imprimeurs-libraires, la stratégie éditoriale les amène à grandir le converti pour mieux assimiler sa conversion à un trophée. La distorsion entre le fait réel et le fait annoncé met en évidence l'usage du mensonge. En 1623, pour l'impression d'Ézéchiel Benoist, de Die, Claude Prat est tantôt « cy devant euesque de Quest & la Sale

1 La *Declaration* d'Enguerrand donne lieu à une vive controverse contre André Rivet, théologien (ancien élève de Lambert Daneau et de Rotan à Castres et à La Rochelle) et ministre protestant de Thouars dès 1595 (1561 ou 1572-1651).

&c[1] » ou bien « Clavde Part natif d'Arles cy deuant Curé de Quet & la Sale en Beaumont[2] » ; la conversion au protestantisme est tantôt datée au 23 novembre 1623, tantôt du 1er septembre 1624. La publication ne bénéficie pas du privilège d'impression royal.

Ensuite le genre choisi pour relater le changement religieux est essentiel. Simon Millanges met sous presse des déclarations, véritables exposés théologiques plus que biographiques. Toutefois, les rares indications valorisent le choix fait de publier tel ou tel converti en raison de son action passée au service de l'autre Église, et donc de la qualité de la conversion ainsi obtenue, partant de l'importance de l'ouvrage en vente.

La question de la qualité des auteurs de Millanges, anciens ministres protestants ou hommes de l'Église catholique, assure à l'imprimeur-libraire des manuscrits de bonne tenue. Le premier élément appréciable est l'expression linguistique soignée quant à l'orthographe et la syntaxe classiques de la Renaissance. Ce point est d'autant plus important que l'imprimeur bordelais avoue respecter l'orthographe proposée par ses auteurs, même si pour sa part, il préfère l'orthographe ancienne[3].

À partir du corpus, il est impossible de procéder à la comparaison entre le texte manuscrit d'origine et le texte imprimé au final[4]. Cependant, le souci de respecter la forme orthographique apparaît fortement dans la mesure où, après l'impression, Simon Millanges revient sur les fautes

1 *Declaration admirable de la conversion de Messire Claude Prat cy-devant evesque de Quest et la Sale etc. En laquelle sont contenues les causes qui l'on meu à se despouiller de son evesché, et quitter l'abomination de l'Eglise romaine. Proferée de sa bouche en l'Eglise reformée de Corps, le dimanche 1. de Septembre 1624. Et monstre par passages expres de l'Escriture saincte que le Pape est Antechrist, et condamne le merite des œuvres, l'invocation des saincts, la parole non escrite, la vénération des images, la distinction des viandes, et la Messe*, Die, Ézechiel Benoist, 1624, page de titre.

2 Les paroisses de Quet-en-Beaumont, de La-Selle-en-Beaumont et de Corps se situent dans le diocèse actuel de Grenoble.

3 Desgraves, Louis, « "Avant-propos" et autres textes de l'imprimeur Simon Millanges », *Bulletin de la Société des Bibliophiles de Guyenne*, 1970, n° 90, p. 7-18.

4 À l'issue de notre enquête, le corpus documentaire retenu reste constitué d'imprimés. Il est donc impossible de procéder à l'analyse comparée de la version manuscrite et de la version imprimée, pour les ouvrages édités par Simon Millanges, et donc de mesurer les modifications textuelles apportées à la demande de l'imprimeur-libraire. Seule Élisabeth Labrousse a pu, à ce jour, effectuer une telle étude : elle met d'ailleurs des variantes notables entre les deux documents. Voir « La conversion d'un huguenot au catholicisme en 1665 », *Revue d'Histoire de l'Église de France*, 1978, n° 172, tome 64, p. 55-68.

commises, et indique à ses lecteurs les corrections à apporter au texte ainsi imprimé. Dans les récits de conversion, rares sont les *errata* placés par les imprimeurs-libraires à la fin de l'édition.

DES OUVRAGES DE MOYENNE GAMME ?

Le choix de publier en langue française révèle la volonté de rendre ces récits d'expérience religieuse les plus accessibles possible auprès des contemporains. Ses recherches d'amélioration technique ne sont pas toutes réunies dans les récits de conversion. Simon Millanges s'est engagé auprès des jurats de la ville de Bordeaux, le 4 février 1573, à « dresser en ceste dite ville une imprimerie et y imprimer livres avec baulx et bons caracteres[1] ». Mais si certains progrès typographiques sont observés, d'autres sont absents de ce corpus d'imprimés, laissant à penser que ces ouvrages n'étaient pas considérés comme importants dans la production par l'imprimeur.

Tout d'abord, Simon Millanges est fortement impliqué dans la production imprimée en langue française depuis 1578[2], au point d'avoir inventé deux nouveaux caractères pour cela (le J et le V). Il porte également son attention sur l'accentuation des voyelles[3]. Pourtant, les récits de conversion ne comportent pas la première innovation.

Ensuite, Simon Millanges possède une fonte grecque, et intègre progressivement, sans doute à la demande des auteurs, des caractères grecs[4]. Dans le récit de la conversion du ministre Constantin, le lecteur peut ainsi apprécier deux citations grecques, extraites d'un ouvrage laïc (rédigé par Thucydide) et d'un ouvrage religieux (*Seconde Épître de Samuel*)[5]. Dans celui de Maleret, six ans plus tard, la composition

1 Desgraves, Louis, Béguerie, Alain, *op. cit.*, p. 32.

2 Il s'agit de la date de publication de l'ouvrage du médecin Joubert, Laurent, *Erreurs populaires et propos vulgaires touchant la médecine et le régime de santé*, Bourdeaus, Simon Millanges, 1578.

3 Catach, Nina, « Orthographe de la Renaissance : Perspectives d'ensemble », *L'information grammaticale*, n° 74, 1997, p. 37 ; *id.*, « L'orthographe de la Renaissance à Bordeaux », *Bulletin des bibliophiles de Guyenne*, tome XXXVIII, 1969, p. 114.

4 Il a été montré que l'introduction des caractères grecs a été réalisée d'abord dans des imprimeries parisiennes puis lyonnaises au XVIe siècle (Voir Irigoin, Jean, *Les débuts de la typographie grecque*, Paris-Athènes, 1992, p. 31-35). Or Simon Millanges a racheté une partie du matériel d'imprimerie d'un collègue lyonnais au cours du troisième quart du XVIe siècle.

5 *Declaration des principales causes et raisons qui ont meu le Sieur Constantin*, *op. cit.*, p. 15, p. 43.

ménage dix citations[1], émanant d'autorités plus variées (Thucydide certes, Paul, Jean, Matthieu également), montrant la connaissance de l'auteur – rien ne permet de dire, à partir du texte, si Maleret en est bien le rédacteur – des nouvelles traductions en grec de la Bible au cours de la Renaissance.

En outre, l'imprimeur se montre à l'écoute des modifications textuelles importantes, introduites par des écrivains de plus en plus soucieux d'apporter une validation des citations par le recours aux indications marginales. Ainsi, elles abondent dans l'imprimé consacré à Maleret à partir de la page 25, quand l'écrit se fait moins récit que réflexion théologique.

UNE PRODUCTION PEU RÉFUTÉE

L'imprimeur et le converti s'accordent, sur le fond et sur la forme, pour rendre compte de l'expérience selon un double système d'information et de formation, qui a pour finalité de porter une action publique afin d'encourager des « conversions en chambre ». Ainsi, Millanges s'appuie sur la démarche prosélyte du converti au catholicisme, comme celle de Constantin en 1616 :

> Si quelqu'vn à mon exemple passe de la fausseté à la verité, des tenebres / à la lumière de l'Eglise Romaine, ce sera le fruict que i'attens de mon trauail[2].

Et la mention de ce « bon zèle » constitue un *topos* des récits de conversion.

L'imprimeur a conscience que la publication d'un récit de conversion s'inscrit dans un éventail plus large d'ouvrages... Une publication appelant une autre impression par volonté de réfutation... En effet, les convertis conçoivent cette publication comme une défense, une parade contre les attaques de leurs anciens coreligionnaires. Constantin pressent leur comportement, sans que l'historien puisse affirmer qu'une réponse à son récit de conversion a bien été publiée :

> ils ourdiront dessus des glosses sur ma reduction : mais ie sais fais littiere de toutes ces choses. Ils ne sçauroient rien proposer contre moy, que ie ne me le sois propos auparauant[3]

1 *La Conversion dv Sievr de Maleret*, *op. cit.*, p. 20, 21, 23, 27, 28, 39.

2 *Declaration des principales causes et raisons qui ont meu le Sieur Constantin*, *op. cit.*, p. 9-10.

3 *Declaration des principales causes et raisons qui ont meu le Sieur Constantin*, *op. cit.*, Bordeaux, Simon Millanges, 1616, p. 11.

Quant à Maleret, il se tient prêt pour aller plus loin que la démonstration religieuse contenue dans son récit de conversion, en prenant part à des disputes théologiques éventuellement :

> Ie n'eusse rien publié par escrit, si ce n'est que i'entends que ces Messieurs (iusques aux plus simples d'entre eux) ne sont pas si bien reformés, qu'ils se puissent garder de me calomnier iniustement : mais ie ne crains non plus le venin de leurs langues, que ie recherche d'estre estimé & honore par eux. I'ay escrit cecy pour monstrer aux plus sçauants d'entr'eux, que ie ne me suis pas separé d'eux sans grande cognoissance de cause : car ils imputent faussement & malicieusement ma conuersion à mon ignorance, & à la flaterie des / autres. Ie m'offre pourtant de prouuer le contraire par conference publique ou priuée, auec quelqu'vn deux tel que ce soit, & me fie tellement en la iustice & verité de ma cause, qu'ils se monstreront ou ignorans calomniateurs, ou ayans les yeux ouuerts pour voir la verité, ils embrasseront auec moy la foy Catholique, Apostolique, Romaine[1].

Pour autant, aucun des convertis publiés par Simon Millanges n'eut à faire véritablement face à une forte adversité littéraire. En revanche, l'Église catholique a su mobiliser ses écrivains et ses imprimeurs-libraires pour dénigrer le parcours religieux de Constance Guenard (1584- ?). Après des études de droit, subitement, il se fait moine chez les capucins et prend Léandre (Léandre de Dôle) comme nom de vêture. Quelques temps plus tard, il part pour Montélimar où il abjure le catholicisme et devient protestant. Il poursuivit son voyage jusqu'à Bâle et Genève. Son récit de conversion fut brûlé par arrêt du parlement de Dôle et condamné par Denys de Formond, théologien bourguignon. Son dernier métier fut d'être correcteur dans une imprimerie à Yverdin. Cinq ouvrages relatent son itinéraire : 3 sont publiés par les protestants à Genève entre 1618 et 1624 pour valoriser son choix[2] ; 2 sont confiés aux soins de F. Du Bois (imprimeur à Saint-Mihiel) et Louis Muguet (à Lyon) en 1619-1620, pour rendre son comportement des plus odieux[3]. Et les deux imprimeurs

1 *La Conversion dv Sievr de Maleret à la foy catholique, apostolique, romaine. Et ses raisons povr lesquelles il a quitté la Religion pretendue reformée*, Bordeaux, Simon Millanges, 1622, p. 28-29.

2 *Declaration des causes de la conversion de Constance, à la RPR*, Genève, 1618 (aucun exemplaire localisé au cours de nos recherches) ; *Déclaration des causes de la conversion de Constance Guenard de Dole. Ci devant nommé Pierre Leandre prédicateur Capucin Faite le 18 janvier 1619*, Genève, s. n., 1619, 28 p., in-8°.

3 Montfort, Gratien de, La *Tarantule du guenon de Genève, ci-devant nommé Leandre, et à présent Constance Guenard, hérétique, apostat,... contenant une entière réponse aux causes impertinentes de sa conversion...*, Saint-Mihiel, F. Du Bois, 1620, 296 p., in-8°. De son nom civil Bordey, il choisit comme nom latin Gratianus Montortius et comme nom d'emprunt pour ses

catholiques admettent de transcrire en caractères mobiles des phrases infamantes, venimeuses, chose que Simon Millanges ne fait pas.

Important quantitativement, le corpus des récits de conversion imprimés par Simon Millanges est également important sur le plan qualitatif. Son étude formelle témoigne d'un soin particulier apporté par cet imprimeur-libraire à la publication de ces six expériences religieuses contemporaines, sans pour autant que ces impressions ne bénéficient de toutes les innovations typographiques de l'atelier bordelais en ce début du XVIIe siècle.

UNE PORTÉE POLITIQUE LIMITÉE ?

Par ailleurs, ces publications revêtent un caractère pédagogique fort, dans la mesure où elles portent à la connaissance des contemporains, le déroulement de conversions perçues comme essentielles par l'Église catholique. Elles insistent sur le rôle fondamental des convertisseurs, et reviennent, avec nuance, sur la place de telle ou telle conversion dans les affrontements confessionnels.

UNE ADRESSE INCONTOURNABLE

Simon Millanges accepte que le converti, ou l'auteur du récit, rédige une adresse au lecteur dont la fonction est de rendre hommage au convertisseur, et si possible au plus éminent, en tant que relais de sollicitations venues d'en haut.

Henri de Sponde rappelle l'action du cardinal Jacques Davy Du Perron, évêque d'Évreux (1582-1606), lui-même converti, dans le changement religieux d'Henri IV en 1593[1] :

écrits Denys de Formont ou Formond (mort en 1650). Devenant capucin de la province de Lyon en 1602, il assuma les fonctions de prédicateur, de lecteur de philosophie et de théologie, avant d'être élu provincial de Bourgogne en 1618. Il démissionna de cette charge en 1632 pour des raisons de santé. Voir : *Nécrologue de tous les Capucins du comté de Bourgogne, morts dedans et hors de la province, avec l'année et de lieu de leurs sépultures, selon les jours du calendrier* (inc. XVIII) ; *Lexicon Capuccinum*, Rome, 1951, p. 696-697.

1 Voir sur ce point le rôle du clergé de la chapelle dans la conversion d'Henri IV : Minois, Georges, *Le Confesseur du Roi : les directeurs de conscience sous la monarchie française*, Paris,

> Dieu a voulu executer par vostre moyen en la personne de nostre Roy Tres-clement & Victorieux, l'ame & le maintien de ceste Monarchie ; c'est à sçauoir de le ramener & faire receuoir au gyron de son Eglise[1]

Il en précise les modalités d'action, en soulignant sa participation à des conférences théologiques comme celle de Fontainebleau en 1601[2]. Il loue enfin l'efficacité de ses méthodes : « vous seul depuis six ans auez eu ce bon heur de reduire a l'Eglise plus de personnes de qualité, que tous les Ministres n'en ont eu seduire de toutes sortes depuis vingt[3]. » Le but est d'apparaître comme l'une des victoires de ce prélat.

À l'échelle régionale, Constantin, le converti de Bordeaux, file la métaphore du voyage vers le port de salut pour mieux mettre en évidence le rôle de Mgr François d'Escoubleau de Sourdis, archevêque de Bordeaux entre 1599 et 1628 :

> i'ay leué l'anchre pour prendre vostre route : & me voicy arriué au port tant desiré[4]

Pourtant, en règle générale, dans les autres productions imprimées, la révérence des convertis pour leur convertisseur est distillée au fil du récit de l'expérience religieuse. Dans *Le manifeste de l'abjuration publique*, la Veuve Colomiez ne propose pas d'avant-propos ou d'adresse au lecteur. L'action du jésuite Alexandre Regourd est alors mentionnée au cœur de l'ouvrage[5]. Millanges se conforme à cette tendance, lorsqu'il reprend l'impression de *La Conversion de Monseigneur le Duc de Lesdiguières*[6], à l'image de celle produite par Pierre Rocollet à Paris en 1622. La laudation a pour sujet le cardinal Ludovisio, impliqué dans le changement religieux du duc de Lesdiguières :

Fayard, 1988.

1 *Defense de la Déclaration dv fev Sievr de Sponde*, *op. cit.*, Bordeaux, Simon Millanges, 1597, « Adresse », n. p.

2 « les demonstrations de la doctrine Catholique, auec vne si admirable dexterité & eloquence naturelle, que les plus beaux esprits en ont esté reuis, les plus opiniastres d'entre les desuoyez en ont esté reduicts », *ibid.*

3 *Ibid.*

4 *Declaration des principales causes et raisons qui ont meu le Sieur Constantin*, *op. cit.*, Bordeaux, Simon Millanges, 1616, p. 3.

5 *Manifeste de l'abjuration publique*, *op. cit.*, Toulouse, Veuve de Jean Colomiés, 1618, p. 11.

6 *La Conversion de Monseigneur le Duc de Lesdiguières, connestable de France, à la foy catholique, apostolique, romaine. Avec ce qui s'est passé depuis peu en Languedoc, Dauphiné et ailleurs*, Bordeaux, Simon Millanges, 1622, 11 p., in-8°.

> le Cardinal Ludouisio a esté créé Pape sous le nom de Gregoire XV apres le deceds de Paul V. & seant ainsi au Siege de S. Pierre, enuoya lettre à monseigneur Desdiguieres, par quelle il le sommoit de sa parole, & de se rendre Catholique, puis que Dieu l'auoit appellé au S. Siege, & qu'il se reouuint de ce qu'il luy auoit protesté en la ville d'Ast […] sommation qui fut l'an passé[1]

DES CONVERSIONS UNIQUES ?

L'évocation de précédentes conversions est une constante dans les imprimés de Millanges et des autres imprimeurs-libraires. Cette règle, faire référence au parcours d'un autre converti, de même statut et/ou fonction, vise à inscrire la publication dans une généalogie d'ouvrages en quelque sorte.

Pour Mme et Mlle de Fontrailles, les exemples sont pris dans la même catégorie sociale qu'elles, la noblesse. La Veuve Colomiez met en page « Les nouuelles […] recentes, & encore luisent les feux de ioye de la conuersion de *Monsieur de Candale, de Madame de Frontenac, de Monsieur de Vailliez*, & autres Seigneurs & Dames de nom & de marques[2] », sachant que la conversion de Candale a précédemment fait l'objet d'une publication chez un autre imprimeur-libraire[3]. Publié par Millanges, Constantin, pour sa part, recentre la question, à l'issue d'une démarche scalaire, sur la conversion de ministres partageant sa condition, non sans faire mention des Grands :

> la plus saine partie, de vos Prouinces, de vos villes, de vos Seigneuries, de vos Ministres & Magistrats, vous desaduoüent : plusieurs l'ont dict publiquement, comme en Dauphiné, Languedoc, Castres, Montauban. Monsieur le Duc des Diguieres [Lesdiguières], Monsieur de Chastillon de ceste illustre maison de Montmorancy, Gouuerneur de Montpellier, Monsieur de Luzignan, Gouuerneur pour le Roy à Peymirol, & deputé general de ladite Prouince de Guyenne, pour ladite assemblée de Nismes, semblablement le Sieur du Plessis

---

1 *La conversion de Monsieur le Duc d'Esdiguières à la Religion Catholique Apostolique & Romaine. Ensemble le brevet de l'Estat de Connestable de France à luy envoyé par sa Maiesté le septiesme de ce mois de juillet 1622*, Paris, Pierre Rocollet, 1622, p. 4-5.

2 *Manifeste de l'abjuration publique op. cit.*, 1618, p. 6.

3 « Prince de Busch, Duc & Pair de France, Gouuerneur & Lieutenant General pour le Roy ez Prouinces de Xaintonge, Angoulmois, Haut & bas Limosin, premier Gentilhomme de la Chambre de sa Majesté ». *Declaration et Confession de foy, faicte par Monseigneur de Candale dans le synode des Eglises reformées des Cevennes et Gevauldan, assemblé en Alez le dimanche dixiesme de ianvier 1616. apres laquelle il fut publiquement receu dans l'Eglise, à la fin de la predication*, Montpellier, Jean Gillet, 1616, p. 3.

> gouuerneur de Saumur [...] Plusieurs Ministres, & Magistrats en ont faict de mesme publiquement, où ils ont eu la liberté de le dire, & le tesmoigner estant en chaire[1]

UNE CONDAMNATION DES AFFRONTEMENTS ARMÉS ?

Toutefois, à la différence d'autres néophytes dont le récit a été publié, les convertis de Millanges portent une réflexion bien modérée sur le déroulement des guerres de religion dans le royaume de France, guerres dans lesquelles ils ont pourtant pu être acteurs... Et le sont, de fait, par leur action publique de conversion et la publication de leur récit !

En réalité, les événements militaires liés aux affrontements confessionnels ne sont évoqués que dans le récit de l'ancien ministre Constantin :

> c'est vne chose pitoyable, & encores plus (sic), quand il faut mettre nos differens sur le theatre de Mars, pour les faires joüer en tragedies sanglantes, pour le dernier ressort[2]

En raison de ses fonctions, il a pu porter le fer lors de ses sermons, ou lors de débats théologiques contre les catholiques ; la méconnaissance de sa biographie ne permet pas à l'historien d'apporter des faits et de lever les hypothèses. Ce converti va plus loin dans sa démonstration littéraire. Il entend prouver – et c'est le seul du corpus documentaire constitué – que ces conflits (armés ou théologiques) n'ont pas lieu d'être car la division entre catholiques et protestants n'existe pas. Ces derniers ont, dit-il, en tous points gardé attitudes, comportements et croyances des catholiques. Il ne pousse toutefois pas sa propre logique jusqu'à admettre que son changement religieux n'en est pas un, puisque par son action et par la publication d'un texte, il en prouve l'importance !

En dernier lieu, cet ancien ministre prend fermement position contre les mesures prises lors de l'assemblée politique protestante de Nîmes, dans un saisissant parallèle :

---

1 *Declaration des principales causes et raisons qui ont meu le Sieur Constantin*, *op. cit.*, Bordeaux, Simon Millanges, 1616, p. 80.

2 *Ibid.*, p. 15.

> Ha ! maudite assemblée de Nismes, qu'auez vous faict ? Vn meschant le jour du couronnement Royal de la Royne mere du Roy, tua Henry de Bourbon Roy de France, le plus grand de tous les Roys, & vous le jour propre des nopces de nostre Roy Louys, & de sa Royalle espouse l'Infante d'Espaigne, à present Royne deFrance, vous aués tiré les armes pour les offenser, tous en vn mesme iour. O Bourdeaus, que de gloire tu remportes d'auoir esté en ce temps si funeste, l'asyle à ces deux fleurs Royalles : tu t'es marqué pour jamais non seulement dans les Chroniques de France, mais mesme de tout l'vnivers[1].

Pour le reste, l'argument politique n'est pas au cœur des ouvrages publiés par Simon Millanges, pas plus que l'évocation du parcours politique du converti. Le regard porté sur le passé reste des plus allusifs et les auteurs ne se projettent dans un avenir que pour prévenir tout amalgame entre conversion et honneurs.

Simon Millanges, imprimeur-libraire bordelais, inscrit son action dans la cité en publiant des ouvrages de qualité, qui valorisent le changement religieux, en transmettant à ses contemporains une forme réfléchie de l'expérience religieuse. Il choisit de relayer des conversions favorables à l'Église catholique, avec la volonté d'insister sur les arguments théologiques. Aussi, ni le parcours du converti, ni une contextualisation politique et religieuse plus large ne sont fortement présents dans ces publications.

Ce faisant, cet imprimeur-libraire bordelais propose un « modèle Millanges » largement diffusé à la fin du XVIe siècle et durant le premier quart du XVIIe siècle. Il fait en effet une partie de son commerce avec des libraires lyonnais. En septembre 1597, l'imprimeur bordelais expédie une balle contenant notamment cinquante *Defense et Declaration du feu sieur de Sponde*, « en commission et pour les vendre et debiter, s'ils pouvoient, avecq les leurs a la charge d'en prendre en payement des venduz, ceulx que led. Millanges voudra prendre en leurs magazins[2]. »

---

1 *Declaration des principales causes et raisons qui ont meu le Sieur Constantin cy devant Ministre de l'Eglise prétendue reformée, en Xaintonge et Angoumois, d'abjurer ladite religion, et faire profession de la foy catholique, apostolique et romaine, en l'Eglise de S. André de Bourdeaus, le 22 du moys d'avril 1616*, Bordeaux, Simon Millanges, 1616, p. 87.

2 Desgraves, Louis, « Relation entre les imprimeurs et libraires de Bordeaux et de Lyon aux XVIe et XVIIe siècles », dir. R. Chartier, L. Desgraves, H.-J. Martin, M. Remilleux,

Lyon, second centre d'imprimerie du royaume, enregistre une plus grande concurrence entre ses douze imprimeurs et imprimeurs-libraires, pour qui la publication de récits de conversion reste minime dans l'ensemble de leur activité, avec de 1 à 4 ouvrages selon les ateliers. Mais au final, leur travail a porté à la connaissance de leurs contemporains le changement religieux de treize personnes, trois villes, une région, soit dix conversions au catholicisme pour trois au protestantisme, quand l'épée laisse la place à « des guerres de plumes et de mots[1] ».

Véronique CASTAGNET-LARS
Université Toulouse – Jean-Jaurès,
laboratoire Framespa UMR 5136

G. Parguez, *Nouvelles études lyonnaises*, Genève-Paris, Droz, Centre de recherche d'histoire et de philologie IVe section de l'École Pratique des Hautes Études, Collection Histoire du livre, 1969, p. 68 ; voir aussi le contrat d'association du 27 octobre 1606, passé à Bordeaux, entre Simon Millanges d'une part, Claude Mongiron et Antoine Girard, marchands libraires de Lyon, d'autre part, publié dans : Dast Le Vacher de Boisville, Jean Numa, « Simon Millanges imprimeur à Bordeaux de 1572 à 1623 », *Bulletin historique et philologique*, 1896, p. 797-801.

1 Kappler, Émile, *Conférences théologiques entre catholiques et protestants en France au XVIIe siècle*, Thèse de Troisième cycle, Université de Clermont-Ferrand, 1980. Publiée sous le même titre : Paris, Honoré Champion, Collection « Vie des Huguenots », 2011, avec une introduction d'Olivier Christin, p. VIII.

LA CONVERSION DE THÉODORE DE BÈZE

Réflexions sur les récits de conversion des réformateurs

Comment passe-t-on à la Réforme ? La question se pose à tous les historiens qui se sont intéressés aux débuts du protestantisme. Des réponses multiples ont été données. Pour la France, le point historiographique sans doute le plus complet a été dressé par Denis Crouzet, dans sa *Genèse de la Réforme française*[1] qui montre avec brio qu'aucune des hypothèses avancées jusque-là n'est totalement convaincante, ou plutôt qu'elles ne peuvent permettre de comprendre le phénomène qu'à un niveau local mais que leur généralisation à l'échelle du royaume serait très hasardeuse. Lui-même avance l'idée du désangoissement eschatologique, mis en avant en premier lieu dans sa thèse[2], mais elle n'a pas non plus convaincu tous les spécialistes[3]. Elle pose notamment, comme toutes les autres hypothèses, la question de la généralisation. Or, passé l'enthousiasme pour les grandes enquêtes quantitatives fondées sur des dépouillements gigantesques, la micro-histoire – qui nécessite elle aussi des connaissances très étendues – a montré qu'elle pouvait tout aussi bien nous aider à comprendre le passé, que des études de cas permettaient à l'historien de « faire parler les silences »[4]. Par ailleurs, le *linguistic turn* nous a rendus attentifs aux effets de discours, à la manière dont les auteurs ont cherché à décrire leur expérience humaine.

Or il existe des exemples de conversion, parmi les premiers réformateurs, de Luther et son « expérience de la Tour » à la *conversio subita*

1 Crouzet, Denis, *La genèse de la Réforme française (vers 1520 – vers 1562)*, Paris, Belin, 2008, p. 555-635.

2 Crouzet, Denis, *Les guerriers de Dieu. La violence au temps des troubles de Religion (vers 1525 – vers 1610)*, Seyssel, Champvallon, 1990.

3 Voir les comptes-rendus de Gabriel Audisio dans la *Revue de l'histoire des religions*, vol. 211-1, 1994, p. 108-116, ou de Marc Venard, dans la *Revue d'histoire de l'Église de France*, n° 200, 1992, p. 182-184.

4 Salesse, Fabien (dir.), *Le bon historien sait faire parler les silences. Hommages à Thierry Wanegffelen*, Toulouse, Méridiennes, 2012.

de Calvin. Elles sont cependant assez rares[1], et il faudra nous demander pourquoi. Celle de Théodore de Bèze est moins connue et n'a fait l'objet que d'un seul article approfondi, par Henri Meylan, de 1959[2]. C'est d'elle que nous allons partir, non pas tant pour déchiffrer son itinéraire spirituel, que nous rappellerons en première partie – sur ce point, il y a sans doute peu à ajouter à l'article de Meylan – que pour examiner la manière dont il est raconté, ce qui nous amènera, en confrontant ce témoignage à d'autres, à réfléchir à ce que peut signifier, dans les premiers temps de la Réforme, une conversion au protestantisme, mais surtout à se poser la question de la pertinence de ces termes, « conversion » et « protestantisme », pour les débuts de la Réforme.

L'ÉVOLUTION SPIRITUELLE DE THÉODORE DE BÈZE

Théodore de Bèze est né le 24 juin 1519 à Vézelay, mais l'événement décisif qui l'a amené à rejoindre le camp réformé ne date que de l'été ou du début de l'automne 1548, alors qu'il a presque 30 ans, si l'on en croit son témoignage. Son évolution[3], pendant cette période, est assez bien connue. Issu d'une famille de petite noblesse bourguignonne, il partit à Paris dès l'âge de 3 ans et demi avec son oncle Nicole de Bèze, prieur de Mello et de Saint-Éloi de Longjumeau et conseiller au Parlement de Paris, pour son éducation ; il fut ensuite envoyé pour ses études à l'âge de 9 ans à Orléans, auprès du célèbre helléniste allemand Melchior Wolmar qui, dira-t-il plus tard, lui avait transmis l'amour des lettres grecques ; il fut en pension chez lui à partir du 9 décembre 1528 et il le suivit lorsqu'il fut appelé à Bourges par Marguerite d'Angoulême,

---

1 Backus, Irena, « La conversion à la réforme de quelques réformateurs, vue par eux-mêmes et par leurs biographes au XVIe siècle », dir. M.-C. Pitassi et D. Solfaroli Camillocci, *Les modes de la conversion confessionnelle à l'époque moderne*, Firenze, Leo S. Olschki, 2010, p. 3-20.

2 Meylan, Henri, « La conversion de Bèze ou les longues hésitations d'un humaniste chrétien », *Genava*, n. s. 7, p. 103-125 ; repris dans *D'Érasme à Théodore de Bèze*, Genève, Droz, p. 145-167 (c'est cette édition que nous citerons désormais).

3 Pour retracer son évolution, nous nous fondons sur les deux biographies classiques de Bèze : Geisendorf, Paul.-F., *Théodore de Bèze*, Genève, Labor et Fides, 1949, et Dufour, Alain, *Théodore de Bèze*, Genève, Droz, 2006, ainsi que sur l'article de Meylan cité note 6.

en 1530. On n'a aucune trace d'une influence de Calvin, également en pension chez Wolmar à Bourges, mais de dix ans son aîné, sur le jeune Bèze ; on ne sait même pas si ce dernier a lu l'*Institution de la Religion chrétienne* avant de se réfugier à Genève, en 1548.

En 1535, Wolmar retourna en Allemagne et Bèze partit faire des études de droit à Orléans. Il s'intéressait en réalité plutôt aux classiques de l'Antiquité et écrivit de nombreux poèmes imitant notamment Catulle, Martial et Ovide. Ayant obtenu sa licence de droit en 1539, il gagna Paris où il fréquenta les cercles littéraires. En juillet 1548, il publia les *Poemata*, une sélection de poèmes latins, qui lui valurent une certaine renommée et ont notamment été admirés par Montaigne. Une poésie légère, amoureuse, voire érotique, qui lui vaudra bien des critiques par la suite. Pourtant, un certain nombre d'indices permettent de penser qu'il était traversé par des questions spirituelles. Le livre de Bullinger *De origine erroris in divorum ac simulachrorum cultu* (Bâle, 1529), lu pendant son adolescence, a constitué le premier choc[1] ; le réformateur zurichois fut, dira-t-il plus tard, celui qui l'a « engendré au Seigneur »[2]. Il lui a sans doute surtout permis d'avoir un regard critique sur l'Église romaine, Église à laquelle il était lié par sa famille, avec deux oncles paternels pourvus de bénéfices ecclésiastiques. Lui-même obtint de son oncle Nicole le prieuré de Villeselve, en Picardie, et celui de Longjumeau. Son autre oncle, Claude, aurait voulu en faire son successeur à l'abbaye de Froidmont.

A-t-il été marqué par les cercles évangéliques de Bourges ? Nous n'en savons rien ; il avait entre 11 et 16 ans quand il y a séjourné. Wolmar lui avait peut-être inculqué un biblicisme, un évangélisme. Mais nulle part n'est mentionnée une profonde influence spirituelle de Wolmar, pourtant acquis aux idées luthériennes, si ce n'est qu'il lui aurait appris à connaître la vraie piété en se fondant sur la Bible[3], ce dont Bèze lui fut très reconnaissant. Ce qui est troublant, c'est qu'il lui dédia des œuvres aussi différentes que les *Poemata* et la *Confession de foi*. Mais c'est très certainement chez lui que Bèze a lu l'ouvrage de Bullinger mentionné plus haut. Un certain nombre des poèmes écrits à Orléans, mais non retenus dans les *Poemata*, ont une tonalité évangélique très nette : la

1 C'est ce qu'il dit dans une lettre à Bullinger, en 1550, et une autre, en 1568 : *Correspondance*, t. 1, p. 58, et t. 9, p. 121, Genève, Droz, 1960-1978.

2 Dufour, Alain, *op. cit.*, p. 18.

3 *Correspondance*, t. 3, 1963, p. 45.

4e sylve sur le jugement dernier, offerte à Wolmar, la 3e églogue sur la tyrannie du pape dans l'Église ; il écrivit une épitaphe d'Étienne Dolet, où il n'hésitait pas à le louer, et une épigramme sur Rabelais, deux textes allant eux aussi dans le sens d'un évangélisme marqué. Une lettre à Claude d'Espence, de 1550[1], rappelle que, pendant le Carême 1543, il allait écouter à l'église Saint-Merry à Paris ses sermons, qui lui valurent les foudres de la Sorbonne. On peut ajouter à cet ensemble l'épigramme à Marianus, « vive satire du culte catholique et de ses pompes »[2].

De ces quelques indices, on peut conclure à une lente maturation des idées religieuses pendant l'adolescence et la jeunesse de Bèze, qui l'amenèrent non au protestantisme, mais plutôt à l'évangélisme, peut-être même à un spiritualisme radical, masqué par une profession extérieure du catholicisme[3], et en tout cas à un rejet de l'Église catholique. Il serait devenu un de ces nicodémites, voire de ces « libertins spirituels » tant vitupérés par Calvin. A-t-il eu connaissance des traités de Calvin des années 1543-1545 sur ce sujet[4] ? Là encore, nous n'en savons rien. Mais c'est dans les années qui suivirent, entre 1546 et 1548, que se déroulèrent les événements décisifs. Il chercha, en décembre 1547, à résigner le prieuré de Villeselve, qu'il avait eu de son oncle Nicole, ce qui lui fut accordé en avril et en juillet 1548[5] ; il vendit son prieuré de Longjumeau la même année. Il était désormais libre de tout bénéfice[6].

Il vivait à ce moment-là dans une certaine dissimulation. C'est en effet à cette époque qu'il promit le mariage à Claudine Denosse, une orpheline, fille de bourgeois et marchands de Paris, chambrière chez une parente de Bèze, donc de condition inférieure à lui. Ce qui importe, c'est qu'il le fit secrètement, pour ne pas perdre les bénéfices ecclésiastiques dont il était pourvu, et pour ne pas scandaliser les autres, si l'on en croit du moins son témoignage[7]. Il le fit devant deux amis, dont Antoine de La Faye, dans sa biographie de Bèze parue en 1606, nous apprend qu'ils se nommaient Laurent de Normandie et Jean Crespin, soit deux proches de

1 *Correspondance*, t. 1, p. 63-64.
2 Geisendorf, Paul.-F., *op. cit.*, p. 22.
3 Meylan, Henri, *op. cit.*, p. 163.
4 Sur ces traités, voir Krumenacker, Yves, *Calvin au-delà des légendes*, Paris, Bayard, 2009, p. 353-361.
5 *Bulletin de la Société de l'Histoire du Protestantisme Français*, t. 37, 1888, p. 55-56.
6 Geisendorf, Paul.-F., *op. cit.*, p. 29.
7 *Correspondance*, t. 3, 1963, p. 47.

Calvin qui s'installeront eux aussi à Genève en 1548[1]. Or ces fiançailles eurent lieu en 1544 ou en 1546, selon qu'on se fie à la lettre de Bèze à Dudith ou à son testament de 1566[2]. Autrement dit, deux à quatre ans avant son départ pour Genève, il était très lié aux milieux réformateurs mais ne voulait pas rompre officiellement avec l'Église romaine.

Il tomba très malade en 1548[3], une maladie souvent associée à la peste ; mais c'est en 1551, à Lausanne, que Bèze en souffrit, et écrivit l'*Ode au Seigneur par Th. de Bèze affligé d'une grave maladie.* Sur le mal qui l'a touché en 1548, nous ne savons rien. Nous n'en trouvons trace dans aucun texte de Bèze ni de ses biographes, hormis chez Antoine de La Faye, qui se contente de paraphraser Bèze lui-même. La correspondance, très lacunaire pour cette période, n'en dit rien. Peu importe d'ailleurs. Ce qui compte c'est qu'une fois rétabli, il décida de partir pour Genève. Il marquait ainsi avec éclat sa rupture avec Rome et son ralliement à la réforme calvinienne.

LE RÉCIT DE CONVERSION

Or Théodore de Bèze a raconté sa conversion dans la lettre-préface de la *Confessio christianae fidei*, adressée en 1560 à Wolmar[4] ; nulle part ailleurs il n'en est question, si ce n'est, très brièvement, dans une lettre du 5 novembre 1549 à son ami, l'avocat dijonnais Maclou Popon, où Bèze assurait que, malgré sa « *commutatio* », et son départ de France, il avait gardé toute son affection envers lui. Ce qui s'est passé est donc une « mutation », un « changement ». La lettre-préface est le seul véritable texte autobiographique important de Bèze ; elle fut paraphrasée par Antoine de La Faye, dans l'une des rares biographies de réformateur abordant la question de la conversion[5]. Or ce récit est assez différent de ce que l'historien peut reconstituer de l'itinéraire de Bèze.

1 La Faye, Antoine de, *De vita et obitu clariss. viri, D. Theodori BezæVezelii*, Genevae, apud Iacobum Chouet, 1606, p. 11.

2 La lettre-préface à Dudith est en tête de la 2e édition des *Poemata* (Genève, Henri Estienne, 1569). Le testament est dans la *Correspondance*, t. 7, p. 355-356.

3 « *Ecce enim gravissimum morbum mihi infligit* », *Correspondance*, t. 3, p. 47.

4 *Correspondance*, t. 3, 1963, p. 43-49.

5 Backus, Irena, *op. cit.*, p. 17-19.

La lettre reprend toute sa vie, depuis sa naissance. Notre auteur raconte notamment comment il fut pourvu de bénéfices, mais aussi comment, à Paris, il voulut y renoncer sans cependant parvenir à échapper aux pièges de Satan : il s'est tourné vers Dieu par ses prières et ses larmes mais, ayant des amis, de l'argent, des loisirs, il fut gagné par toutes ces fausses splendeurs. Et pourtant, ajoutait-il, il expérimentait en même temps la bienveillance de Dieu, la sollicitude avec laquelle le Père entourait ses élus. Il sentait que Dieu ne souffrait pas ses égarements. On voit que, dès ces années de dissipation, il aurait éprouvé la prédestination : il s'agit évidemment d'une reconstruction *a posteriori* par le théologien qui avait alors théorisé la *Tabula praedestinationis* quelques années auparavant. À Paris, Bèze se trouvait dans une situation ambivalente : loin d'être le dernier, dit-il, sur le plan de la piété, parmi les hommes pieux (« *nec pietate postremus inter pios* »), c'est-à-dire sans doute les milieux évangéliques, mais aussi parmi les gens habiles dans les Lettres, ce qui le rendait vulnérable aux triples rets (« *triplex laqueus* ») de Satan : les attraits de la volupté, la gloire littéraire, l'espoir d'une belle carrière à la cour. On sent un jeune homme hésitant, mais le théologien d'âge mûr qui écrivit ces pages portait un regard totalement négatif sur cette période ; heureusement, conclut-il encore, Dieu le fit échapper à ces dangers. C'est à ce moment qu'il promit secrètement le mariage à sa future femme, affirme le texte, mais avec l'engagement de confirmer ouvertement le mariage dès qu'il le pourrait dans l'Église de Dieu (« *in Ecclesiam Dei* ») et de ne prendre aucun ordre sacré des papistes (« *atque etiam interea nullo ex sacris illis papisticis ordinibus initiater* »). Il hésitait encore, malgré tout, balancé entre sa conscience et les pièges de Satan. Enfin Dieu lui infligea une grave maladie dont il ne pensa pas se remettre. Après des souffrances infinies aussi bien du corps que de l'âme, Dieu eut pitié de lui et le consola au point qu'il ne douta plus de son salut. Il se donna entièrement à lui, ce qui fait que du spectre de la mort jaillit le désir de la vraie vie et que la maladie fut le début d'une vraie guérison[1]. C'est pourquoi, dès qu'il put quitter le lit, Bèze rompit tous les liens et quitta tout pour suivre le Christ. Il arriva à Genève le 9 novembre 1548.

---

1 Ces lignes sont capitales : « *Post infinitos et corporis et animi cruciatus, Dominus fugitivi sui mancipii misertus ita me consolatus est ut de venia mihi concessa nihil dubitarem. Meipsum igitur cum lachrymis detestor, veniam peto, votum renovo de vero ipsius cultu aperte amplectendo denique totum illi meipsum consecro. Ita factum est mortis imago mihi serio proposita, verae vitae desiderium in me sopitum ac sepultum excitaret, et morbus iste verae sanitatis mihi principum esset* » (p. 47).

Ce récit est saisissant par sa construction et par ses approximations qui confinent aux inexactitudes. Irena Backus a montré que le modèle sous-jacent est la *Vie* de François d'Assise[1] : le pécheur rendu saint après une maladie infligée par Dieu. Mais, on l'a déjà souligné, le motif de la prédestination est également omniprésent. On ne peut qu'être frappé, d'autre part, en lisant le texte, par l'aspect « nouvelle naissance », le *born again* qu'expérimenteront plus tard les évangéliques américains, presque au sens littéral, puisque Bèze affirme avoir cru mourir. Pendant sa maladie, il sentit vraiment la présence agissante de Dieu. Ce qui est mis en récit, c'est un événement improbable qui a rompu le cours d'une existence en apparence heureuse, en réalité pécheresse. L'histoire préfigure celle des conversions dans les milieux piétistes : Bèze peut dire comment Dieu agit, il peut dater précisément le moment où Dieu lui manifeste clairement son pardon et où il change sa vie. Il y a un avant, marqué par les pièges du diable, et un après, dominé par la sollicitude paternelle de Dieu – déjà présente auparavant, mais révélée seulement dans l'épreuve. La lettre-préface construit ainsi un modèle de conversion, sans que le mot soit jamais employé (il est tout au plus question de « *commutatio* » dans la lettre à Popon), sans référence à saint Paul ou à saint Augustin, les deux grands modèles de la conversion chrétienne.

Cette construction se fait aux dépens de la réalité historique. La chronologie est inexistante dans ce récit. Elle n'est pourtant pas ignorée de la lettre-préface : Bèze y donnait le jour de sa naissance, précisait quand sa mère était morte, quand il s'est rendu à Paris, puis le jour précis où il a rencontré Wolmar, quand il est allé à Orléans pour son droit, quand enfin il obtint sa licence et se rendit à Paris. Mais, entre 1539 et 1548, il n'y a plus aucune indication temporelle, comme s'il y avait une longue période de vie facile, achevée brusquement par la maladie et la conversion.

Bien entendu, l'évolution spirituelle que nous avons pu retracer n'est pas niée. Il est question de la fréquentation des « hommes pieux », la volonté de renoncer aux bénéfices, de se tourner vers Dieu. Mais on a l'impression qu'il ne s'agit que de bonnes résolutions qui ne sont pas suivies d'effet, que seule la maladie a permis un changement radical de vie. Or la chronologie dément la biographie ainsi retracée. C'est en effet en décembre 1547, soit avant la maladie, que Bèze avait entamé les démarches pour résigner son prieuré de Villeselve, et il est possible qu'il ait fait de même pour celui

---

1 Backus, Irena, *op. cit.*

de Longjumeau. La décision, sinon de rompre totalement avec l'Église romaine et de partir à Genève, au moins avec les bénéfices, n'a donc rien à voir avec les « souffrances infinies » et la consolation de Dieu qui suivit. D'autre part, la succession des événements dans le récit est curieuse. Bèze y évoque la triple tentation de Satan qui l'empêche de se tourner vers Dieu, dont la gloire littéraire promise par les *Poemata* ; il affirme dans la lettre-préface que ces vers ont été loués par l'illustre poète Marcantonio Flaminio, et la lettre à Dudith explique que c'est la publication de son livre qui lui attira de tels compliments, en juillet 1548 ou peu après, par conséquent. Or la promesse de mariage n'est mentionnée qu'ensuite, comme si elle avait précédé immédiatement la conversion. Un seul petit paragraphe sépare en effet ces deux derniers événements, mais c'est plus un bilan rétrospectif, car il rappelle la mort de son frère, Audebert, qui eut lieu en 1542. Mais nous savons que les fiançailles de Bèze se déroulèrent au moins deux ans avant la publication des *Poemata*, avant le départ à Genève également. Enfin, certains textes poétiques de Bèze, notamment en faveur de Dolet et de Rabelais, bien antérieurs à 1548, manifestent très clairement un engagement évangélique plus précoce.

Résumons : l'évolution spirituelle de Bèze fut complexe, mais sans doute moins faite d'allers-retours que de refus d'une rupture avouée. La maladie joua sans doute un rôle important dans la prise de conscience qu'il avait rompu, de fait, avec l'Église romaine et qu'il fallait en tirer les conséquences. Mais le récit accentue la différence entre l'avant et l'après maladie, entre un temps où Dieu veille sur Bèze sans être vraiment reconnu et le moment où il lui fait connaître clairement son pardon.

LA FONCTION DES RÉCITS DE CONVERSION DES RÉFORMATEURS

Avec ce récit, l'effet de rupture est maximal. Il permet aussi de n'attribuer la conversion qu'à Dieu seul, dans un événement particulier et non à travers tout un cheminement. C'est le même parti qu'a suivi Antoine de La Faye, dans sa biographie de Bèze qui montre qu'il a « été élu par Dieu pour combattre pour la cause de Dieu à un moment particulier de l'Histoire »[1]. Lui aussi montre, de manière encore plus nette que la lettre-préface, que les germes de la sainteté présents en Bèze n'avaient pas encore produit de fruits.

Pour aller plus loin, il faut confronter le texte de Bèze à d'autres récits de conversion de réformateurs. Le problème est qu'ils sont assez rares. L'« expérience de la Tour » de Luther, rapportée en différents endroits de son œuvre, mais de la manière la plus détaillée dans la préface de 1545 à l'édition complète des œuvres[2] n'est pas présentée comme une conversion. Il s'agit plutôt d'une mauvaise lecture de la Bible à une bonne : « Pendant que je méditais, jour et nuit, et que j'examinais l'enchaînement de ces mots : "La justice de Dieu est révélée dans l'Évangile, comme il est écrit : le juste vivra par la foi", je commençai à comprendre que la justice de Dieu signifie ici la justice que Dieu donne et par laquelle le juste vit, s'il a la foi. ». Mais le paragraphe est introduit par cette phrase : « Enfin, Dieu me prit en pitié ». Et Luther ajoute ensuite : « Aussitôt, je me sentis renaître, et il me sembla être entré par des portes largement ouvertes au Paradis même. »[3] Autrement dit, il avait la certitude à présent de faire partie des élus à la suite d'une intervention divine, de l'Esprit Saint qui lui avait révélé la vérité. Nous ne sommes pas très loin de l'expérience de Bèze.

Le cas de Calvin en est assez proche. Il est assez facile de montrer qu'il s'est longtemps considéré comme membre de l'Église catholique, qu'il cherchait à réformer. Ce n'est sans doute qu'en 1534, quelques mois après le fameux discours de Nicolas Cop, qu'il parvint à la conclusion que cette Église, devenue infidèle, n'était plus réformable[4]. Son chemin vers une rupture avec Rome fut long, complexe, progressif. Or le récit qu'il en donna dans la préface au *Commentaire des Psaumes*, en 1557, est très différent : il y est question de l'étude du droit, à laquelle il s'appliquait pour satisfaire son père, puis « Dieu, par sa providence secrète, me fit finalement tourner bride d'un autre côté. Et puis premièrement, comme ainsi soit que je fusse si obstinément adonné aux superstitions de la papauté, qu'il était bien malaisé qu'on me pût tirer de ce bourbier si profond, par une conversion subite (*conversio subita*), il dompta et rangea

1 Backus, Irena, *op. cit.*, p. 17.

2 *D. Martin Luthers Werke, kritische Gesamtausgabe*, LIV, Weimar, Hermann Böhlau's Nachfolger, 1928, p. 186.

3 Traduction de Strohl, Henri, dans *Luther jusqu'en 1520*, Paris, PUF, 1962, p. 94.

4 Krumenacker, Yves, « Calvin, un catholique malgré la papauté ? », dir. F. Salesse, *Le bon historien sait faire parler les silences. Hommages à Thierry Wanegffelen*, p. 133-148.

à docilité mon cœur, lequel, eu égard à l'âge, était par trop endurci en telles choses. » Chronologiquement, le récit n'est pas fiable : c'est bien après les études de droit que la rupture s'est produite. Mais le plus intéressant est le début du texte : « Combien que j'ensuive David de bien loin et qu'il s'en faille beaucoup que je sois à accomparer à lui [...], toutefois si j'ai quelques choses de commun avec lui, je suis content de les considérer et faire quelque comparaison de l'un à l'autre. » On le voit, le modèle de Calvin n'est pas saint Paul ou saint Augustin, les archétypes du converti, mais David, qui est l'homme choisi par Dieu, prédestiné à régner sur Israël, un élu[1].

La vie de Calvin par Bèze, en 1564[2], oublie curieusement cet épisode. Elle insiste d'ailleurs sur la doctrine, mais l'aspect biographique est réduit à presque rien ; Calvin semble avoir eu, dès son enfance, toutes les qualités de piété et de vertu qui lui ont permis d'être au service de Dieu. Une deuxième vie, due à Bèze et Nicolas Colladon, est plus prolixe, mais considère également qu'« il estoit sur tout fort consciencieux, ennemi des vices, & fort adonné au service de Dieu dès son enfance », ce qui lui permit très tôt de goûter « quelque chose de la pure religion » et de « se distraire des superstitions papales »[3]. La vie de 1575 donne davantage de détails, mais le fond reste exactement le même[4]. Il n'y a pas de conversion dans la vie de Calvin, prédestiné dès son enfance à servir Dieu[5].

Sur le fond, tous ces récits sont-ils si différents ? Prise de conscience soudaine de la présence de Dieu dans l'autobiographie de Bèze, sentiment de renaissance chez Luther, *conversio subita* de Calvin qui est en réalité une élection divine ; dans ces trois cas, il n'y a pas réellement de conversion à une nouvelle religion. À laquelle pourraient-ils d'ailleurs se convertir ? Le protestantisme n'existe évidemment pas lorsque Luther

---

1 Commentaire de ce texte dans Krumenacker, Yves, *Calvin au-delà des légendes*, *op. cit.*, p. 126-133.

2 *Discours de M. Théodore de Besze, contenant en bref l'histoire de la vie et mort de Maistre Jean Calvin avec le testament et dernière volonté dudict Calvin, et le catalogue des livres par luy composez*, s. l. n. d., 1564.

3 *L'Histoire de la vie & mort de feu M. Jean Calvin, fidèle serviteur de Jésus Christ...*, Genève, Imprimerie de François Perrin, 1565, préface.

4 Cette troisième vie se trouve au début des *Ioannis Calvini epistolae et responsa [...] ejusdem I. Calvini vita a Theodoro Beza...*, Genevae, apud Petrum Santandreanum, 1575.

5 Sur ces différentes vies, voir Backus, Irena, *Life Writing in Reformation Europe. Lives of Reformers by Friends, Disciples and Foes*, Aldershot, Ashgate, 2008.

perçoit ce qu'il considère comme le vrai sens des Écritures, et il n'est pas encore réellement constitué comme une communauté, comme une confession autonome au temps de Calvin et de Bèze. Si conversion il y a, c'est dans l'autre sens, de transformation du cœur. La définition, très postérieure, de Furetière, est bien adaptée à ce qui se joue dans ces autobiographies : « action par laquelle une chose ou une personne se met en un autre estat, ou se voit en un autre sens »[1] ; en l'occurrence, c'est moins le changement d'état qui, on l'a vu, fut progressif, que le fait de se voir « en un autre sens », comme élu, prédestiné au salut, qui s'applique le mieux ici. Luther, Calvin et Bèze sont allés d'un moins bon à un meilleur christianisme, pensaient-ils, mais surtout ils ont compris que Dieu les avait choisis pour cela, de toute éternité. C'est cette prise de conscience qui les fit changer de vie, aboutir à un véritable accomplissement de soi.

S'il n'y eut pas de conversion à proprement parler, on peut comprendre que Bèze, en rapportant la vie de Calvin, ne trouva pas nécessaire de mentionner la *conversio subita*. Dans la mesure où Calvin était prédestiné à réformer l'Église, il était inutile d'indiquer le moment exact où il en fut conscient. Se demander si l'on est vraiment élu de Dieu, avoir besoin de dire exactement quand on a senti la présence de Dieu seront des préoccupations des milieux piétistes, quand la Réforme se sera installée, routinisée, quand on naîtra réformé ou luthérien comme on aurait pu naître catholique. Pour les premières générations des réformateurs, la tâche de transformer l'Église pour la ramener à son état originel était un signe suffisant de l'élection. Nul besoin, par conséquent, de proclamer une quelconque conversion – ce qui peut expliquer la rareté de ce type de récit. Le modèle proposé est celui de véritables ouvriers du Christ qui renouent avec le message des apôtres parce qu'ils sont élus par Dieu. On peut penser qu'il fut suffisamment enthousiasmant pour entraîner l'adhésion de nombreux chrétiens, au moins de ceux qui, par leurs études, par des démêlés avec leur clergé, par anticléricalisme, ou pour toute autre raison, pensaient qu'il fallait que l'Église change. Cela ne nous dit évidemment rien sur le passage à la Réforme de ceux, sans doute également nombreux, qui se contentèrent de suivre leur seigneur, leurs magistrats, leur famille, leurs voisins, leurs compagnons de travail

1 Furetière, Antoine, *Dictionnaire universel...*, La Haye et Rotterdam, Arnout & Reinier Leers, 1690, art. « conversion ».

– ce qui nous renvoie davantage aux parcours politiques. Mais ces récits mettent l'accent sur l'importance de la foi, du sentiment religieux, chez ceux qui, les premiers, rompirent avec Rome. Comme l'affirmait Lucien Febvre, à une révolution religieuse, il faut chercher des causes religieuses.

Il ne faudrait cependant pas accorder trop d'importance à ces textes, dans l'optique d'une étude des conversions. L'expérience de Luther, de Bèze, de Calvin, n'est certainement pas caractéristique de l'ensemble du XVIe siècle ; elle ne concerne vraisemblablement que quelques réformateurs de la première génération. Elle n'a d'ailleurs pas vocation à être généralisée : il est significatif que, contrairement aux récits de saint Paul, de saint Augustin ou de saints catholiques postérieurs, ceux que nous avons étudiés ne sont jamais devenus des modèles.

Yves KRUMENACKER
Université Jean-Moulin – Lyon 3,
UMR 5190 LARHRA

RÉCITS DE CONVERSION ET FIGURES DE CONVERTIS DANS LES SERMONS DU GRAND SIÈCLE

André Godin, spécialiste de l'approche psychologique et anthropologique de la conversion religieuse, écrivait en 1986 : « la conversion religieuse n'existe pas indépendamment du récit qui en est fait »[1]. Si étudier les conversions c'est d'abord étudier les récits qui en sont faits, la prédication pourrait ne pas apparaître comme l'approche la plus directe, susceptible d'apporter des révélations à ce sujet. Le thème de la conversion y est certes très présent, mais l'orateur n'évoque pas la sienne propre, œuvrant en médiateur ou intercesseur chargé de rappeler de célèbres renversements. Il serait toutefois regrettable de ne pas s'attarder sur la prédication car le phénomène des oralités sacrées est l'objet d'un effort de réorganisation considérable dans l'Église tridentine. Non seulement elle est un puissant levier de l'instruction ordinaire, solidement institutionnalisée et très fréquente au XVIIe siècle, qui plus est, cette forme majeure de narration orale trouve parfois des prolongements dans l'impression des meilleurs discours. De même, le prédicateur n'est pas un interprète autoproclamé des textes saints, mais, autorisé et légitime, il est un héraut de l'Église. Quant à la pratique très prisée du panégyrique, genre éloquent où s'aborde par excellence la conversion, à laquelle s'ajoutent les rendez-vous liturgiques fixes où repentir et rénovation intérieurs sont les fruits visés (avent et carême), elle popularise les plus illustres récits. Enfin, le principe selon lequel « une conversion attestée, c'est une conversion racontée »[2] ne peut que justifier le rôle crucial occupé par la chaire.

---

1 Godin, André, *Psychologie des expériences religieuses : le désir et la réalité*, Paris, Le Centurion, 1986.

2 Fabre, Pierre-Antoine, « Conversions religieuses : Histoires et récits », *Annales E. S. C.*, 54e année, n° 4, 1999, p. 805-812, citation p. 806.

Les lignes suivantes se proposent d'observer quelques-uns des panégyriques consacrés aux plus grandes figures canoniques de l'histoire sainte justement touchées par l'expérience d'une conversion ou d'une pénitence telle qu'elle lui est assimilable. Trois figures viennent immédiatement à l'esprit des auditeurs et/ou lecteurs de sermons après 1650[1] : Paul, dont une des trois grandes fêtes, placée fin janvier, est justement consacrée à méditer l'épisode dit de la « conversion », Augustin qui, bien que ne possédant pas un jour marqué, bénéficie de sermons nécessairement dédiés à sa transformation de vie, enfin la Madeleine. Nous ne nous attardons guère sur cette dernière expérience religieuse, malgré son indéniable importance et sa singularité, essentiellement parce que Marie-Madeleine n'écrivit pas et, sans rôle pastoral particulier, eut peu l'occasion de relater son changement d'état intérieur et extérieur. En bref, on écrit sur elle, mais ne disant rien d'elle-même son témoignage est plus difficile à saisir. Ce n'est pas le cas des deux autres qui, non seulement ont rédigé, mais encore ont eu la possibilité de parler publiquement de leur changement d'état : Paul a légué un corpus de lettres, dont certaines à caractère autobiographique, les premières rédigées entre quinze et vingt ans après l'épisode de Damas, lequel est traditionnellement daté vers 35. Le *Livre des Actes des Apôtres*, épopée lucanienne de la vie de la Première église composée après 70, rapporte les faits à sa manière, fournissant un détail complémentaire[2] ; quant à Augustin, son projet fut plus original et, si les fidèles sont déjà habitués fin IVe siècle « aux confidences biographiques des martyres et des saints et de pieuses personnes »[3], la nouveauté consistait ici à se dire et à prendre son lectorat comme témoin de ses aveux. Lui aussi rédige avec décalage, environ douze ans après le tournant milanais.

Afin de rendre compte du thème de la conversion tel qu'on aime le prêcher notamment entre 1650 et 1720, à partir d'une sélection d'une quinzaine de sermons publiés, trois temps sont ici envisagés. En

1 Trublet, Nicolas-Joseph, *Panégyriques des saints suivis de réflexions sur l'éloquence en général et sur celle de la chaire en particulier, Seconde édition … par l'Abbé Trublet, de l'Académie Françoise et de celle de Prusse, Archidiacre et chanoine de Saint Malo*, Paris, Briasson, 1764, t. 1er, p. 135 affirme à propos d'elles, « ce sont là les trois plus fameuses conversions qui aient enrichi les fastes de l'Église ».

2 Baslez, Marie-Françoise, *Saint Paul*, Paris, Fayard, 1991, p. 13, précise « dans les Actes, tout est reconstruit et remodelé, personnalité comme discours ».

3 S. Augustin, *Les Aveux*, nouvelle traduction des *Confessions* par Frédéric Boyer, Paris, POL, 2009, p. 125.

premier lieu comment la prise de parole contemporaine se réfère-t-elle aux récits, puis de quelle manière cherche-t-on à qualifier la conversion elle-même, son déroulement, sa valeur modèle. *In fine*, l'orateur aime à tirer, pour des fidèles en attente de conseils adaptés à leur situation spirituelle personnelle, les leçons les plus utiles.

LE PRÉDICATEUR FACE AUX RÉCITS ET ÉCRITS DES CONVERTIS

Parmi les questions que les prédicateurs se posent pour leur public, la raison pour laquelle les convertis ont pris la plume est un point de passage obligé. S'ils gardent à l'esprit les fruits d'une longue tradition vétérotestamentaire, en particulier l'histoire de David qui composa psaumes et cantiques pour louer la miséricorde de Dieu envers lui[1], les aventures survenues aux disciples du Christ leur offrent une matière suffisante et plus parlante. Il en va ainsi d'Augustin d'Hippone.

Sa conversion fut pour Augustin le motif justifiant l'entrée en écriture, rapporte Claude Masson. En effet, en réponse à la grâce reçue, il s'est senti « obligé de faire confidence à Dieu de ses anciennes amours par le livre de ses Confessions »[2]. Il ne le fait pas en catimini, mais, conscient de créer un modèle de récit destiné à un grand avenir dit-on, « il veut que tous les siecles en soient informez » et alors que « tous les hommes ont tant de peine de dire en secret à l'oreille d'un prêtre, Augustin le fait connaitre à tous les hommes des siecles passez, presens et futurs »[3]. Le prédicateur nous dit que sa vie a été si souvent lue et narrée, « non seulement dans une Ville

1 Anselme, Antoine, « Panégyrique de St Augustin prononcé aux Grands Augustins, 28 août 1716 », *Panégyrique des saints prononcez par Messire Antoine Anselme, Abbé de S. Sever Cap de Gascvogne, Prédicateur ordinaire du Roi, de l'Academie Royale des Belles Lettres*, t. II, Paris, Giffart, 1718, p. 66 évoque l'un pour valoriser l'autre : « Si saint Basile de Seleucie admire Davide d'avoir composé les pseaumes de la pénitence, où il a découvert à tous les hommes des crimes qu'il sembloit devoir cacher, la conduite de Saint Augustin ne nous jette pas dans un moindre etournement ».

2 Masson, Claude, « Panegirique de St. Augustin », *Panégyriques des saints preschez par le R. P Cl. Masson, Prêtre de l'Oratoire de Jésus*, t. 2[d], Lyon, Plaignard, 1694, p. 353.

3 Lion, Claude, « Second panégyrique de Saint Augustin », *Panégyriques des saints preschez par le RP Claude de Lion, prêtre de l'Oratoire de Jésus*, t. Ier, Lyon, Certé, 1693, p. 485, p. 502-503.

et dans une Province, mais dans toute l'Église et dans tout le monde, non seulement dans un temps, mais dans tous les siècles, non seulement dans une conversation, mais dans un livre », qu'elle constitue le modèle par excellence de la conversion achevée et destinée, par la force de son témoignage, à faciliter toutes celles à venir[1]. Antoine Anselme admire « ce portrait de lui-même, où il se représente si difforme », « une confession publique » librement consentie à laquelle pourtant aucun pénitentiel n'oblige[2].

Tous les récits sont incontestablement destinés à être diffusés, mais comment se réfère-t-on oralement aux écrits des convertis ? La règle très codifiée voulant qu'un sermon soit introduit par un verset biblique permet aisément de revenir sur certains des textes fondamentaux de l'histoire de saint Paul, intégrés au *corpus* des Écritures. Il n'est en revanche pas possible de citer d'entrée Augustin. Qu'à cela ne tienne, on prend appui sur d'autres extraits dont le sens éclaire l'itinéraire d'Augustin. C'est ainsi que le chapitre 1er de la Genèse – « Formons un homme à notre image et à notre ressemblance » – introduit le sermon de l'oratorien Claude Lion : « ce sont des paroles d'un Dieu créant l'homme dans sa nature, et que je luy fais dire créant Augustin en la grace »[3].

Avec Paul, l'orateur a un apparent embarras du choix parmi les versets. Si certaines citations anciennes lui conviennent à merveille, le recours à la vie même de l'apôtre suffit amplement. Les discours consultés aiment par-dessus tout le récit des *Actes* livré au chapitre 9[4], donc abordent l'événement par un texte qui n'est pas de la main de Paul, mais déjà une réinterprétation de son histoire. Les *Actes* présentent aux yeux des prédicateurs l'avantage de mieux situer l'enjeu de la conversion puisque on y dépeint, dit Texier, « avec des termes emphatiques l'orgueil, la fierté et la cruauté » de Saul ennemi acharné des chrétiens, plié et réorienté par la volonté de Dieu. Particulièrement facile à utiliser à l'oral est le dialogue sous forme de deux questionnements successifs. L'orateur fixe son attention sur la chute subie, la voix entendue, l'échange entre Jésus et Saul, puis rapporte la réponse finale, moment où le jeune pharisien accepte son sort, Saul tremblant et effrayé, en disant « Seigneur, que

1 Fabre, Pierre-Antoine, art. cité, p. 806, résume cette dynamique intemporelle du bon récit : « c'est un instant nécessairement déployé dans le temps ».

2 Anselme, Antoine, *op. cit.*, p. 66-67.

3 Lion, Claude, « Premier panégyrique de Saint Augustin », *op. cit.*, p. 461.

4 *Actes des Apôtres*, 9, 3-19, mais aussi 22, 6-11.

voulez-vous que je fasse ? »[1] Quant aux épîtres, on goûte tout particulièrement les remarques personnelles rédigées par Paul lui-même, en particulier dans l'épître aux Galates, plus occasionnellement celles aux Philippiens et la 1re aux Corinthiens[2].

Les lettres pauliniennes éclairent non seulement leur protagoniste mais bon nombre des grandes conversions postérieures, celle d'Augustin bien sûr[3] ou encore, au temps de la Réforme catholique, celle de César de Bus, fondateur de la Congrégation de la Doctrine Chrétienne et mort en odeur de sainteté en 1607. L'un des panégyriques qui lui est consacré s'ouvre justement sur la 1re aux Corinthiens, affirmant que l'œuvre pastorale de l'un comme de l'autre résulte des « effets sensibles de l'esprit et de la vertu de Dieu », rendus manifestes par la grâce de leur conversion[4].

Faute de pouvoir reprendre *in extenso* les récits en chaire – la formule imprimée offre en revanche plus de souplesse[5] –, on n'hésite pas à donner la parole aux convertis mêmes, à s'appuyer sur leur récit plutôt que sur une vague impression. Fléchier interpelle son auditoire les Galates à la main : « voulez-vous entendre de saint Paul même les raisons du changement que Dieu a opéré en sa personne ? »[6] Claude Masson se réfugie derrière son sujet du jour, le retournement d'Augustin, pour décrire les étapes vers la conversion : « Et pour ne parler d'Augustin que par Augustin même, il dit

1 Texier, Claude, « Panégyrique de la conversion de S. Paul », *Panégyriques des saints preschez par le R. P. Texier de la Compagnie de Jésus*, t. 1er, Paris, Michallet, 1678, lire l'enchainement des pages 71 à 83.

2 Respectivement Galates 1, 11-16, Philippiens 3, 4-6 et 1 Corinthiens 15, 3-8. Sur les enjeux de l'étude de sa conversion voir Cuvillier, Élian, « La conversion de Paul, regards croisés », *Cahiers d'études du religieux. Recherches interdisciplinaires* [En ligne], 6 | 2009, mis en ligne le 18 septembre 2009, consulté le 01 mars 2015. URL : http://cerri.revues.org/373 ; DOI : 10.4000/cerri.373.

3 Augustin traverse des moments de profond doute, mais dans ces « ténèbres », de nombreuses bouées l'empêchent d'abord de se noyer puis de regagner la rive. Outre les prières de sa mère Monique, les prédicateurs avancent l'importance des « prédications de saint Ambroise » et « la lecture des Épitres de saint Paul », Anselme, Antoine, *op. cit.*, p. 49.

4 Lion, Claude, « Panégyrique du Révérend père César de Bus, fondateur de la Congrégation de la Doctrine Chrétienne », *op. cit.*, t. 3, 1690, p. 393. De la sorte, Lion fait de Bus un apôtre moderne, un nouveau Paul.

5 Trublet, Nicolas-Joseph, *op. cit.*, p. VI, dit « [qu']on y trouvera beaucoup de passages latins », précisant « j'avertis du moins que je ne les ai point dits en chaire ».

6 Houdry, Vincent, *La bibliothèque des prédicateurs, Troisième partie : les Panégyriques des saints, t. 1er contenant les panégyriques des saints dont il est parlé dans le Nouveau Testament, par le R. P. Vincent Houdry, de la Compagnie de Jésus*, Seconde édition revue et corrigée, Lyon, A. Boudet, 1724, p. 444.

que regardant le chemin qu'il se proposoit de suivre, il avançoit quelques pas ; et aussitôt il s'arrêtoit »[1]. Antoine Anselme met ses pas dans ceux de l'évêque d'Hippone avec le même artifice : « c'est ainsi qu'il s'en explique lui-même, et je vais vous parler son langage sans le citer »[2]. Quand le sermonnaire les laisse s'exprimer, il ne s'agit pas à proprement parler de citation, bien plutôt de paraphrase. Le Père Texier prend ainsi soin de réécrire les confidences de Paul en utilisant en permanence la première personne du singulier, le « je », parfois avec une remarquable amplification rhétorique. Il fait dire à l'apôtre dans une langue appropriée à son temps « j'estois, je l'avoueray à ma confusion, le premier et le plus signalé boute-feu pour exciter des séditions parmi le peuple contre les chrestiens »[3].

Paul ne s'étant pas contenté d'écrire, il a en effet fréquemment raconté publiquement son expérience mystique en visitant les synagogues[4], voilà l'occasion d'une recomposition à travers les siècles, d'une instruction dans l'instruction. Exemple d'un morceau d'éloquence recréé de toute pièce, Paul répond aux murmures occasionnés par son entrée :

> Vous ne vous trompez pas je suis Saul qui ay persecuté Jesus-Christ avec tant de cruauté et que je defends aujourd'hui avec tant de passion ». Puis suit cette affirmation « Je suis venu avec cette résolution de faire autant d'esclaves que je trouverois de chrétiens et je me vois réduit dans cette heureuse obligation de faire autant de chrétiens que je trouverois de Juifs[5].

COUP DE GRÂCE OU CONVERSION PROGRESSIVE ?

Un sermon relevant de l'action pastorale, devant inviter chaque auditeur à bien réfléchir à l'action (la grâce) de Dieu dans l'événement décrit, la qualification du type de conversion est un élément important

1 Masson, Claude, *op. cit.*, p. 345.

2 Anselme, Antoine, *op. cit.*, p. 48.

3 Texier, Claude, *op. cit.*, p. 72-73. La confession de l'apôtre paraphrase les *Actes* et l'épître aux Galates.

4 Baslez, Marie-Françoise, *op. cit.*, p. 9-10, préfère préciser « Non seulement saint Paul se racontait, mais il écrivait ». Elle entend par cette précision rappeler qu'il fit d'abord « le récit de sa vie devant les communautés qui l'accueillaient ».

5 Lion, Claude, « Panégyrique de la conversion de Saint Paul », *op. cit.*, p. 63.

du discours. La question sous-tendant l'ensemble reste la suivante : fut-ce une rupture brutale ou un lent aboutissement ? En ces temps de Réforme catholique, où la préférence s'exprime nettement en faveur « des continuités sur les ruptures »[1], comprenons une faveur à une lente et progressive conversion, celle de Paul peut poser un problème d'exposition aux orateurs.

Tous s'accordent pour faire du renversement de Saul un événement aussi inattendu qu'isolé. Le champ lexical est celui de la « soudaineté », de « [l']immédiateté » et de « la promptitude »[2]. Comme l'exprime Claude Lion, Jésus « frape Saul pour le changer en Paul »[3], puis Jarry, le pharisien « tomba pecheur et se releva converty »[4]. Reprenant un enseignement classique de saint Augustin à propos du chemin de Damas, qu'il a lu pour préparer son panégyrique, l'abbé du Jarry insiste « Dieu le fait passer presque sans intervalle de la crainte à la charité », détenteur d'une autorité doctrinale proprement apostolique.

Conversion bien atypique, en effet, que celle d'un persécuteur mal en point, touché personnellement par Jésus, et c'est là un geste qu'on doit expliquer car il redescend du Ciel à cette occasion. Force est de constater, nous rappelle l'abbé du Jarry, que Dieu a fait pour lui une exception :

> Dieu, dit ce saint docteur (Augustin), ne passe pas ordinairement d'une extrémité à une autre, « les changemens que la grace opère, se font par degrez ; par exemple, d'un persecuteur il en a fait un agneau, mais non pas un pasteur [...] d'un Juif il en fait un chrétien, et non pas un Apôtre », car « voilà l'ordre naturel, on ne renferme pas le vin nouveau dans des vaisseaux vieux, de peur qu'ils ne se rompent »[5].

Pour le père Lamont le sort réservé à Paul entre dans la catégorie resserrée des « conversions si promptes et si subites » que certains ont appelé

1 Expression de Jacques Le Brun à propos de l'analyse des conversions rapportées dans les vies édifiantes, citée et commentée par Suire, Éric, *La sainteté française de la Réforme catholique*, Bordeaux, P. U. Bordeaux, 2001, p. 248.

2 Biroat, Jacques, « Panégyrique de la conversion de S. Paul », *Panégyriques des saints preschez par M. Iaques Biroat, docteur en theologie, prieur de Breussan de l'Ordre de Cluny. Conseiller et predicateur du Roy*, t. 1er, Lyon, pour la Société, 1682, p. 338.

3 Lion, Claude, « Panégyrique de la conversion de Saint Paul », *op. cit.*, p. 52.

4 Juillard, Laurent dit l'Abbé du Jarry, « Pour la conversion de Saint Paul », *Essais de panégyriques pour les festes principales des saints de l'année, contenant trois desseins pour chaque sujet*, t. 1er, Paris, Thierry, 1692, p. 199.

5 *Ibid.*, p. 182-183.

« les grands miracles de la divinité »[1]. D'une nature plus « ordinaire » est apparemment la conversion d'Augustin. Et pourtant un parallèle est parfois tracé de l'un à l'autre car, au chemin de Damas, fait pendant le jardin de Milan. Béatrice Bakhouche l'a récemment écrit, le récit situé au livre VIII, « constitue le point nodal de l'œuvre et, pendant des siècles, cette scène au cours de laquelle Augustin [...] a une espèce de révélation divine, n'a guère soulevé de discussions : tous s'accordaient à y voir un miracle de la grâce et à la rapprocher de l'expérience de Paul sur le chemin de Damas »[2]. Au cœur du XVIIIe siècle, Trublet y fait allusion en disant que dans ce jardin l'attendait « le dernier coup de la grace », avec « une voix céleste [qui] se fait entendre » et, « oui, Mes Frères, tout d'un coup le voilà calmé, décidé, converti »[3].

Outre ce rapprochement d'un coup de grâce révélateur, les orateurs soulignent la trace de l'appel direct qui caractérise l'histoire des grandes vocations. En effet, Dieu interpelle nominativement les hommes qu'il s'est choisis : « Moïse, Moïse », « Samuel, Samuel » et bien sûr « Saul, Saul ». L'invitation vespérale faite au jeune manichéen Augustin – « *tolle et lege*. Prens, et lis mes Écritures »[4] – diffère certes, mais en lui suggérant de lire les textes qu'il garde en poche, les épîtres de Paul, la voix l'inscrit dans un chemin de sainteté et le révèle comme un élu. Dans ce cas précis, le prédicateur conclut que s'il est « convenable que Paul fut le ministre de [sa] conversion », il est toutefois préférable de comparer le jardin milanais à celui d'Éden, signifiant par-là que si la faute du premier homme pécheur l'en avait chassé, la grâce et le pardon l'y ramène[5]. On ne peut mieux exprimer aux auditoires que toute conversion est une nouvelle création.

Le terme de « dernier coup de grace » est porteur d'une signification supplémentaire. Il entend prouver que l'aboutissement visible est le fruit d'une lente maturation, en l'espèce d'une période d'errements de plus de

1 Lamont, Jean de, « Panégyrique sur la conversion de Saint Augustin, donné au Couvent des Grands Augustins », *Panégyriques des saints et autres sermons par Messire Jean de Lamont, ancien Abbé de Nostre-Dame de La Chastre*, Paris, Auroy, 1685, p. 268-269.

2 Bakhouche, Béatrice, « La conversion de saint Augustin : modèle paradigmatique ou conversion atypique ? », *Cahiers d'Études du religieux. Recherches interdisciplinaires*, n° sur *La conversion*, 2009/6, p. 3, mis en ligne le 17 septembre 2009, consulté le 5 décembre 2014. URL :http://cerri.revues.org/520 ; DOI : 0.4000/cerri.520.

3 Trublet, Nicolas-Joseph, *op. cit.*, p. 125 et 131.

4 Lion, Claude, *op. cit.*, p. 463.

5 Trublet, Nicolas-Joseph, *op. cit.*, p. 130-132.

douze années qui s'achève[1]. Le modèle d'Augustin est alors à même d'éclairer les conversions récentes, matière à des panégyriques contemporains. C'est ainsi que César de Bus reçut à son tour « le dernier coup » le sortant d'un « aveuglement » de « quatorze ans »[2]. On ne peut qu'être frappé par les nombreuses analogies suggérées entre la conversion de César et la geste augustinienne de la fin du IVe siècle : les inconduites et la vie facile, les tentations (philosophique pour l'un, curiale et « carriériste » pour l'autre), l'importance dans le processus d'accompagnement de pieuses femmes « prières et pénitences de quelques personnes d'une sainteté éminente » (Monique mère d'Augustin, Antoinette, une dévote femme, pour César[3]). Enfin, et c'est là un argument important, la dite « conversion » n'est que le début d'un chemin, le processus reste en cours, n'est pas achevé. À l'amont précédant la révélation fait pendant l'aval de l'acceptation. « Cesar en eut la volonté, mais combattu par quelques respects humains, il en differa l'execution ... il n'estoit plus au monde, mais il n'estoit point encore à Dieu »[4]. « Pour en parler comme S. Augustin » dit Jean de Lamont, « l'enfantement du nouvel homme » n'est pas immédiat car il a fallu accueillir les « dispositions que Dieu opere successivement dans l'âme de l'impie »[5].

L'APRÈS CONVERSION : FRUITS ATTENDUS, LEÇONS À IMITER

S'exprimant devant la communauté des Ursulines de Saint Malo en 1752, Trublet qualifie Augustin, « après Saint Paul, [comme] la plus belle

1 Bakhouche, Béatrice, art. cité, p. 4, rapporte les débats pour savoir si on doit parler d'une ou de plusieurs conversions.

2 Lion, Claude, « Panégyrique du Révérend père César de Bus », *op. cit.*, p. 399 et 407.

3 Marcel, Jean, *La vie du R. Père César de Bus, Fondateur de la Congregation de la Doctrine Chrestienne érigée en Avignon*, Lyon, Morillon, 1619, p. 29 et suivantes.

4 *Ibid.*, Un tel récit fait pendant à ce qu'on raconte de la démarche d'Augustin. L'oratorien Claude Masson évoque à son propos une conversion « sans exemple pour les combats qu'il lui a falu donner et pour les violences qu'il lui a falu faire », « il résiste des mois et des années », Masson, Claude, *op. cit.*, vol. 2, p. 343-344.

5 Lamont, Jean de, « Conversion de Saint Paul », *op. cit.*, p. 221-222. De la sorte, Lamont singularise encore plus la conversion de Paul pour qui Dieu « ne s'arreta pas à tout cet appareil de pénitence ».

conquête » de la grâce[1]. Chaque grand converti ne l'a pas été par pure gratuité, mais a été façonné pour une autre mission et ne s'appartient plus vraiment. Bourdaloue résume cela à propos de Paul : « Ne confessoit-il pas lui-même dans les synagogues qu'il avoit été obligé de se convertir pour n'être pas rebelle à la lumière »[2] ? Saul devenu Paul a appris à réorienter ses grands défauts vers de grandes qualités, devenant un apôtre, un convertisseur, zélé au service du christianisme comme il le fut pour le combattre. De même Marie-Madeleine, dont le « désordre [...] fut d'avoir beaucoup aimé », va aimer davantage dans la sainteté[3]. Quant à Augustin, touché par la grâce il en devient le pasteur et le docteur et, « comme devant sa conversion il avoit été la cause de la perte de plusieurs, il veut après sa conversion travailler à celle des autres »[4]. Une même remarque doit être faite à propos du néophyte César de Bus, suscitant l'admiration des Cavaillonnais en donnant des sermons immédiatement dignes d'un orateur confirmé, chose impossible sans un coup de main de la providence : « Allez voir Monsieur de Bus, disoyent-ils, comme il presche dignement, aussi estonnez que les Juifs à la conversion de Paul »[5].

Une seconde dimension à observer concerne la vraie finalité d'un sermon consacré aux grandes conversions. Le récit d'une vie extraordinaire doit devenir un enseignement qui parle au grand nombre, adapté à tous, un « spectacle » raconté suggère du Jarry[6]. Réfléchir à « une grande conversion » n'est pas que tourner une page d'histoire sainte, cela équivaut à s'alerter soi-même pour repérer les « mouvemens dans nos cœurs [...] commencemens véritables de conversion »[7], et ce même si la différence avec tout un chacun est grande. Biroat le dit dans son panégyrique de la conversion de Saint Paul, puisque Dieu n'agit pas « si viste dans les conversions des autres pecheurs », les grâces y agissent certes, mais « elles vont plus lentement »[8]. S'approprier la conversion de l'autre afin de l'appliquer en miroir à son propre cheminement, voilà

1 Trublet, Nicolas-Joseph, *op. cit.*, p. 95-96.

2 Bourdaloue, Louis, « Sermon sur la religion chrétienne », *Sermons pour le Carême*, t. 1er, Paris, Anisson, 1733, p. 310-311.

3 *Œuvres de Bourdaloue*, t. 2d, Paris, Lefèvre-Pourrat, 1838, analyse du sermon du jeudi de la 5e semaine sur la conversion de Madeleine, p. 695.

4 Lion, Claude, *op. cit.*, p. 478.

5 Marcel, Jacques, *op. cit.*, p. 92.

6 Juillard, Laurent dit l'Abbé du Jarry, *op. cit.*, p. 181.

7 *Ibid.*, p. 185.

8 Biroat, Jacques, *op. cit.*, p. 338-339.

l'un des devoirs attendus d'un bon prédicateur. Composant justement un ouvrage au service des orateurs sacrés désireux de triompher par leur panégyrique, Vincent Houdry conseille de « le proposer [le saint] pour un parfait modèle de vertu »[1]. La conviction qu'une prise de parole réussie peut et doit toucher le cœur du fidèle est unanime. Une auditrice d'un sermon missionnaire de Jean Eudes sur le Jugement Dernier en rendit compte en s'écriant pleine d'enthousiasme : « si on ne se convertit pas après cela, je ne sais pas ce qu'on fera pour y réussir »[2].

Saint Augustin, dans la prière ouvrant les *Confessions*, précisait comme par avance les résistances faites aux récits de conversion : « Et comment croiront-ils, si personne ne prêche »[3] les exemples passés, si personne ne leur montre que la conversion est non seulement possible mais attendue. Le but de toute prédication, pas seulement au temps d'un panégyrique mais tout au long des grands cycles stationnaires et même des instructions dominicales, n'est-il pas de secouer le fidèle de sa torpeur ou tiédeur, en lui faisant urgemment prendre conscience du poids du péché qui l'habite, au risque de rendre inefficace le travail de la grâce personnelle activé à l'écoute des conversions du temps passé ? Suivons pour cela la démonstration donnée par l'oratorien Claude Lion dans une longue conclusion au discours sur la conversion du treizième apôtre. Ce n'est plus simplement le prédicateur qui parle, mais bien souvent Jésus par sa bouche, offrant à chacun l'horizon d'une révélation personnelle damasquine, à son échelle ; l'orateur conclut :

> Nous trouvons dans la compagnie des chrétiens plusieurs Sauls, mais très peu de Pauls. Nous voyons qu'un grand nombre le suit dans ses désordres, mais un bien petit nombre qui l'imite en sa conversion. Avez-vous écouté Jesus-Christ, Messieurs, lorsqu'au milieu de vos crimes il vous a dit du fond du cœur, *quid me persequeris* ? Pourquoy me persécutez-vous ? Cette méfiance, cette simonie, cette impureté, cet orgueil, sont des ennemis que vous opposez à mes graces et à mes desseins. *Quid me persequeris* ? N'est-ce pas me persécuter que ne pas travailler à votre propre salut & empescher celui des autres ? [... or] Dieu veut que vous soyez à lui, Jesus-Christ vous regarde comme

1 Houdry, Vincent, *op. cit.*, p. XXI.

2 Cité par Dompnier, Bernard, « Le missionnaire et son public. Contribution à l'étude de la prédication populaire », *Bossuet, La prédication au* XVIIe *siècle*, Clermont-Ferrand, Les Amis de Bossuet, 1980, p. 116.

3 S. Augustin, *Les Confessions*, I, 1. Dans le texte établi par Poujoulat et Raulx, Bar-le-Duc, Guérin, 1864, p. 363, on préfère écrire « Et comment croire, sans apôtre (Rom. X, 14) ? ».

> sa conqueste et vous lui refusez vos obeissances et vos hommages ». Pour tous, à des degrés différents, il en va de même et « quand Jesus-Christ veut convertir un grand pecheur, il tient la même conduite qu'il a tenue vers Saul, & il veut que le pecheur tienne celle de Paul. Dieu le frappe de sa lumiere ». À bon entendeur salut, « un homme qui a quitté le péché doit se fortifier dans ses bonnes résolutions et persévérer dans les bonnes œuvres » ce « que je souhaite à chacun de vous[1].

« Peu de récits de conversion ont la puissance – et la pérennité – de celui d'Augustin » écrivait Béatrice Bakhouche[2]. Lecteur habitué des révélations de l'évêque, Pétrarque le confirmait au XIVe siècle en affirmant, « chaque fois que je lis les livres de tes *Confessions* [...] je pense lire, non l'histoire d'un autre, mais celle de ma propre pérégrination ». Pourtant les fidèles sont loin d'avoir les moyens d'accéder au livre d'Augustin ou d'effectuer une lecture méditative des écrits pauliniens. Il revient donc aux prédicateurs le devoir de vulgariser les principales leçons en direction des publics. Au fond que souhaite-t-on voir retenu ?

D'abord, « ce qu'on appelle habituellement "conversion" n'est jamais instantané »[3], mais progressif, un triomphe obtenu au terme d'un long combat spirituel, entamé avant le fait révélateur et souvent prolongé dans les mois et les années qui suivent. Le principal enseignement est donc la persévérance, car Paul mis à part la plupart des conversions sont lentes, freinées par les multiples obstacles à surmonter. Pour cela, parler en priorité des conversions plutôt que des convertis, voilà un point commun à toutes ces prises de parole.

De plus, le panégyrique est une forme adaptée car on peut y prendre pour sujet « une seule action particulière, d'un saint, comme on peut faire l'éloge d'un grand homme, pour avoir remporté une signalée victoire, ou pour estre heureusement venu à bout par la prudence d'une grande entreprise »[4]. Or aucun n'est comparable à un retour corps et âme à Dieu. Paul lui-même insiste-t-on dans les sermons, ne parle ni de ses voyages ni de ses entreprises par le détail.

Un converti sincère répond parfaitement aux vues de Dieu et se propose lui-même, ou est proposé, comme un modèle pour les autres.

---

1 Lion, Claude, *op. cit.*, p. 67-70.

2 Bakhouche, Béatrice, art. cité, p. 11.

3 Mandouze, André, *L'aventure de la raison et de la grâce*, Paris, Études Augustiniennes, 1968, p. 114.

4 Houdry, Vincent, *op. cit.*, p. XVII.

Quand on examine l'itinéraire de Paul, si éloigné de la foi chrétienne pendant des années mais renversé par Dieu, les prédicateurs espèrent certainement que leurs avertissements destinés à tous puissent aussi toucher les « lasches » et « hypocrites » que sont « certains demi-chrestiens »[1] (entendons semi-convertis, de bouche et non de cœur, de l'extérieur et non de l'intérieur), mais aussi les esprits forts, libertins et mondains de leur temps, les conduire malgré eux à vivre une rénovation totale, à lâcher le monde comme seul horizon de vie[2]. L'idée qu'il puisse par son verbe ramener une brebis au troupeau ou faciliter des retours à Dieu plus intimes et sans caractère spectaculaire, et ainsi contribuer à son niveau au « siècle des convertis »[3], encourage l'orateur dans sa démonstration, faite en chaire ou à l'occasion d'une mission intérieure.

Enfin, au contraire de nombreuses trajectoires dont le XVIIe siècle est pourtant un théâtre, le converti présenté et espéré des prédicateurs change rarement de religion, au contraire il s'y enracine plus et mieux, ou de sphère sociale. Au-delà de toute fortune personnelle, une conversion classique possède un très fort impact collectif. Elle contribue en effet à renforcer la communauté, l'Église tout entière, conserve un pouvoir intégrateur toujours aussi efficace même à des siècles de distance. Au fond une conversion bien connue est comparable à une profession de foi méditée en église, c'est là très certainement le principal motif de leur affirmation publique.

Stefano SIMIZ
Université de Lorraine

1 Texier, Claude, *op. cit.*, p. 83-84.

2 À la manière du choix fait par l'ursuline Marie de l'Incarnation, raconté par son fils, la définition de « conversion » est très ouverte : « il ne faut pas entendre une conversion d'un état de péché et de dérèglement à un état de grâce », mais « il faut entendre la résolution forte qu'elle prit de ne plus penser au monde, ni à ses soins », Dom Martin, Claude, *vie de la vénérable Sœur Marie de l'Incarnation*, Tours, 1697, p. 29.

3 Taveneaux, René, « Les voies de la sanctification chez les premiers jansénistes », *Histoire et sainteté*, colloque d'Angers 1981, Angers, P.U. d'Angers, 1982, p. 102.

L'ARGUMENT POLITIQUE DANS LES RÉCITS DE CONVERSION FRANÇAIS DU XVIIe SIÈCLE

À l'origine de cette communication se trouve un constat dressé lors d'une étude précédente consacrée aux imprimés à caractère religieux du sud-ouest de la France[1]. En Aquitaine, la littérature de controverse, qui éclipse les autres genres religieux jusqu'aux années 1650, ne présente pas exactement les mêmes caractéristiques si l'on considère les ouvrages des catholiques et ceux des réformés. Ces derniers préfèrent les traités théologiques, alors que leurs adversaires affectionnent les récits de conversion. En schématisant quelque peu, cette différence renvoie à l'opposition mise en évidence par Philip Benedict entre une « religion du livre » protestante et une « religion qui utilise le livre » catholique[2]. À une culture protestante faite d'érudition partagée répond une culture catholique de type patriarcal, fondée sur l'exemple de la *sanior pars* de la société : les Grands, la noblesse, les élites laïques et ecclésiastiques.

Cette opposition invite à examiner le rôle tenu par l'argument politique dans les récits de conversion. Certes, l'acte de conversion implique une volonté libre, assistée par la grâce. « Je reconnus aussitôt que l'homme ne peut opérer sa conversion de ses propres forces » assure Jacques de Coras[3]. Convertir les hérétiques n'appartient qu'à Dieu : « ceux qui plantent et qui arrosent, ne font rien si lui n'y donne l'accroissement » ajoute Guillaume Martin[4]. La providence est toujours présentée comme

1 Suire, Éric, « Un marqueur des appartenances confessionnelles. L'imprimé religieux dans les villes petites et moyennes du Sud-Ouest au XVIIe siècle », dir. N. Champ, É. Suire, *Les appartenances religieuses. Confessions, sensibilités et particularismes dans l'histoire du Sud-Ouest*, Bordeaux, FHSO, 2012, p. 75-96.

2 Benedict, Philip, « Bibliothèques protestantes et catholiques à Metz au XVIIe siècle », *Annales E. S. C.*, mars-avril 1985, n° 2, p. 357.

3 Coras, Jacques de, *La Conversion de Jacques de Coras*, Paris, C. Angot, 1664, p. 60.

4 Martin, Guillaume, *La force de l'Église primitive*, dans *La conversion du sieur Martin cy-devant ministre. Contenant trois traitez*, Paris, G. Meturas, 1656, Préface, p. 2.

la cause première des abjurations, mais des motifs humains interfèrent parmi leurs causes secondes. Les controversistes en ont conscience et s'attachent à réfuter ce qui pourrait discréditer la sincérité du prosélyte[1]. Parmi ces causes humaines, les historiens ont surtout retenu les jeux de clientèle et les facteurs économiques. Les convertis furent souvent des nobles en quête de reconnaissance, des marginaux et des déclassés, ou encore des salariés qui embrassaient la religion dominante pour trouver du travail[2]. Seules les conversions des souverains ont fait l'objet d'analyses politiques, longtemps réductrices, car assimilant la piété du monarque à un artifice[3]. On peut cependant penser que le devoir de fidélité des sujets leur imposa d'adopter la confession de leur prince, indépendamment des contraintes de la loi. En un sens, prendre la mesure de l'argument politique dans les motifs de conversion revient à apprécier le degré de confessionnalisation de la société du Grand Siècle.

LE CORPUS RETENU : TRENTE-SEPT RÉCITS ÉDITÉS AU XVIIe SIÈCLE

Quel usage les auteurs catholiques ont-ils fait de la « voie d'autorité » dans les livrets destinés à convaincre les réformés, et comment les théologiens protestants ont-ils contourné l'obstacle d'un souverain qui

1 « Il n'y avait rien dans le fonds de mon âme, rien dans l'extérieur de ma condition qui ne s'opposât à ce changement avec une violence extrême [...] j'avais acquis de l'estime et des amis ; c'était autant de perdu dès que je viendrais à changer de religion » écrit le pasteur Laparre, *Les Motifs de la conversion du sieur Laparre cy-devant ministre à Montpellier*, Paris, G. Desprez, 1669, p. 11. Sur la nécessité de fournir des preuves formelles de la conversion, voir Sordet, Yann, « Controverse, exposé des motifs, cheminement de la conscience repentante : la mise en page de quelques récits de conversion aux XVIIe et XVIIIe siècles », dir. A. Charon, I. Diu, É. Parinet, *La mise en page du livre religieux XIIIe siècle – XXe siècle*, Paris, École des Chartes, 2004, p. 85.

2 Pernot, Michel, « Conversion et politique en France au temps des troubles de religion (vers 1555 – vers 1600) », dir. D. Tollet, *La conversion et le politique à l'époque moderne*, Paris, PUPS, 2004, p. 78 ; Krumenacker, Yves, « François Vernet. La conversion d'un négociant protestant », éd. N. Brucker, *La conversion. Expérience spirituelle, expression littéraire*, Peter Lang, 2005, p. 85.

3 La remarque apocryphe « Paris vaut bien une messe » est ancrée dans la mémoire collective constate Michael Wolfe, « The Conversion of Henri IV and the Origins of Bourbon Absolutism », *Historical Reflections*, vol. 14, n° 2, 1987, p. 287.

n'était pas de leur religion ? Pour répondre à ces questions, nous avons rassemblé un corpus de 37 « récits de conversion », terme générique qui recouvre une large gamme de textes oscillant entre le traité théologique et la confession personnelle. Certains ne disent rien des motivations de leurs protagonistes et se bornent à retracer la cérémonie d'abjuration[1]. Notre échantillon couvre l'ensemble du siècle, de 1604 aux années 1690, et inclut quatre récits de conversion de groupes. Trente-trois textes de notre corpus émanent de convertis au catholicisme, quatre seulement (11 %) proviennent de catholiques passés au protestantisme. Ce déséquilibre, plus accentué que celui mis en évidence par Louis Desgraves[2], s'explique en partie par le recours – non exclusif – aux fonds anciens de la Bibliothèque de Bordeaux, issus des anciens couvents. Abondamment répandues et accessibles, les publications catholiques furent en outre privilégiées car il nous semblait, *a priori*, qu'elles étaient susceptibles de comporter une dimension politique plus affirmée. Nous en sommes moins sûr aujourd'hui : les textes protestants lus en contrepoint attestent que les réformés n'ont pas négligé ce thème.

Ces récits n'ont généralement rien de spontané ni d'authentique[3], et certains furent écrits sur l'ordre d'un évêque[4]. Il ne faut pas s'étonner de la vaste culture théologique affichée par des laïcs venant juste d'effectuer le « saut périlleux ». Ces néophytes se font aider. Agrippa d'Aubigné a assisté le marquis de Bonnivet dans la rédaction de sa profession de foi calviniste, dont les formules reprennent les accents des *Tragiques*[5] ! Le comte de Lorges, pour qui ce « n'est pas le fait d'un cavalier de disputer de

1 C'est le cas de *La conversion publique de quatre personnes de qualité faicte en l'église Sainct André des Arts*, Paris, N. Alexandre, 1619, 7 p., ou de *La conversion du sr de Remereville ministre de la religion prétenduë reformée, au lieu de Gontaut en Agennais*, Bordeaux, P. de la Court, 1629, 14 p.

2 Louis Desgraves recense 259 textes concernant des conversions de protestants au catholicisme, contre 85 textes protestants pour la période 1598-1629, « Un aspect des controverses entre catholiques et protestants, les récits de conversion (1598-1628) », *La conversion au XVIIe siècle*, Actes du colloque du CMR17, 1983, p. 101-102.

3 Wanegffelen, Thierry, « Les convertis du siècle des réformations. Discours confessionnel et expérience individuelle », dir. J.-C. Attias, *De la conversion*, Paris, Cerf, 1997, p. 183-202.

4 Martin, Guillaume, *op. cit.*, écrit « par un commandement exprès » de l'archevêque de Tours Victor Le Bouthillier ; Alexandre de Blair de Fayolles reçoit de l'archevêque de Paris François de Harlay « des ordres précis de donner ce petit Ouvrage au Public », *Motifs de la conversion de M****, Paris, F. Muguet, 1682, Avertissement, p. XXVIII.

5 Fanlo, Jean-Raymond, « Agrippa d'Aubigné "convertisseur" : la déclaration du marquis de Bonnivet », *Bibliothèque d'Humanisme et Renaissance*, t. 67, n° 1, 2005, p. 94-96.

Controverse »[1], disserte pourtant avec science, car *Les Motifs de la conversion du comte de Lorges* furent en fait écrits par un chanoine de Saint-Gatien de Tours, René Ouvrard[2]. On découvre, certes, des confessions originales et sans doute sincères, mais qui font l'objet de réécritures lors de leur passage sous la presse. Dans le cas de Jean Gesse, converti en 1665, les accents iréniques du manuscrit furent gommés dans la version imprimée, sans doute relue par le curé qui a reçu l'abjuration de ce bourgeois de Mauvezin[3]. Les textes consultés délivrent donc un message idéologique, qu'il convient de décrypter sans s'arrêter aux situations individuelles.

A	B	C	D
8	12	5	12
Récits comportant un argument de nature politique (67,60 %)			Récits dépourvus d'allusion politique (32,40 %)

TABLEAU 1 – Typologie des récits consultés.

À l'aide d'une première grille de lecture assez simple, nous avons divisé notre corpus en quatre catégories de textes : ceux pour lesquels l'argument politique apparaît fondamental dans la démarche de conversion (A) ; ceux pour lesquels il est accessoire (B) ; ceux où la politique est à peine évoquée (C) ; ceux, enfin, où l'on ne rencontre aucune référence de cet ordre (D). Douze récits sur trente-sept, c'est-à-dire un petit tiers de notre corpus, négligent totalement les aspects politiques, soit qu'ils ne retiennent que des arguments théologiques dans le processus de conversion, soit qu'ils ne donnent aucune explication sur les motivations de leurs protagonistes. La sociologie des auteurs ne peut expliquer ce désintérêt. Quatre émanent d'ecclésiastiques (trois pasteurs, un dominicain apostat), deux sont écrits par des nobles, les six autres renvoient à des laïcs d'un certain niveau social.

1 Comte de Lorges, *Les Motifs de la conversion du comte de Lorges Mongommery*, Paris, G. Clousier, 1670, p. 11.

2 Attribution par Charles-Louis Richard, o. p., *Bibliothèque sacrée...*, Paris, Méquignon-Havard, éd. 1824, t. 18, p. 375. Le comte de Lorges écrit qu'il fut éclairé dans sa démarche de conversion par deux traités de controverse, parmi lesquels les *Motifs de réunion à l'Église catholique* (1668) ont précisément Ouvrard pour auteur.

3 Labrousse, Élisabeth, « La conversion d'un huguenot au catholicisme en 1665 », *Revue d'Histoire de l'Église de France*, 1978, vol. 64, n° 172 et 173, p. 55-68 et 251-252.

La catégorie D comprend une majorité de récits courts et dépourvus de détails, comme la *Déclaration des causes et motifs de l'heureuse conversion... de Jean Richeteau* (1616) ou la *Lettre de M. Naudin, advocat en parlement* (1651), qui ne comportent que 44 et 26 pages. Les textes longs, qui incluent, pour certains d'entre eux, des catalogues de propositions ou des listes de motifs, sont généralement les plus riches d'allusions politiques. L'*Epistre sur la Déclaration catholique du Sieur de la Pause* dresse ainsi un catalogue de 33 erreurs commises par les calvinistes, qui précède l'aveu décisif de l'ancien pasteur : « j'ai été contraint de reconnaître et confesser, que le doigt de Dieu, et la vertu du Souverain, a opéré en ce mien changement de religion, que je fais aujourd'hui[1]... ». La brève *Déclaration* de Daniel Bourguignon, ancien pasteur de Gien et de Jargeau, est suivie d'un catalogue de 45 propositions dont trois ressortissent à la politique :

> *(troisième proposition)* : comment le roi très-chrétien peut-il suivre tous « les points de religion » autorisés par un pape antéchrist ?
> *(sixième proposition)* : comment suivre les premiers réformateurs dont les « révoltes et schismes abominables » ont tant porté préjudice « à l'honneur de Dieu, des Monarchies et États, repos des peuples, et paix des pauvres consciences » ?
> *(trentième proposition)* : comment nier le franc-arbitre qui « renverse entièrement la police, lie d'un côté les mains aux Magistrats [...] et de l'autre donne audace à chacun de mal faire » ?[2]

Dans le camp adverse, la *Résolution des doutes* du médecin François Monginot débute par l'inventaire de 11 différences entre les deux confessions rivales. La sixième évoque les règles de l'Église romaine « qui enseignent à mal faire et à désobéir à Dieu » : « Telle est la doctrine qui dit que le pape dispense des serments et des vœux [...] Telle la révolte des sujets contre leur Prince, quand il plaît au pape les dispenser de la fidélité qu'ils ont jurée à leur roi[3]. » Quand les huguenots

1 *Epistre sur la Déclaration catholique du Sieur de la Pause, auparavant Ministre de la Religion Prétendue Réformée, Converty à l'Eglise Catholique Apostolique Romaine. En la ville de Béziers, le Dimanche des Rameaux, 11. d'avril 1604*, Toulouse, Veuve de J. Colomiez, s. d., p. 46.

2 Bourguignon, Daniel, *Déclaration du sieur Bourguignon cy-devant ministre de la Religion prétendue réformée, sur le sujet de sa conversion à la Foy Catholique*, Paris, R. Giffart, 1617, p. 19, p. 22, p. 40.

3 *Résolution des doutes, ou sommaire décision des controverses entre l'Église réformée et l'Église Romaine. Par François Monginot médecin du Roy. Traité contenant les causes et raisons qui ont meu ledit François Monginot à sortir de l'Église Romaine pour se ranger à l'Église Réformée*, Genève, P. Aubert, 1618, p. 10.

évoquent les questions temporelles, c'est surtout au gouvernement du pape qu'ils se réfèrent[1].

Certains récits se désintéressent de la politique précisément parce que leurs auteurs n'ont rien à gagner en s'aventurant sur ce terrain. Le marquis de Bonnivet, qui abjure la foi catholique à La Rochelle en août 1616, a participé à la révolte de Condé avant de partir en Angleterre pour y trouver des appuis. Condamné pour crime de lèse-majesté, il fut emprisonné à Calais avant d'être libéré par la paix de Loudun qui mit un terme à la révolte des princes. Sa *Déclaration* évoque à mots couverts sa disgrâce[2] mais affiche surtout sa détestation de « toutes idolâtries, superstitions, et erreurs contraires à la Confession de foi des Églises de ce Royaume ». Le *Discours admirable de la conversion de Jean Guillebert, natif de Péronne*, est une sorte de pendant catholique du texte précédent. Bien que la narration du retour à Dieu et de la mort édifiante de ce dominicain apostat n'aborde jamais le domaine politique, sa rhétorique ne laisse pas de doute sur les convictions ligueuses de ses commanditaires[3]. Paradoxalement, c'est lorsque le zèle religieux ne peut être dissocié de l'engagement politique que le récit de conversion s'abstient d'en dire mot !

---

1 Argument semblable développé par Gaspart Martin : « le Pape se dit Roy de toute la terre, ordonne des Empires, foule aux pieds les Empereurs », *Conversion de Gaspart Martin cy-devant nommé Père Sylvestre, de Carpentras*, Montpellier, J. Gillet, 1615, p. 15. Voir, sur cette question, Solé, Jacques, *Les origines intellectuelles de la Révocation de l'édit de Nantes*, Saint-Étienne, P. U. Saint-Étienne, 1997, p. 53-58.

2 « Voilà mes espérances retranchées dès la racine, voilà plusieurs choses par moi possédées, qui périssent par moi [...] mais Dieu soit loué [...] s'il a fait entrer en prison mon corps, ça été pour faire sortir de prison mon âme », *Déclaration de Henry Marc de Gouffier marquis de Bonivet... faicte au Consistoire de la Rochelle*, La Rochelle, jouxte la copie imprimée à Maillé par J. Moussat, 1616, p. 9.

3 Ainsi, ce passage où le malade, s'adressant aux huguenots qui l'assistent, invoque une trilogie peu gallicane : « Messieurs, je vous conjure au nom de Dieu, du Saint Père, et du Roi qui vous permet liberté de conscience, que vous ayez à m'enlever de céans pour me mettre en lieu où je puisse pourvoir à mon salut », *Discours admirable de la conversion de Jean Guillebert*, Paris, J. Claye, 1617, p. 31.

« TOUT ROYAUME DIVISÉ EN SOI EST DÉSOLÉ »[1]

À l'exception de textes brefs et de certains convertis qu'embarrasse la façon dont sont conduites les affaires du royaume, la majorité des récits consultés recourent à la politique dans leur démonstration : les catégories A, B et C représentent 67,60 % du corpus. Certes, il s'agit rarement de la pierre angulaire d'une conversion. L'argument ne joue un rôle fondamental que dans un cas sur cinq. Emblématique de ces discours minoritaires mais au ton enfiévré, le traité de Jacques d'Illaire, dédié au « Roy Très chrestien Henri IV », débute par une *Épître au Roy* datée du 25 août 1607. L'ancien pasteur invite ses compatriotes à se convertir à l'exemple de leur souverain. Les Français sont comparés aux pèlerins d'Emmaüs qui n'ont pas reconnu le Christ (Luc, 24) : « nous avions les yeux bien bouchés, quand Dieu nous fit voir le miracle signalé de votre conversion [...] car nous ne pouvions avoir un témoignage plus évident de la volonté de Dieu, que cestuy-là, sinon que Dieu même eût parlé à haute voix, et qu'il nous eût dit en paroles claires, *Faites vous tous Catholiques Romains* »[2]. Nous avons là une illustration de la propagande royale qui fait du roi, depuis les derniers Valois, une *imago Dei*[3]. À la fin de son épître, Jacques d'Illaire craint d'ailleurs que l'exemple du monarque ne soit trop élevé pour toucher son lecteur, qu'il invite à regarder « avec quel contentement il été suivi de Mgr le Prince de Condé, et de tant d'autres Seigneurs et Gentilshommes ».

---

1 (5 Math ch 12) : cité dans *La Conversion du Sr Pelletier à la foy catholique*, Paris, J. Jannon, 1609, p. 35 v.

2 D'Illaire, sieur de Jouyac, Jacques, *L'heureuse conversion des huguenots à la foy catholique*, Lyon, P. Rigaud, 2e édition, 1608, n. p.

3 Voir Christin, Olivier, « Le Roi idole ? Iconoclasme protestant et pensée monarchomaque », dir. G. Buti et A. Carol, *Comportements, Croyances et Mémoires. Europe méridionale* XVe-XXe *siècle*, Aix, PUP, 2007, p. 171-182 ; Le Roux, Nicolas, « Le glaive et la chair : le pouvoir et son incarnation au temps des derniers Valois », *Chrétiens et Sociétés* XVIe-XXIe *siècles*, n° spécial II, 2013, p. 61-83.

	Argument invoqué	Occurrences
1	Prendre la religion du Roi	6
2	Aspirer à l'ordre et à l'unité : « un roi, une foi, une loi »	9
3	L'« autre religion » est un vecteur d'anarchie et de sédition	15
4	Honorer ses ancêtres, les traditions de sa famille, le passé de la France	3
5	Placer sa conversion sous le regard du roi[1]	2
6	Se convertir malgré l'autorité du roi[2]	1

TABLEAU 2 – Nature de l'argument politique.

Si la plupart des récits de conversion n'accordent pas la priorité à la réflexion politique, ils l'incluent parmi les causes subalternes du retour à la vraie foi. L'ensemble des motifs invoqués peuvent être répartis en six groupes distincts, classés de 1 à 6 en fonction de leur poids théorique. Le nombre total d'occurrences (36) est supérieur au nombre de récits concernés par la rhétorique politique (25) car certaines apparaissent de manière simultanée. Constatons que le désir de prendre la religion du roi n'est pas le motif politique le plus fréquemment cité. On ne le rencontre que sous le règne d'Henri IV, puis à nouveau sous le règne personnel de Louis XIV. L'ultime abjuration du premier Bourbon soulevait peut-être

1 Cette catégorie comprend deux récits qui ne font pas de la politique un motif de conversion mais se placent sous le regard du souverain et le prennent à témoin, c'est notamment le cas de la *Coppie d'une lettre escrite au roy, par le R. P. Gonthery de la Compagnie de Jésus, sur la Conversion d'une Dame de la Religion Prétendue Réformée à la foy catholique*, Paris, C. Chappellet, 1609, 8 p. Cet usage est familier au jésuite, voir Daireaux, Luc, « Les conférences théologiques entre catholiques et réformés en Normandie au XVIIe siècle », éd. P. Nagy, M.-Y. Perrin, P. Ragon, *Les controverses religieuses entre débats savants et mobilisations populaires*, Mont-Saint-Aignan, P. U. Rouen et Le Havre, 2011, p. 113.

2 L'argument politique est utilisé de manière négative par Charlot d'Argenteuil, Charles, *Lettre d'un pasteur de l'Église romaine converti à la religion réformée*, s. l. n. d. Ce curé abjure et prend ses distances avec un roi de France « outré dans ces combats de Religion », p. 2. Son récit, tardif, traduit une rupture avec le loyalisme huguenot, à interpréter dans le contexte de la Révocation, voir Boisson, Didier, *Consciences en liberté ? Itinéraires d'ecclésiastiques convertis au protestantisme (1631-1760)*, Paris, H. Champion, 2009, p. 471-501 ; Daireaux, Luc, *« réduire les huguenots ». Protestants et pouvoirs en Normandie au XVIIe siècle*, Paris, H. Champion, 2010, p. 589-605.

trop de difficultés pour servir de modèle[1] : si elle était « humaine », elle n'était pas sincère, si elle était « divine », elle n'était pas imitable. Surtout, l'assassinat du roi par un catholique ruinait la démonstration : comment Dieu pouvait-il permettre qu'on tue celui qu'il avait élu ?

L'argument de l'unité politique et religieuse sous l'égide du monarque et du catholicisme s'avère plus porteur. On le retrouve sur l'ensemble de la période. Des expressions quasi identiques reviennent sous la plume des prosélytes au début du siècle. L'ancien pasteur de La Pause, qui souhaite vivre « sous la providence d'un même Dieu, sous l'obéissance d'une même loi, sous la croyance d'une même foi, sous la houlette d'un même pasteur, et sous l'autorité d'un même Roi », conclut son ouvrage par cette forte maxime inspirée par S. Paul[2]. Daniel Bourguignon termine également sa *Déclaration* par une « Prière de l'Auteur » : « n'ayons qu'un Dieu, qu'une loi, qu'une foi »[3]. *L'admirable conversion de l'un des prétendus ministres de Lyon* ne donne pas de détails sur les motifs personnels du pasteur, mais son auteur souhaite que les « errants retournent au bon chemin » pour « que nous ayons une même foi et une même loi, sous un même roi tout rempli de clémence »[4]. Cette aspiration ne disparaît pas mais on ne retrouve plus de semblables formules dans la suite du siècle, comme si les capacités heuristiques de ces imprécations étaient épuisées.

En revanche, dès les troubles de la Régence de Marie de Médicis apparaît un argument complémentaire du précédent, qui devient dominant : celui du comportement séditieux de l'autre Religion. Il se répand chez les auteurs catholiques, contre un seul ouvrage protestant qui tente de le retourner contre l'adversaire[5]. À partir de l'assemblée de

1 Ces difficultés n'ont pas échappé aux prédicateurs qui honorèrent la mémoire du roi dans leurs oraisons funèbres, voir Hennequin, Jacques, *Henri IV dans ses Oraisons funèbres ou la naissance d'une légende*, Paris, Klincksieck, 1977, p. 94-96.

2 *Epistre sur la Déclaration catholique du Sieur de la Pause*, *op. cit.*, p. 68. À rapprocher de S. Paul, *Éphésiens*, 4, 1-6.

3 Bourguignon, Daniel, *op. cit.*, p. 55.

4 *L'admirable conversion de l'un des prétendus ministres de Lyon, dict monsieur Blanc*, Lyon, G. Paillé, 1621, p. 9.

5 Gaspart Martin, qu'une troupe de ligueurs tente d'interpeller à Gigondas, fief du prince d'Orange, pour l'empêcher d'apostasier, les accuse de battre en brèche « l'autorité du Souverain Prince de cet État, d'user d'une telle violence à l'endroit de ceux qui sont dans les lieux de sa juridiction souveraine ». Il remercie les officiers du gouverneur de la ville qui « chassent la rébellion, font faire place à la justice, défendent l'autorité de leur Souverain Prince : écartent cette troupe confuse et séditieuse... », *op. cit.*, p. 31.

Nîmes de novembre 1615[1], qui demande aux provinces protestantes de soutenir Condé[2], les controversistes catholiques tiennent le motif susceptible de faire oublier Ravaillac. L'ancien pasteur Jacques Mestayer écrit à l'assemblée provinciale de Thouars, le 23 mars 1617, qu'« il combat les résolutions de guerre et rébellions contre le Roy, et suffirait pour justifier non seulement ma démission de mon ministère, mais aussi l'abjuration de votre confession »[3]. Les réformés sont assimilés à des rebelles à un double titre. Leur attitude, tout d'abord, apporte la preuve de leur insubordination. L'actualité, à travers les chevauchées de Rohan ou la Révolution anglaise[4], en fournit les exemples. Les origines de la Réforme sont également interprétées comme une révolte contre l'autorité légitime[5]. Mais surtout, la théologie calviniste est jugée en elle-même subversive de l'ordre établi. Ses principaux dogmes « sont de n'en recevoir aucun [...] que celui que chacun connaîtra être bon par l'examen qu'il fera [...] avec son esprit particulier [...] et par là vous exceptez quand il vous plaît des commandements des Roys »[6]. La négation du libre-arbitre, la gratuité du salut reviennent à nier toute morale : ils encouragent les comportements criminels. « Car que dirait-on d'un Souverain qui ordonnerait que quelque horrible crime que ses sujets eussent commis [...] ils n'eussent qu'à mettre leur confiance en sa Bonté, ou dans la vertu de son fils, et qu'avec cela ils reçussent aussitôt leur grâce ? Ne dirait-on pas que ce prince serait le plus fol et le plus méchant de tous les hommes ? » s'indigne le sieur Bargeau[7]. « Fruits

1 La *Déclaration des principales causes et raisons, qui ont meu le sieur Constantin cy-devant Ministre de l'Eglise Prétendue Réformée, en Xaintonge et Angoumois, d'abjurer ladite religion*, Bordeaux, S. Millanges, 1616, parle d'une « méchante religion, qui ne pouvant plus s'avancer, ni par doctrine, ni par exemple de bonnes mœurs, se veut agrandir à coup d'épée », et considère que l'Assemblée de Nîmes est marquée « en lettre rouge au Calendrier de rébellion », p. 77 et 88.

2 Dedieu, Jean, « Henri de Rohan et les guerres de religion », *Revue d'Histoire de l'Église de France*, 1936, vol. 22, n° 95, p. 149-150.

3 *La Conversion du sieur Mestayer*, Poitiers, A. Mesnier et I. Thoreau, 1617, Épître, p. 8.

4 Samuel Sorbière accuse les protestants anglais d'avoir pris goût « à l'abolition de l'Épiscopat et de la Hiérarchie » avant de passer « à la suppression de la Royauté », *Discours du sieur de Sorbière sur sa conversion à l'Eglise catholique*, Paris, A. Vitré, 1654, p. 39. Les événements anglais sont évoqués dans trois textes.

5 Bourguignon, Daniel, *op. cit.*, p. 23.

6 Comte de Brassac, *Conversion de Monsieur de Brassac*, Châtellerault, Q. Mareschal, 1622, p. 98.

7 *Les véritables motifs de la conversion du sieur Bargeau*, Bordeaux, G. de La Court, 1678, p. 13-14.

de malice et de rébellion » pour Poylevé, « Anarchie infernale » selon Laparre[1], la Réforme est un facteur de désordre politique, alors que le catholicisme rassemble les Français sous la bannière du roi.

DE LA CONTROVERSE EUCHARISTIQUE À LA CONTROVERSE ECCLÉSIOLOGIQUE

Un argument correspond précisément aux représentations d'une catégorie d'auteurs. Le respect de la tradition familiale et le désir de revenir à la religion de ses ancêtres est une constante des conversions nobiliaires. Le comte de Brassac déplore que sa mère, chargée de son éducation et de celle de ses frères, « nous fit varier de la créance de nos aïeuls [et] fit commencer en nous une profession, laquelle nul de nos devanciers n'avait encore faite ». Le duc de La Trimoüille avoue « que la différence de sa religion était le seul point qui le rendait dissemblable de la valeur de ses Ancêtres ». Le comte de Lorges se souvient que, jusqu'au siècle dernier, ses ancêtres ont doté les meilleures abbayes de Normandie, et n'ont « point eu d'autre Religion que celle de nos Rois »[2].

Sociologie du converti	Nombre de récits	Présence de l'argument politique
Homme d'Église	17	13 (76 %)
Noble	7	5 (71 %)
Autre ou indéterminé	13	7 (53 %)

TABLEAU 3 – Appartenance sociale des convertis et argument politique.

Pour le reste, on n'observe pas de distinction entre un discours « clérical », fondé sur une argumentation théologique, et un discours « laïc »

1 *La Conversion de Monsieur Poylevé*, Paris, R. Quenet, 1630, p. 16 ; Laparre, *op. cit.*, p. 73.

2 Comte de Brassac, *op. cit.*, p. 6-7 ; *La conversion de Monsieur de La Trimoüille Duc et Pair de France*, Toulouse, J. Boude et N. d'Estey, 1628, p. 9 ; Comte de Lorges, *op. cit.*, p. 5.

ancré dans les réalités politique et sociale. Ces deux discours s'entremêlent, à la fois parce que les laïcs se font assister par des théologiens, et parce que leurs conversions ne peuvent servir d'exemples que si elles sont moralement irréprochables et argumentées. Il faut même constater que les auteurs les plus sensibles à l'argument politique dans leurs récits de conversion sont les hommes d'Église, les anciens pasteurs passés sous la houlette de l'épiscopat. Leurs ouvrages reflètent le ralliement du clergé à la cause de l'absolutisme. La *Conversion de Mr Gilly, Ministre de Baugé en Anjou, et de Mr Courdil, ministre de Chasteau du Loir*, s'achève ainsi par la reproduction d'une exhortation de l'évêque d'Angers, Mgr Henri Arnauld, qui a reçu leur abjuration. Le discours du prélat lie étroitement les obligations religieuses aux devoirs politiques :

> Or comme Dieu qui tient en sa main le cœur des Roys, se sert visiblement de notre grand et invincible Monarque pour l'accroissement de la Foi, vos actions de grâces seraient imparfaites, s'il n'y avait une part toute particulière ; vous n'ignorez pas sans doute, que pour être Enfants de la véritable Église, il faut être à lui encore plus par le devoir de la Religion, que par celui de la Naissance. Qu'il soit donc désormais l'objet, non plus de votre crainte, mais de votre reconnaissance ; que son zèle pour la ruine de l'hérésie, excite le vôtre pour la conservation de sa personne sacrée ; et que cet Ennemi si redoutable de l'erreur que vous quittez aujourd'hui, soit à l'avenir considéré de vous comme le protecteur de la Vérité que vous avez embrassée, afin qu'accomplissant tous les devoirs de notre sainte Religion, vous méritiez la récompense que Dieu promet à ceux qui vivent et qui meurent dans la Communion des saints [...][1]

Dans les ouvrages étudiés, plus on s'avance dans le XVIIe siècle, plus l'adhésion au catholicisme s'accompagne de l'adhésion à la monarchie absolue, tandis que la foi réformée est dénoncée comme un vecteur de désobéissance civile. La rigueur des propos de Mgr Arnauld n'est cependant pas représentative des mutations de la controverse, dont l'historiographie a surtout, et à juste titre, signalé l'inflexion irénique, à partir des années 1640[2]. Les réformés sont généralement promus du rang d'« hérétiques » à celui de « schismatiques ». Cette évolution nécessitait un glissement de la controverse théologique, du domaine de la doctrine vers celui de

1 *Conversion de Mr Gilly, Ministre de Baugé en Anjou, et de Mr Courdil, Ministre de Chasteau du Loir*, Paris, G. de Luyne, C. Blageart, T. Girard, 1683, p. 183-186.

2 Sur le rejet de la « controverse haineuse », voir Dompnier, Bernard, *Le venin de l'hérésie*, Paris, Le Centurion, 1985, p. 189.

l'ecclésiologie. Les points d'achoppement du XVIe siècle, l'eucharistie en particulier, perdent alors leur caractère central. C'est moins la question de la Présence réelle qui oppose controversistes catholiques et réformés sous le règne de Louis XIV, que leur conception du rôle de l'Église dans la société. Ce terrain est le plus propice aux catholiques, dont la foi est perçue comme un facteur de paix et d'unité sous l'égide du monarque. À mesure que s'affaiblit l'intensité du combat dogmatique, la place accordée à l'histoire et à la morale devient prépondérante. Les abus de l'Église ne justifiaient ni de s'en séparer, ni de se rebeller contre l'autorité politique. Les prophètes n'ont pas abandonné Israël et les premiers chrétiens, dont se réclament les protestants, n'ont pas levé le glaive contre l'Empereur.

La *Réplique à la lettre de Monsieur Daillé... sur le sujet de sa conversion*, publiée à Poitiers par l'ancien pasteur Samuel Cottiby en 1660, illustre parfaitement cette orientation. Accusé par Jean Daillé de s'être converti par peur de perdre sa position sociale, Cottiby déclare n'avoir éprouvé que deux craintes : celle « d'être enveloppé dans la ruine ou va tomber votre Religion », qui ne s'était élevée « que par le mécontentement des princes, et par le caprice des peuples », et celle d'entretenir un schisme « par ma profession et par mon exemple, mais encore comme un homme élu à une charge publique, qui aidais à le fomenter par mes prédications et par mes études »[1]. Reprochant au ministre de Charenton d'avoir décrété un jeûne à l'occasion de l'alliance espagnole, il confronte le comportement des réformés à celui des premiers chrétiens, « si inviolablement attachés à l'obéissance de leurs princes, mêmes des plus insupportables, qu'il n'y avait de promesse ni de menace capable de les en détourner »[2]. Le converti termine son traité par un aveu assez maladroit, où perce la volonté de sortir de l'impasse dogmatique :

> J'aurais encore à vous satisfaire touchant la réalité, la transsubstantiation, l'adoration de l'Hostie, le sacrifice de la Messe [...] et quelques autres doctrines de cette nature, dont vous nous demandez des preuves par l'Écriture Sainte et par les Livres des Anciens Pères ; je le ferais sans doute premier que de finir celui-ci, si toutes ces choses se pouvaient traiter avec autant de brièveté que de facilité [...][3]

---

1 *Réplique à la lettre de Monsieur Daillé ministre de Charenton. Par Monsieur Cottiby, cy-devant Ministre de Messieurs de la Religion Pr. R. de Poitiers, sur le sujet de sa conversion*, Poitiers, J. Fleuriau, 1660, p. 199-201.

2 *Ibid.*, p. 211.

3 *Ibid.*, p. 316.

Au terme de notre analyse, la fréquence et la variété des emplois de l'argument politique dans les textes de controverse doivent-elles être interprétées comme un indice de la faiblesse de l'ancrage confessionnel des Français ? Deux raisons nous amènent à penser le contraire. D'une part, les personnages dont les aventures nous sont relatées ne semblent pas avoir été de réels « convertis », tant ils paraissent convaincus par avance[1]. Leurs hésitations feraient même douter que la véritable conversion, au sens du « chemin de Damas », ait pu exister dans la société du Grand Siècle. D'autre part, les récits mettant en scène des pasteurs sont de loin les plus « politisés » du corpus étudié. Si les commanditaires de ces textes ont cherché à convaincre en invoquant la fidélité au roi, ou les bienfaits sociaux de l'unité religieuse, c'est parce que la controverse dogmatique, dont les colloques de Poissy (1561) et de Fontainebleau (1600) furent des épisodes archétypaux, n'avait pas permis de rapprocher les positions antagonistes. En ce sens, le recours à l'argument politique traduit bien la réalité de la confessionnalisation. Mais ce recours amorçait aussi l'étape prochaine du temps des Lumières : celle du dépassement des frontières confessionnelles, sous l'impulsion de la monarchie.

Éric SUIRE
Université Bordeaux Montaigne
CEMMC

1 Abjurant devant l'évêque d'Albi, Mgr de Daillon du Lude, M. de La Croix, lieutenant du juge de la prévôté de Réalmont, dit de la religion catholique « qu'il reconnaissait la vraie depuis longtemps », *Relation de la conversion de Messieurs de la Croix... et de Combalasse... et de trois autres personnes...*, Toulouse, J. Boude, 1645, p. 4 ; du duc de La Trimoüille, il est dit que le « Seigneur a toujours conduit ses actions avec une telle discrétion, même dans l'ardeur de sa jeunesse, qu'il semblait que Dieu voulût qu'il naquit et vécut quelque temps en la voie de l'erreur, pour réprimer par son exemple l'orgueil et l'insolence assez familière à ceux dont il n'empruntait que la créance », *La conversion de Monsieur de La Trimoüille*, *op. cit.*, p. 4.

ANNEXE
37 récits de conversion au XVIe siècle

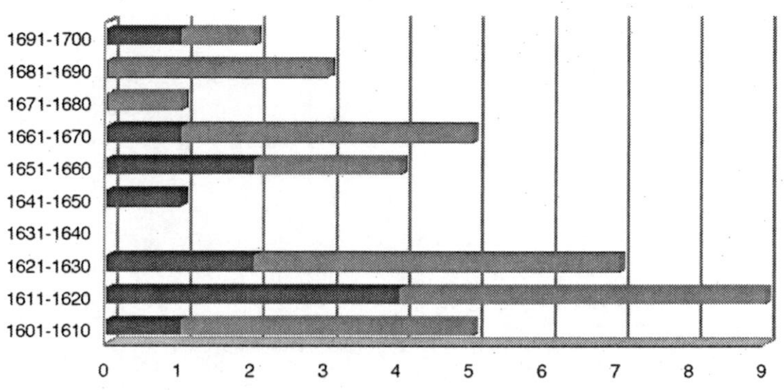

Récits dépourvus d'allusion à la politique
Récits contenant un argument de nature politique

QUATRIÈME PARTIE

DES PASTEURS « APOSTATS » DANS UN CONTEXTE DE RECONQUÊTE CATHOLIQUE

CONVERTIS OU RALLIÉS ?

D'anciens pasteurs devenus curés dans la Bohême de la Contre-Réforme (décennies 1620-1630)

There are two ways of getting home; and one of them is to stay there. The other is to walk round the whole word till we come back to the same place[1]. Si l'on appliquait le mot de Chesterton à notre sujet, il serait évident que les gens que nous étudions appartiennent à la première espèce. Pour eux, le passage à l'Église catholique a été, en un sens, la décision de ne pas changer, de ne pas quitter pays et paroisses. Sans doute certains historiens liquideraient-ils l'étude du phénomène en faisant de ces clercs un syndicat des lâches ou une union pour la défense de la gamelle. Là n'est pas notre propos. Et c'est sa difficulté : comment interpréter une vague de ralliements sans aucun récit de conversion, sans écrit du for privé, sans même une idée nette de l'ampleur du phénomène ?

Le contexte de l'année 1621, où toute l'affaire se joue, est, lui, bien connu. La victoire, jugée miraculeuse[2], des Impériaux à la Montagne Blanche (8 novembre 1620), avait amené le Habsbourg à la décision[3] de restaurer en Bohême un catholicisme[4] réduit jusque-là au dixième de la population, et malmené pendant la révolte des États (1618-1620). Les premiers mois de 1621 furent pourtant marqués en Bohême par une exécution générale, financière et physique, des rebelles, dont les décapitations du 21 juin marquèrent l'apogée. Sous prétexte de leur révolte, on

1 Chesterton, Gilbert Keith, *The Everlasting Man* [Londres, 1925], New York, Dover, 2007, p. 5.

2 Chaline, Olivier, *La Bataille de la Montagne Blanche (8 novembre 1620). Un mystique chez les guerriers*, Paris, Noesis, 2000, p. 456 *sq.* Le trait était souvent repris dans les correspondances politiques contemporaines.

3 Brockmann, Thomas, *Dynastie, Kaiseramt und Konfession. Politik und Ordnungsvorstellungen Ferdinands II. im Dreißigjährigen Krieg*, Paderborn, Schöningh, 2011, p. 75-99 et 185-192.

4 Nous nous autorisons de l'emploi du terme par certaines sources du temps pour en user. Par ex. Prague, Archives Nationales, Archives de l'Archevêché (désormais NA, APA I), kart. 710, Tachov, 18 juin 1577, Simon Reutinger à Mgr Antonin Brus.

décida bien d'expulser du pays les pasteurs calvinistes, mais la mesure était problématique vu leur imbrication avec les luthériens et utraquistes[1]. La conversion de la Bohême était donc décidée à Vienne, mais les actes et les lois ne le reflétaient pas encore. Or, ce fut à ce moment, avant les mesures d'expulsion les touchant, qu'une douzaine de prédicants se soumit, en septembre, à la juridiction de l'archevêque catholique de Prague.

Il est ardu d'interpréter convenablement un tel geste, sa nature, son impact historique, ses conséquences. Doit-on parler ici de « conversion », ou de « ralliement »[2] ? Les prédicants ralliés se fondirent-ils dans un clergé archidiocésain en pleine reconstitution ? Enfin, l'espoir de la hiérarchie – que la soumission à Rome du clergé favoriserait celle des fidèles – s'avéra-t-il fondé, ou illusoire ?

Le ralliement de septembre 1621 susciterait d'autres questions, par exemple celles du nombre de conversions similaires dans la Bohême des années 1620, ou de leur dimension spirituelle – mais nous nous tiendrons aux problèmes que les papiers de l'archevêque permettent de résoudre.

LES DOUZE PASTEURS DE SEPTEMBRE 1621 : CONVERSION OU RALLIEMENT ?

Vus de loin, les premiers mois qui suivirent la Montagne Blanche pourraient sembler l'application précautionneuse, par la Cour de Vienne, d'une doctrine théologico-politique à la Botero[3] ou à la Juste

1 Prague, 27 février 1621, Liechtenstein à Ferdinand II : … *der* Calvinismus *daselbesten unter dem rucken der Augspurgischen Confession sehr eingerissen…* ; Prague, 5 mars 1621, Liechstenstein à Ferdinand ; Vienne, 3 juin 1621, Ferdinand à Liechtenstein ; Vienne, 26 juin 1621, Ferdinand à Liechtenstein ; Prague, 14 juillet 1621, Lichtenstein *et alii* à Ferdinand : *man in gemein, zwischen der Calvinischen Sect, und der Augspurgischen* Confession, *ausser der* Ceremonien, *wenig zu* discernieren *weiß*. Elvert Christian d' (éd.), *Die Bestrafung der Böhmischen Rebellion, insbesondere die Correspondenz Ferdinand II. mit dem Fürsten Liechtenstein*, Schriften der historischstatistichen Sektion der k. k. mährisch-Schlesischen Gesellschaft zum Beförderung des Ackerbaues, der Natur und Landeskunde, Band 17, Brünn 1868, p. 34, 37, 73-74, 106-107, 95-99.

2 D'autant plus que la tradition française n'exclut pas que ce terme sous-entende la restriction mentale.

3 Faisant de la religion catholique le fondement des États, Botero compare les calvinistes, rebelles-nés, aux Turcs, dont on doit se débarrasser si l'on ne peut les convertir. Botero, Giovanni, *La Ragion di Stato* [1589], a cura di Chiara Continisio, Rome, Donzelli, 1997,

Lipse[1]. Mais l'examen révèle une réalité proche du chaos[2]. S'y ajoutaient les débats entre catholiques, où les contemporains distinguaient deux partis, les *politici* et les *zelanti*. Dans ces luttes, la conversion des clergés non-catholiques était un enjeu considérable.

Le gouverneur de Bohême, Karl von Liechtenstein et son conseiller Pavel Michna z Vacínova, deux *politici*, voyaient surtout le manque de prêtres catholiques pour encadrer les laïcs. Ils en tiraient un « programme de contre-réforme modérée » (A. Gindely)[3], expression trop pompeuse pour désigner des projets peu formalisés. Face à des cas concrets[4], Lichtenstein avait réagi en décrétant un *interim* et en tolérant d'une certaine façon le clergé non-calviniste, c'est-à-dire luthérien ou utraquiste, pour avoir assez de curés. En mai 1621, convoquant l'administrateur utraquiste et les prédicants de Prague, il leur demanda s'ils étaient prêts à faire soumission à l'archevêque et à se laisser ordonner par lui. C'était revenir à la situation d'avant la Lettre de Majesté de Rodolphe II (1609). Les paroisses du royaume eussent ainsi été à nouveau partagées entre les consistoires catholique et utraquiste, ce dernier soumis *de jure* à l'archevêque et n'envoyant dans les bénéfices à son investiture que des prêtres ordonnés par des évêques catholiques.

---

p. 76, 113-114. Sur son influence sur le Habsbourg, Bireley, Robert sj, *The Counter-Reformation Prince*, Chapell Hill and London, University of North Carolina Press, 1990, p. 45-71 et en général, Descendre, Romain, *L'État du monde. Giovanni Botero entre raison d'État et géopolitique*, Genève, Droz, 2009.

1 Pour Juste Lipse, la vie bonne du citoyen étant *pietas* et *probitas*, et la première se divisant entre *sensus* et *cultus*, (ce dernier envisagé à l'antique, dans une visée « superconfessionnelle »), les limites que rencontre l'autorité du souverain en matière religieuse ne doivent pas empêcher le souci de la religion d'être premier dans toute construction étatique. *Cf.* Oestreich Gerhard, *Antiker Geist und moderner Staat bei Justus Lipsius (1547-1606)* [1954] éd. Nicolette Mout, Göttingen, Vandenhoeck & Ruprecht, 1989, p. 106 *sq.*, en part. p. 128. Sur la Bohême, Mout, Nicolette, « Die politische Theorie in der Bildung der Eliten : Die Lipsius-Rezeption in Böhmen und in Ungarn », dir. J. Bahlcke et *alii*, *Ständefreiheit und Staatsgestaltung in Ostmitteleuropa*, Leipzig, Universitätverlag, 1996, p. 243-264. Sur Lipse et Ferdinand II, un peu vieilli, Sturmberger, Hans, *Kaiser Ferdinand II. und das Problem des Absolutismus*, Vienne-Munich, Oldenbourg, 1957.

2 Catalano, Alessandro, *La Boemia e la riconquista delle coscienze*, Rome, Edizioni di storia e litteratura, 2005.

3 Gindely, Anton, *Geschichte der Gegenreformation in Böhmen*, Leipzig, Duncker & Humblot, 1894, p. 90-91.

4 Prague, 27 février 1621, Liechtenstein à Ferdinand (cas de Kutná Hora) ; d'Elvert, *op. cit.*, p. 34.

Tout cela n'en restait pas moins flou – et menaçant : la convocation de mai fit quitter la Bohême à deux cents prédicants saisis de crainte, sans en convertir un seul.

Les convertisseurs étaient du côté des *zelanti*. Dès avril, était intervenu Jan Arnošt Platejs z Platenštejna (1586-1637), chanoine d'Olomouc, non pas converti comme Liechtenstein mais fils de converti, ancien du *Germanicum*, docteur *in utroque*, prisonnier des États pendant la révolte, *de facto* l'un des principaux prélats de la Prague de l'immédiate après-Montagne Blanche, et partisan d'une réforme totale[1]. Platejs convoqua les prêtres utraquistes validement ordonnés et leur offrit de garder leurs bénéfices, pourvu qu'ils se soumissent à l'Église, distribuassent la communion *sub una* et renonçassent à leurs femmes sinon à titre de servantes. À son initiative, avec l'aval du nonce, une seconde réunion eut lieu en septembre. Une douzaine de prédicants firent leur soumission à l'archevêque[2].

Pourquoi les *zelanti* avaient-ils réussi là où les *politici* avaient échoué ? L'explication nous semble simple. Les préoccupations des *zelanti* rencontraient les aspirations d'une partie du clergé utraquiste. Avant la révolte des États, certains utraquistes, ordonnés prêtres catholiques puis passés sous la juridiction du consistoire *sub utraque*, avaient cherché à conserver les formes de culte, traditionnelles dans la Bohême hussite, qui étaient proches des us catholiques, comme les processions[3]. La conversion de septembre 1621 était comme le dernier avatar de l'union des utraquistes

---

1 Líva, Václav, « Jan Arnošt Platejs z Platenštejna », *Časopis Matice Moravské*, 54, 1930, 1/2, p. 15-78, 3/4, p. 293-336 et Eberhard, Winfried, *sub voce*, Gatz, Erwin, *Die Bischöfe des Heiligen Römischen Reiches 1448 bis 1648*, Berlin, Duncker & Humblot, 1996 p. 544-545.

2 Prague, 18 septembre 1621, Jan Lohel, archevêque, décret de convocation ; NA, APA I, kart. 9, fol. 359r ; Vienne, 9 octobre 1621, Carlo Carafa, nonce, au cardinal Ludovisi ; Rome, Archives de la Congrégation pour la Doctrine de la Foi (ACDF), Euch, VIII, fol. 204 et 207r-212r, éd. Richard, Nicolas « La *Consulta* théologique viennoise de janvier 1622 – Édition », *Folia Historica Bohemica*, 2015-2 (à paraître).

3 Emblématique est le cas de Jan Locika Domažlický, dans la décennie 1610 un des soutiens du curé de Saint-Gall (Havel) à Prague, Michal Pačuda, sur lequel Michna comptait alors pour reprendre le contrôle du consistoire, projet que sa mort prématurée empêcha de mener à bien. Rallié en 1618 à l'obédience de l'archevêque, Locicka avait été exilé pour cette raison par les États – un élément de sa biographie nous manque, sans doute un nouveau ralliement au consistoire utraquiste, pour comprendre pourquoi il se soumit à nouveau en 1621. Voir Tischer, František (éd.), *Dopisy konsistoře podobojí z let 1610-1619*, I-III, Prague, Grégr, 1917, 1921, 1925, n° 1450, 1694 et 1732 et Rak, Jiří « Vývoj utrakvistické správní organizace v době předbělohorské », *Sborník Archivních Prací*, XXXI-1, 1981, p. 179-204, ici p. 203.

telle que la souhaitait Rome[1]. À cette fin, un demi-siècle plus tôt, en 1564, le Saint-Siège avait concédé la communion *sub utraque* aux catholiques de Bohême[2]. Un ralliement à l'Église catholique sous les auspices de Platejs était plus acceptable pour ces prêtres utraquistes que la formule voulue par Liechtenstein, qui les eût mêlés avec des gens se réclamant (ou issus) de la confession d'Augsbourg.

Conversion donc, ou ralliement ? *A priori* un passage si massif à l'Église catholique, et provoqué en outre pour les prélats de l'archidiocèse, avait toutes les apparences du ralliement. Mais l'historien n'a pas à se substituer au canoniste ou au théologien. Car les douze clercs passés à l'Église en septembre 1621 avaient rempli toutes les conditions formelles qui s'imposaient dans les conversions individuelles les plus solennelles. C'était un paradoxe. La Bohême des années 1620 était le paradis du laxisme en matière de conversion. L'archevêque avait donné des indications très claires pour éviter d'avoir à traiter des cas de relaps. La catégorie de l'ignorance invincible était massivement employée vis à vis des populations hétérodoxes[3]. Pourtant, en septembre 1621, toutes les précautions furent prises : nouvelle bénédiction des clercs, absolution de l'apostasie commise par leur prédication, promesse d'observation des canons, acte d'obédience au Siège apostolique, serment de fidélité à l'archevêque, profession de foi enfin. Les curés ralliés s'engagèrent à prêcher l'équivalence des deux modes de communion, à ne pas communier sans confession auriculaire préalable, à célébrer les offices en latin, clause qu'ils observèrent dès le dimanche 26 septembre[4].

Ce n'était donc pas un simple ralliement, mais des conversions, en bonne et due forme. La conjoncture politico-religieuse les favorisait, mais elle ne faisait que laisser aboutir un mouvement entamé dans

---

1 L'un d'eux, *Martinus Herzmanek*, semble un cas différent. Dès le 20 janvier 1621, il demandait sa réconciliation à Lohel, arguant que, comme d'autres curés, pendant la révolte, faute de protection, il avait erré *qua non sponte, aut ex malicia descici, sed ad tempus coactus ex summa miseria deviare* (NA, APA I, kart. 2021^{A}, n°76) : c'était donc sans doute un clerc catholique apostat sous la pression des circonstances, et non par utraquisme comme Locicka.

2 Constant, Gustave, *Concession à l'Allemagne de la communion sous les deux espèces*, Paris, De Boccard, 1923.

3 Prague, 16 mars 1621, Lohel à Hieronymus Keck, doyen de Glatz ; Prague, 23 février 1622, Lohel à Grégoire XV ; Prague, 23 février 1622, Lohel à Santolino. NA, APA I, kart. 9, ff. 337^{v}, 413^{v}, 414^{r}.

4 Vienne, 9 octobre 1621, Carafa à Ludovisi, cité *supra*.

des circonstances autres. Pour ces prêtres, l'Église romaine semblait le cadre existant le plus adéquat pour y pratiquer leur conception du culte, c'est-à-dire, *in fine*, de la doctrine.

Dans quelle mesure ce cadre leur était-il adapté, seul le temps le vérifierait.

CONVERSION OU MALENTENDU ? LES AFFAIRES LOCICKA ET HANŽBURSKÝ

L'idée, ancienne, de la hiérarchie catholique, était de favoriser par la conversion des prédicants utraquistes celle de leurs ouailles[1]. Ce n'est pas en ce sens que jouèrent les scandales provoqués par deux convertis de septembre 1621, Jan Locicka et Laurent Augustin Hanžburský z Kopečka, affaires qui illustraient les difficultés posées à terme par ce ralliement.

Locicka, très populaire auprès des fidèles pour avoir notamment réintroduit dans le culte utraquiste les processions, était devenu catholique par attachement aux antiques traditions hussites. C'était un de ces prêtres utraquistes proches doctrinalement de Rome, que les catholiques cherchaient depuis des décennies à se rallier. Or sa trajectoire erratique[2] l'amenait à l'obédience romaine à une époque où les règles changeaient. Rome permettait jusque-là le rite *sub utraque* contre une fidélité à l'orthodoxie catholique. Ce système avait favorisé le flou liturgique et doctrinal, et ouvert la porte au sacrilège. Les curés, puis les évêques de Bohême, qui en souhaitaient depuis longtemps l'abrogation, l'obtinrent *de jure* fin 1621-début 1622[3]. Restait à appliquer l'interdiction. Platejs le

1 ... *credo, che si apriria una porta di fare grandissimo frutto in questo regno, sì con ridurre il clero hussitico alla vera et santa religione cattolica Romana et di poi li popoli, che non sarebbe cosa tanto difficile, guadagnato il clero* écrivait de Prague, le 17 juillet 1590, le nonce Visconte au cardinal Montalto. Schweizer, Josef (éd.), *Nuntiaturberichte aus Deutschland*, Abt. 2, Bd. 3, Paderborn, Schöningh, 1919, p. 191-194.

2 Parfois fort anticatholique dans le passé, Locika avait beaucoup varié dans ses opinions. Winter, Zikmund, *Život církevní v Čechách*, I-II, Prague, České Akademie, 1895-1896, p. 264, 272, 467.

3 Richard, Nicolas, « La *Consulta* », art. cité.

fit le lundi de Pâques (28 mars 1622) dans l'église paroissiale praguoise de Saint-Martin *ve zdi* où était né, en 1414, le mouvement utraquiste[1].

Or, le jeudi-saint précédent, Locicka avait communié *sub utraque* dans la grande église praguoise Notre-Dame de Týn plus de mille *scelerati eretici*, comme l'écrivait le nonce Carafa, *dandosi in tale maniera per colpa d'huomini catholici il santo a cani*. Pire, il avait prêché en affirmant la communion *sub utraque* commandement divin, et avait demandé aux fidèles de le défendre. Mille Praguois étaient allés le protéger au presbytère. La garde les lassa. Locicka fut arrêté, déchu de ses bénéfices, et emprisonné à vie. Non pas parce qu'il avait distribué la communion *sub utraque*, mais comme hérétique, relaps, et séditieux[2]. Affirmer que le calice était de droit divin, c'était revenir à l'erreur abjurée huit mois plus tôt.

L'affaire Locicka montrait *a posteriori* ce qu'avait été pour ce prêtre sa conversion de septembre 1621 : un changement d'obédience, comme cela se pratiquait couramment dans la Bohême du XVIe et du début du XVIIe siècle, sans modification de sa doctrine personnelle, ni reconnaissance de l'autorité magistérielle de la hiérarchie. Il était trop vieux pour une époque trop jeune…

Hanžburský présentait un autre profil. Fils de famille, prêtre catholique passé à l'utraquisme et rallié en septembre 1621, il avait été doté par l'archevêque de plusieurs bénéfices et charges de confiance en province comme à Prague. Il était curé de Saint-Adalbert (Nové Město) lorsqu'il passa en jugement en mars 1630 devant le consistoire. Le 2 avril 1631, il fut dégradé puis décapité sur la place de la Vieille Ville. Pour quel crime ? Parmi les convertis de 1621, Hanžburský incarnait le nicodémisme. Il continuait à communier les fidèles *sub utraque* – il n'était pas le seul[3]. Il avait délivré des certificats mensongers de confession et de communion pascale – là encore, on connaît pourtant un autre cas, et qui ne finit pas sur le billot[4].

---

1 Vienne, 8 octobre 1622, Carafa, *Relatio Bohemica*, Kollmann, Hynek (éd.), *Acta Sacræ Congregationis de Propaganda Fide res gestas Bohemicas illustrantia*, I-V, Prague, SPN, 1923-1955, I-1, n° 25, p. 93-159, ici. p. 122-124, 127-132.

2 Avril 1622, sentence de Lohel. Constant (éd.), *op. cit.*, p. 1042-1043, p. 760-761.

3 Comme Martin *Mitschansky* (Míčanský – district de Mladá Boleslav, fin des années 1620). NA, APA I, kart. 2688.

4 Par ex. *Gallus Zemaneck* (Havel Zemánek), catholique mais peu exemplaire avant 1620 (Winter, p. 429, 581, 892), objet en 1630 d'une enquête pour cette raison (kart. 4508) et autres (*cf.* NA, APA I, A 16/4^A^, 31 août 1629 ; kart. 9, fol. 19^r^, 8 avril 1630 ; A 16/4^A^, 18 mai, 13 et 21 juin, 30 juillet 1630) ; mais on le retrouve dans une cure en 1633 (registre A 16/2, fol. 28^v^).

Mais Hanžburský avait exhorté à la pertinacité des fidèles voulant passer au catholicisme[1]. C'était là une preuve solide de son hérésie, et le motif le plus ferme de sa condamnation. Pour asseoir la réforme du clergé, il fallait un exemple. L'exécution spectaculaire du prédicant rallié en tint lieu.

Entre 1622 et 1630, on mesurait le chemin parcouru : Hanžburský était de cette génération d'hétérodoxes déjà rompus à la clandestinité. Mais lui comme Locicka témoignaient du prestige qu'exerçait, après la victoire miraculeuse de 1620, l'Église catholique avec son poids politique, mais aussi son héritage historique, sa liturgie et sa visibilité (au sens théologique) – ainsi que de la répulsion qu'elle provoquait, notamment avec la communion *sub una* qui était pour beaucoup un problème de conscience. Or, au même moment, l'Église se montrait en Bohême plus exigeante, préférant la voie ardue de la conversion aux avenues planes de l'union.

Du point de vue catholique, Locicka et Hanžburský, pourvus de très beaux bénéfices, populaires et capables d'entraîner derrière eux la population, avaient trahi la confiance de la hiérarchie. Leur punition avait été exemplaire. Les deux sanctions les plus dures de l'histoire de la réforme du clergé catholique en Bohême avaient donc été prononcées contre des anciens prédicants. Signe que ce petit groupe des prédicants convertis restait suspect ?

PRÉDICANTS CONVERTIS ET CLERGÉ ARCHIDIOCÉSAIN : ANNÉES 1620-1630

Les noms des douze convertis de septembre 1621 sont conservés[2], mais posent des difficultés de décompte et, pour la moitié d'entre eux, d'identification[3]. Qu'advint-il cependant des autres, ceux qui s'intégrèrent dans le clergé archidiocésain ?

---

1 Sur la procédure Hanžburský, voir en part. NA, APA I, A 16/4^{A}, 6 mars 1630 ; kart. 9, ff. 95^{r-v}, 96^{v}, Prague, 16 février 1629, Schilling, chancelier, *Circa casum Hamburzky* ; kart. 10, 2632, etc. Bartůněk, Václav, *Svatvojtěšké pražské svatyně*, Prague, ČKD, 1947, p. 16-19.

2 NA, APA I, kart. 9, fol. 359^{r}.

3 *Ibid.* Problématiques sont les cas de *Tobias Steleczky* et *Tobias Teleczeny*, dont on peine à croire qu'il ne s'agisse pas de la même personne ; on en ignore aussi le patronyme, leur nom semblant juste indiquer un pays d'origine, Teleč près Bochov. Mais nous n'en

L'archevêque de Prague avait à sa disposition, dans la Bohême des années 1620, un clergé très composite : des anciens curés catholiques actifs dans les paroisses de l'archidiocèse avant guerre, des réguliers, des prêtres étrangers, des jeunes lévites, des prédicants convertis. Très insuffisant en nombre, ce personnel devait encadrer une population en voie de conversion. Très insuffisants en qualité, ces prêtres étaient soumis à une profonde réforme intellectuelle et morale. Archevêque à partir de 1623, le cardinal Harrach s'appuyait sur les vieux curés catholiques régnicoles, auxquels il confiait les principaux bénéfices, doyennés et archidiaconés. Avec l'instauration progressive des vicariats forains (1630-1631), le recrutement aux postes-clés de la réforme se fit plus ouvert[1]. Mais aucun des prédicants convertis ne devint chanoine ni vicaire forain. Ils furent pourtant bien intégrés dans les bénéfices archidiocésains à charge d'âme. Mais une certaine suspicion semblait rester. À moins que leur qualité ne fût en cause.

Tel ne paraissait pas le cas d'un Adam Pardubienus, rallié en 1621, mentionné en 1638 comme curé de Volenice, le silence des sources à son endroit étant signe d'une vie rangée[2]. Un autre ex-apostat, Jean Steinberger, ordonné prêtre catholique, devenu prédicant et marié, puis ramené à l'Église par les chartreux de Jičín, vivait désormais dans la continence, malgré la présence de sa femme[3].

---

avons pas trouvé mention ailleurs, pas plus que pour *Matthæus Pacziuda* (en 1621 curé de Saint-Gall, Prague, Staré Město, sans doute parent de Michal Pačuda, *cf. supra*), *Michael na Sswihowie* (sans doute cet augustin de Saint-Thomas de Malá Strana apostat, signalé en 1612 curé de la paroisse jusque là catholique de Švihov, Winter, p. 263), *Nicolaus Sidorinus in Lecž* (de Leč près Beroun ?) ni *Martinus Herzmanek* cité *supra*. Quant à *Stephanus Lauczanus Pannonius*, peut-être est-ce ce *Stephanus Ugronowitz*, curé hongrois d'Horní Cerekev en 1628, qui se plaignait du peu de zèle des prêtres voisins et de la mauvaise volonté des locaux à acquitter leurs dîmes (H. Cerekev, 15 juillet 1628, *Ugronowitth* à Anton Schilling ; NA, APA I, kart. 763). Il changea de bénéfice en 1629 (Kutná Hora, 3 janvier 1629, Wenceslaus Ploczar archidiacre), mais fit vite l'objet d'une procédure qui lui permit d'évoquer son grand âge, ses 22 ans de sacerdoce, et sa polémique argumentée pendant la rébellion contre les hérétiques – était-il alors dans l'aile conservatrice de clergé *sub utraque* ? (Choltice, 27 avril 1629, Ugronowitz curé de *Svinčany* à Harrach ; NA, APA I, kart. 763). Il fut condamné à quelques jours de cachot et banni de l'archidiocèse par contumace *ob cerebri defectus inhabilem* (NA, APA I, registre A 16/4[A], 6 septembre 1630).

1 Richard, Nicolas, *Clergé paroissial et changement religieux dans l'archidiocèse de Prague du Concile de Trente à la fin du XVIIe siècle*, thèse, Paris-Sorbonne/Université Charles de Prague, 2013, p. 601-607.

2 Session consistoriale du 4 février 1638 ; NA, APA I, registre A 16/3[A], fol. 22[v].

3 … *seniculus simplex et exiguae doctrinae* : 1631, rapport de Schleinitz ; NA, APA I, kart. 2688.

Jean Louis Coccinus, rallié en 1621, avait fait plus parler de lui. En août 1629, il était au cachot archiépiscopal pour concubinage, ignorance du bréviaire et incapacité à le réciter[1]. Six mois plus tard, la naissance d'un bâtard conçu d'une autre concubine l'avait fait à nouveau tâter des geôles[2]. Non sans fruit : le visiteur de 1631 notait avec satisfaction la fin de son concubinage, et sa lutte contre le seigneur-patron pour empêcher la spoliation des biens d'Église, meubles et immeubles[3]. Jean Kobylka (*Kokitta, Kobilka*), autre rallié de septembre 1621, semblait s'être aussi peu à peu amendé : à la fin des années 1620, il était suspect d'adultère[4], de scandale, et insubordonné[5], finissait par se ranger et mourir en 1638[6], après avoir résigné son bénéfice au consistoire qui s'en déclarait, avec une ironie sans doute involontaire, *bene contentum*[7].

---

1 Il était alors curé de Beroun ; NA, APA I, registre A 16/4^A^, 31 août 1629. Retardé aux ordres une deuxième fois en 1605 pour ignorance du latin, ce jeune homme venu de Hradec Králové écrivait pour s'en excuser *quod non omnia possumus omnes* (Winter, p. 443). En 1614, il était encore sous juridiction du consistoire catholique, *ibid.*, p. 265.

2 NA, APA I, registre A 16/4^A^, 14 janvier 1630 ; NA, APA I, kart. 765, s.l., 1er octobre 1629, *Martha vam dobrže znama a powědoma* à Coccinus.

3 27 février 1631, Jiří Bílek, doyen de Stará Boleslav, rapport de visite ; NA, APA I, registre B 4/4. Jean Louis Coccinus était alors curé de Tuklaty près de Kolín, avec pour seigneur-patron le prince de Lichtenstein. Il n'est pas impossible que le Coccinus curé de Mirovice signalé dans les années suivantes soit le même, quoiqu'il se prénomme Ladislas. Dans ce cas, il aurait continué ses protestations contre les usurpations des terres et droits ecclésiastiques, au point de se faire chasser par sa collatrice qui fit demander au Consistoire entretemps de l'admonester *ut rixas non excitat*, tandis que lui-même l'accusait non seulement d'irrégularités en matière financière, mais *maxime in rebus fidei et pietatis*. NA, APA I, registre A 16/2, ff. 133^v^ (27 octobre 1636), 179^r^ (1er avril 1637) et 200^v^-201^r^ (25 mai 1637).

4 Sur le concubinage de Kobylka, compliqué d'une suspicion d'adultère (sa cuisinière est mariée à un Autrichien), NA, APA I, registre A 16/4^A^, 1er août 1630, le consistoire au doyen de Čáslav Záruba, pour l'enquête et l'arrestation de la femme ; *ibid.*, 14 octobre 1630, citations à comparaître de Kobylka et du doyen.

5 Le témoignage suspect d'un adversaire notoire le faisait déclarer lors d'une convocation de prêtres de 1631 : *Iniquum esse Sacerdotales non habere posse matronas cum Praelati Pragenses pulchras puellas habeant* [...] *nominavitque quendam Praelatarum quatuor tales fovere*. NA, APA I, kart. 2688 *designatio Parochorum qui a vicariis foraneis de delictis gravibus denuntiantur et quasi incorrigibiles judicantur* ; kart. 9, fol. 205, [Čáslav ?], 21 février 1631, décret de convocation.

6 NA, APA I, registre A 16/3^A^, fol. 54^v^-55^r^, 26 mars 1638, le consistoire à Gallas.

7 NA, APA I, registre A 16/2, fol. 248^r^, 5 septembre 1637. Kobylka avançait comme raison *cum jam senex et consumptus laboribus sit utpote qui per triginta tres annos in Ecclesia Dei laboraverit*, glissant élégamment sur le fait que seules les quinze dernières années avaient été réellement au service de l'Église romaine. *Cf.* aussi registre A 16/3^A^, fol. 3^r^, 5 janvier 1638.

Il n'y avait pas, dans le cas de ces curés, de traits qui les distinguassent réellement de la masse du clergé archidiocésain, dont ils partageaient, somme toute, la médiocrité. Un prédicant converti pourtant sortait du lot, mais il n'était pas un prêtre apostat. Le prédicant Henri-André Hofman[1] était passé en 1622 à l'Église romaine. Ordonné après la mort de sa femme grâce à une dispense pontificale aisément obtenue[2], il reçut dans le cours des années 1630 des bénéfices paroissiaux toujours plus importants[3]. Au visiteur de 1631, il apparaissait comme un prêtre modèle[4]. Celui de 1639 était plus nuancé[5]. Il n'en mourut pas moins curé à Prague, sa fille lui tenant son intérieur.

1 Sur Jindřich Ondřej Hofman (*Hoffmann*), né dans une famille non-catholique vers 1595 (*cf.* visite de 1631) à Jablonné v Podještědí (Německé Jablonné-Deutsch Gabel) et mort en 1646 à Prague, voir *sub voce*, *Ottův Slovník Naučný*, Prague, 1888-1943, t. XI, p. 458 ; Tobolka, Zdeněk Václav, *Knihopis českých a slovenských tisků*, Prague, Státní tiskárna, 1925-2010, n° 3099-3100 ; Bartůněk, *Svatvojtěšké*, p. 24. Nous corrigeons sa date de naissance, car la visite de 1631 lui donne 36 ans, signale ses parents hérétiques mais légitimement mariés et son mariage précédent son entrée dans les ordres.

2 Le 1er avril 1628, la *Propaganda fide* demanda à Harrach une information sur sa demande de dispense de bigamie pour l'ordination ; le 22 juin 1629, en présence d'Urbain VIII, fut étudiée la recommandation du cardinal, *quia ultra doctrinam et bonos mores, quibus exornatus existit, fervidum se catholicum ostendit* (Tüchle, Hermann, *Acta S. C. De Propaganda Fide Germaniam spectantia*, Paderborn, Bonifacius-Druckerei, 1962, p. 238-245) ; mais la dispense était antérieure : Rome, 11 avril 1629, le card. Bandini et Ingoli à Harrach. NA, APA I, kart. 764. Son cas, comme celui de Smyslovský, nous semble infirmer les conclusions de M. Parma sur le peu d'empressement de Rome à voir des ex-prédicants embrasser le sacerdoce : le problème était celui de l'éventuelle séparation des époux (Parma, Tomáš, *František kardinál Dietrichstein a jeho vztahy k římské kurii*, Brno, Matice Moravská, 2011, p. 314).

3 Curé de Načeradec (1631-1634), doyen de Kolín, puis de Čáslav, ensuite de Německý Brod et Chotěbor (1er mai 1637-1645), enfin de Saint-Adalbert à Prague.

4 Le visiteur du district de Kouřim notait qu'il savait célébrer la Messe, prêcher, administrer les sacrements, lire son bréviaire, qu'il confessait individuellement, de façon catholique, qu'il lui avait servi de prédicateur pendant la réforme, qu'il connaissait ses paroissiens. Lui manquait la faculté d'absoudre de l'hérésie et des cas réservés, ce qui était peut-être une précaution du consistoire, que l'on retrouve dans le cas Smyslovský. Il ne buvait pas, n'était pas concubinaire, satisfaisait le conseil de ville et la population ; seule la collatrice lui était hostile, mais elle avait usurpé les biens d'Église et était hérétique ; 27 février 1631, Jiří Bílek, doyen de Stará Boleslav, rapport de visite, NA, APA I, B 4/4 ; aussi kart. 2688.

5 Anselm Kramsi OPræm, visiteur du district de Čáslav en 1639, trouva dans la filiale de Chotěboř et dans la paroisse de Německý Brod des calices qui servaient à l'ablution des communiants, contre les instructions épiscopales qui prescrivaient l'usage du verre pour éviter la confusion entre ablution et communion *sub utraque*. Le doyen Hofman était en outre accusé de marier des quasi-hérétiques sans confession ni bans, accusation dont le visiteur n'avait pas davantage pu établir la vérité que celle de la rumeur de concubinage

Surtout, Hofman écrivit sur le tard deux livres en tchèque, l'un sur la religion des vieux Tchèques (1637), l'autre, le *miroir de la religion* (*Zrcadlo Náboženstwj*, 1642), un commentaire des cérémonies de l'année liturgique fortement inspiré des auteurs catholiques alors les plus lus[1]. Le premier, l'*Ocularia*[2], était une curieuse compilation historique dédiée aux bourgeoisies des cinq villes de l'Elbe. L'ouvrage, comme l'expliquait Hofman

d'Hofman avec sa jeune servante, qui s'était d'ailleurs fait remplacer par une vieille pendant la visite (Časlav, 29 avril 1639, Cramsi doyen et Don Cyrillus Menssyk clerc régulier et curé, relation de visite. NA, APA I, kart. 1959). Hofman était-il finalement moins vertueux que prudent ? Il est impossible de trancher. Mais force est de reconnaître que les rumeurs pouvaient aisément s'expliquer. Des heurts l'avaient opposé pendant deux ans à son prédécesseur à Německý Brod, le père Joseph, un capucin, pour des affaires de revenus compliquées par son patriotisme local. Jouer sur le passé d'Hofman était facile (Německý (Havlíčkův) Brod, 29 novembre 1637, Hofman au consistoire ; s. l., 12 décembre 1637, Basiliod'Aire au consistoire NA, APA I, kart. 1959). Quoiqu'il en soit, il est patent que, dans un district comme celui de Kouřim, où la situation religieuse était catastrophique, le travail du capucin puis du prédicant converti avait donné des résultats visibles. La masse des fidèles de leurs paroisses se disait unanimement catholique, alors que les localités alentour étaient laissées sans prêtres et les âmes sans pasteurs.

1 Ce gros livre de 400 pages était tiré, de son propre aveu, des œuvres latines de Georg Scherer sj (1540-1605), Matthias Faber sj (1586-1653) et Laurent Beyerlinck (1578-1627), archiprêtre d'Anvers. Il s'adressait à des gens cultivés, auquel il commentait les sacrements et les diverses cérémonies et coutumes catholiques au long de l'année et dans différentes occasions de la vie. L'auteur procédait de façon systématique en justifiant à chaque fois par l'Écriture au début de son exposé, dont le ton très concret correspondait au besoin de l'époque : le cardinal Harrach venait d'éditer son rituel réformé. Le titre résume bien le contenu : [Hofman, Jindřich Ondřej,] *Zrcadlo Náboženstwj/ To gest : Půwod/ Způsob/ Přjčina/ Smysl/ Wýkl'ad/ a Užjtek wssech Ceremonyj w Cýrkwi Katolické každoročně, y kazdodenně Obyčegných. Z Rozličných Učitelůw/ Kazatelůw/ Spisowatelůw sebráno/ a na Swětlo wydáno. Od K. Gindřicha Ondřege Hoffmana Děkana Brodu Německého*, Prague (Staré Město), presses de l'Université, 1642. Hoffman commençait en opposant les sectes qui avaient quitté la grande route et l'Église catholique, utilisant aussi l'image de la Jérusalem *desolata* par Nabuchodonosor pour décrire la Bohême hérétique. Il expliquait aussi le lien entre la foi et la façon de prier, qui était l'idée-clé de l'ouvrage.

2 [Hofman, Jindřich Ondřej,] *Ocularia aneb oči sklenné starého Czecha, které podáwá Czechu nyněgssímu, skrze něžby hleděl na předesslau staro-Czeskou Nábožnost*, Prague (Staré Město), Jiří Sedlčanský, 1637. L'exemplaire de la Bibliothèque praguoise de Strahov AN XVI 8 porte la marque et l'ex-libris d'un dominicain, Jan Václav Pezold, qu'il y a tout lieu d'identifier comme le doyen de Chrudim Joannes Wenceslaus Pezold (Bezold, Pezoldus), mort en 1716. Ce Pezold, ancien du séminaire archidiocésain ordonné en 1671 (NA, APA I, kart. 4452, n° 67-1, 4 février 1696) montrait une curiosité historique affirmée (*cf.* en particulier s. l., s. d., Pezold au consistoire à propos des fondations ; NA, APA I, kart. 2679), mais l'amélioration du clergé lui importait aussi, puisqu'il avait fait un legs de 1000 florins aux bartholomites (*cf.* 21 février 1733, Jean Bernard Feldmann *regens* du séminaire bartholomite au consistoire ; NA, APA I, kart. 2144) ; il s'acquittait d'ailleurs avec soin des visites de son vicariat (par ex. NA, APA I, registre B 4/8, n° 1233 ; kart.

dans la dédicace, tournait autour de la notion de succession. Partant du temple de Jérusalem et du sacrifice du calvaire, il démontrait que c'était l'Église catholique qui possédait la succession. Il le faisait aussi à partir de l'histoire bohême, évoquant les évêques « qui, envoyés dans notre chère patrie et les autres pays voisins les ont convertis à la foi chrétienne catholique » (*kteřij do nassi milé Wlasti y do giných okolnjch Zemi poslánj Pohany na Křestianskau Katolikskau wjru Obrátili*). S. Venceslas (907-935) et Vratislav (888-921) avaient embrassé cette foi jusqu'à ce que le hussite Georges de Poděbrady (1420-1471), « roi de Bohême illégitime » (*Král Czeský nepořádný*) ne jetât le pays dans le « labyrinthe » d'où l'avait tiré Ferdinand II, d'heureuse mémoire, « nouveau Joseph », qui a su faire d'un mal un bien. L'introduction rappelait que le diable est le père des divisions, que toutes les sectes étaient nées en un lieu avec une date connue, et que seule l'Église catholique remontait à Jésus-Christ et aux Apôtres. Ces traits polémiques tranchaient avec l'essentiel du livre, une série de notices, d'abord sur les abbayes de Bohême, puis sur les églises les plus anciennes, classées par ordre alphabétique et pour lesquelles le doyen citait à chaque fois les principales étapes de la fondation telles qu'elles apparaissaient dans les chroniques, en particulier celle de Hájek (1541-1543). L'auteur terminait en tirant des mêmes chroniques des éléments prouvant que la liturgie romaine était première, de même que la confession, la communion *sub una*, et l'ensemble des disciplines catholiques contestées.

Nul ne forçait le vieil ecclésiastique à se livrer à un tel travail de compilation, ni à lui donner cette orientation. Il faut donc considérer ce livre comme le fruit d'une évolution personnelle. Cet ancien prédicant réinterprétait l'histoire de son pays de façon certes originale, puisqu'il réussissait l'exploit de passer quasiment sous silence les guerres hussites, mais surtout avec pour but de réconcilier ses lecteurs avec leur propre histoire, comme il semblait s'être lui-même convaincu de la vérité de l'Église catholique par l'argument de la succession. Hofman semble le prédicant converti idéal : parfaitement intégré dans le clergé archidiocésain dont il avait gravi les échelons, d'une indéniable stature intellectuelle et morale, pénétré de la vérité de l'Église catholique par la continuité historique qu'elle représentait, et soucieux de la diffuser dans

---

2679 cit. *supra*). Il n'est pas sans signification qu'un prêtre modèle de la fin du XVIIe siècle comme Pezold lût encore l'ouvrage d'Hofman.

la population. Mais il paraît une exception dans ce groupe des convertis, où la règle semble une médiocrité plus ou moins honnête, éloignée du scandale de Locicka et Hanžburský comme de l'exemplarité d'Hofman.

Une distinction serait alors possible. Les prêtres apostats devenus prédicants puis réconciliés resteraient des mauvais prêtres, vu la faiblesse de leur formation initiale et leurs allers-retours confessionnels. Seraient de bien meilleurs prêtres des gens comme Hofman, c'est-à-dire des pasteurs nés dans une doctrine autre que catholique, solidement formés dans les doctrines protestantes, puis convertis sincèrement et embrassant le sacerdoce par une sorte d'acte de surérogation. C'est une belle hypothèse, mais à laquelle les faits donnent tort. L'itinéraire d'un Adam Venceslas Smyslovský z Radvanova était similaire à celui d'Hofman. Or cet ancien pasteur, dûment ordonné avec une dispense romaine[1], s'avéra un curé médiocre, peu zélé et ignorant[2] – au motif de l'ignorance du clergé romain, si présent dans sources protestantes, pouvait correspondre la même opinion chez les catholiques sur les pasteurs convertis.

Connaître les prédicants de Bohême passés au clergé catholique dans la décennie 1620 se heurte à un redoutable problème de sources, qu'a déjà évoqué, dans un autre contexte Didier Boisson[3]. En Bohême, on ignore le nombre total de ces convertis, et le destin de la moitié d'entre eux. Mais le phénomène n'en laisse pas d'être, sinon massif, du moins important (5 % du clergé catholique au minimum), ce qui pourrait bien être une spécificité locale.

Ralliement, alors, plutôt que conversion ? Les conversions, en bonne et due forme, manifestent les derniers feux de la politique d'union avec les utraquistes menée par le Saint-Siège depuis le milieu du XVIe siècle, où les *zelanti*, paradoxalement, réussissent mieux que les *politici*. Le culte, l'histoire, la hiérarchie semblent en Bohême les atouts de l'Église romaine, la communion *sub una* un handicap.

---

1 Voir Prague, [présenté le 25 septembre 1628], Hieronymus Lapi OConv à la *Propaganda* ; s. l. n. d., Smyslovský à Urbain VIII ; Rome, Archives de la Congrégation pour l'Évangélisation des Peuples (APF), SOCG, vol. 70, fol. 310, 311. Congrégation du 25 novembre 1628, éd. Tüchle, *op. cit.*, p. 201-202.

2 8 mars 1631, Bilek, *Fidelis relatio…* NA, APA I, registre B 4/4.

3 Boisson, Didier, *Consciences en liberté ? Itinéraires d'ecclésiastiques convertis au protestantisme (1631-1760)*, Paris, Honoré Champion, 2009, p. 24 *sq.*

Conversion donc, et même définitive, dans la plupart des cas. La majorité des prédicants convertis se fond dans la médiocrité du clergé archidiocésain, et subit dans les années 1620-1630 la même réforme que les autres prêtres. Quelques individualités montrent les limites de leur adhésion par une opposition doctrinale, alors punie de façon exemplaire. Pour lever la suspicion semblant peser sur les prédicants convertis, il faut des cas exceptionnels comme celui d'Hofman, dont l'ardeur de néophyte se transforme en zèle pastoral.

Les prédicants passés à l'Église romaine ont-ils favorisé la conversion de leurs ouailles ? L'affirmer positivement serait aventuré – mais les scandales provoqués par Locicka et Hanžburský donnent la mesure de l'intérêt de la population pour l'évolution de leurs anciens pasteurs devenus curés catholiques.

Et maintenant, quel lien entre politique et religion dans cette vague de conversions ? Comme souvent en histoire moderne, tout dépend de la focale adoptée. Vu de loin, il semble évident que ces prédicants sont passés au catholicisme sous pression politique, la Bohême des années 1620 étant celle du début de la Contre-Réforme qui culmine avec la proclamation du catholicisme romain religion du royaume en 1627. À s'approcher plus près des sources, il apparaît qu'aucun de ces passages au clergé catholique ne découle d'un texte réglementaire, les invites de personnages haut-placés étant le seul type de pression utilisé. Un examen plus sérieux encore des itinéraires des convertis amène à reconnaître autant de cas que d'hommes, autant de façons d'être prêtre catholique qu'il y a de prédicants convertis. Sans doute est-ce la preuve qu'on ne peut éviter de prendre un peu plus au sérieux la distinction chère à l'époque moderne entre la conscience et le culte.

Nicolas RICHARD
Fondation Thiers, CERHIO

LA MISE EN SCÈNE DE LA CONVERSION AU CATHOLICISME DES PASTEURS AU TEMPS DE L'ÉDIT DE NANTES

En parallèle au mouvement de conversion d'ecclésiastiques vers le protestantisme qui existe aux XVIe et XVIIe siècles et qui se prolonge au-delà[1], des pasteurs se convertissent au catholicisme durant la même période, même si ce mouvement s'accroît dans les années qui précèdent ou qui suivent la Révocation de l'édit de Nantes. Que ces conversions soient pour des raisons politiques, théologiques ou plus personnelles, elles s'accompagnent de la volonté des autorités politiques et catholiques de les mettre en avant pour qu'elles servent d'exemples auprès de leurs anciens coreligionnaires et tout particulièrement auprès des pasteurs des Églises réformées[2].

Cette communication a donc pour objectif de montrer comment l'Église catholique cherche à mettre en scène ces conversions et à les faire connaître lors de manifestations publiques et quels supports sont utilisés pour toucher le public visé. Thierry Wanegffelen s'est intéressé à cette question pour le XVIe siècle[3]. Il a souligné le fait « qu'une cérémonie d'abjuration vise à conforter le sentiment de l'unité de l'Église du Christ ». Il faut cependant distinguer deux principales catégories d'abjurations. Il existe tout d'abord celles au cours desquelles les protestants abjurent

---

1 Sauzet, Robert, *Mendiants et Réformes. Les réguliers mendiants acteurs du changement religieux dans le royaume de France (1480-1560)*, Tours, 1994 ; Wanegffelen, Thierry, *Ni Rome ni Genève. Des fidèles entre deux chaires en France au XVIe siècle*, Paris, Honoré Champion, 1997. Boisson, Didier, *Consciences en liberté ? Itinéraires d'ecclésiastiques convertis au protestantisme (1631-1760)*, Paris, Honoré Champion, 2009.

2 Desgraves, Louis, « Un aspect des controverses entre catholiques et protestants, les récits de conversion (1598-1628) », *La conversion au XVIIe siècle*, Actes du XIIe colloque du CMR 17, Marseille, 1983, p. 185-189.

3 Wanegffelen, Thierry, « Se convertir ou abjurer ? Indices de la construction confessionnelle dans les cérémonies d'adhésion aux Églises réformées et catholiques en France au XVIe siècle », *Catéchismes et confessions de foi*, Actes du VIIIe colloque Jean Boisset, Montpellier, 1995, p. 65-97.

en masse sur une courte période de quelques jours, voire de plusieurs mois – c'est le cas lors de la « saison de la Saint-Barthélemy », pendant les dragonnades du Poitou de 1681, ou dans les mois qui précèdent et suivent la Révocation de l'édit de Nantes –, il n'est alors généralement demandé qu'une simple renonciation de « l'hérésie de Calvin ». En revanche, si l'on excepte ces périodes particulières, la cérémonie d'abjuration donne lieu à un rituel plus élaboré qui prend encore plus d'importance lorsque le converti s'avère un personnage important, un pasteur par exemple. Ce sont ces cérémonies qui vont nous intéresser.

Naturellement récits de conversions et ouvrages de controverses constituent l'essentiel des sources utilisées[1], mais aussi les actes des synodes provinciaux ou nationaux afin de pouvoir étudier comment la conversion de tel ou tel pasteur est annoncée. Des exemples seront pris sur l'ensemble du XVIIe siècle afin d'envisager certaines évolutions aussi bien du côté catholique que du côté réformé. Deux principaux aspects peuvent être envisagés : tout d'abord, je partirai d'un cas précis de conversion de pasteurs, pour permettre, dans un second temps, une comparaison avec d'autres exemples.

LA CONVERSION DE DEUX MINISTRES DE L'ANJOU ET DU MAINE EN 1683

L'exemple que nous allons étudier dans un premier temps est celui de la conversion en 1683 des pasteurs de Baugé en Anjou, Claude Gilly, et de Château-du-Loir dans le Maine, David Courdil, ces deux Églises réformées appartenant à la province synodale d'Anjou-Touraine-Maine. Claude Gilly est originaire de Calvisson dans le Bas-Languedoc. Avant de devenir pasteur de Baugé, il a eu en charge une petite Église de fief près de Loches en Touraine, Église de cette même province synodale d'Anjou-Touraine-Maine. Il meurt en 1711[2]. David Courdil est né en

1 Desgraves, Louis, *Répertoire des ouvrages de controverse entre catholiques et protestants en France (1598-1685)*, Genève, Droz, 2 vol., 1984-1985.

2 Sarrabère, Albert, *Dictionnaire des pasteurs d'Anjou, Maine, Touraine et de Bretagne, XVIe-XVIIe siècles*, Pau, CEPB, 2006, p. 64.

1654. Élève de l'académie de Saumur, il est désigné pasteur de Château-du-Loir en 1678. Il meurt également en 1711[1].

L'annonce de la conversion se fait souvent en deux étapes, auprès des Églises réformées dans un premier temps, auprès de l'Église catholique dans un second temps. Ainsi, en 1683, la conversion des pasteurs de Baugé et de Château-du-Loir est annoncée d'une façon assez théâtralisée lors du synode provincial tenu à Sorges, près d'Angers. Le commissaire protestant[2], qui assiste au synode, rend compte très sobrement de l'irruption des deux ministres lors d'une séance :

> Les sieurs Gelis et Cordille, ministres de Baugé et de Pinperdu, se sont presentés sur la priere de monsieur le commissaire catholique et après la lecture qu'ils ont fait chacun de leur escrit et leur declaration qu'ils embrassoient la religion catholique, apostolique et romaine, il leur a esté declaré qu'on ne les reconoissoit plus pour ministres ny contoit parmy les personnes de leur RPR[3].

En revanche, le commissaire catholique est plus prolixe sur un tel événement :

> Les sieurs Gilly, ministre de Baugé, et Courdil, ministre du Chasteau du Loir, ont demandé à entrer dans le synode. Le moderateur en a fait difficulté sur ce qu'ils n'estoient pas deputez de leurs consistoires. Celuy qui gardoit la porte a reitéré leur demande : le moderateur a fait la mesme reponse. Nous avons dit que ce moyen ne suffisoit pas pour leur denier l'entrée, puisque le matin ils l'avoient bien donnée à la dame de la Gillotterie qui n'estoit pas non plus deputée de son consistoire. Lesdits sieurs Gilly et Courdil, estant avertis de cette contestation, ont fait dire qu'ils avoient leurs pouvoirs en bonne forme. La compagnie tout d'une voix leur a accordé l'entrée[4].

S'ensuit la prise de parole du premier pasteur :

> Et s'estant assis sur un banc proche la chaire du ministre, le sieur Gilly a dit que depuis long tems son esprit estoit embarassé de plusieurs difficultés

1 *Ibid.*, p. 46.

2 Depuis 1623, le roi exige la présence d'un commissaire chargé de vérifier qu'il ne dit rien de contraire aux lois lors de cette assemblée synodale. C'est le cas également lors des assemblées de colloques et lors des synodes nationaux. Le commissaire est membre des Églises réformées, mais à partir de 1679, un deuxième commissaire est nommé, lui catholique.

3 Boisson, Didier, *Actes des synodes provinciaux. Anjou-Touraine-Maine (1594-1683)*, Genève, Droz, 2012, p. 501.

4 *Ibid.*, p. 488.

> ausquelles il ne pouvoit répondre qu'en demeurant d'accord que l'escriture sainte estoit insuffisante pour estre l'unique regle de nostre foy et de nos mœurs ; et ensuite, ayant très solidement prouvé par un eloquent discours la necessité de la tradition, il a conclu qu'il reconnoissoit l'eglise catholique apostolique et romaine pour la seule et unique eglise establie par Jesus Christ[1].

Le second prend alors la parole :

> Ledit sieur Gilly ayant finy, le sieur Courdil a dit qu'il ne trouvoit rien de plus injuste ny de plus temeraire que la separation des premiers reformateurs de l'eglise catholique. Ce qu'ayant pareillement bien prouvé par un sçavant discours, il a declaré qu'il retournoit dans le sein de l'eglise catholique apostolique et romaine, puisqu'il n'y avoit jamais eu de raison de la quitter[2].

Le commissaire catholique ajoute :

> Et l'un et l'autre en se retirans ont souhaitté à l'assemblée que Dieu leur fist la mesme grace de les esclairer de la lumiere de la foy et de les retirer de leur erreur. La compagnie, ayant demeuré quelque tems dans l'estonnement et sans parler, a declaré que lesdits sieurs Gilly et Courdil ne devoient plus estre reconnus pour ministres, ny estre comptés parmy ceux de leur religion[3].

L'étonnement noté par le commissaire catholique est naturellement très relatif : les délégués du synode provincial savaient déjà que les deux pasteurs avaient franchi le pas.

Cette scène se déroule le 3 juin 1683 et le dimanche 6 juin, ils abjurent tous les deux dans la cathédrale d'Angers entre les mains de l'évêque Henri Arnauld[4] :

> C'estoit le jour de Pentecoste. Outre le grand monde que la solemnité de la feste avoit attiré dans la cathédrale, le bruit qui s'estoit répandu partout de cette abjuration y avoit encore fait venir une infinité de personnes de toutes conditions. La cérémonie s'en fit sitost qu'on eut achevé de chanter les vespres. M. L'Evesque d'Angers revestu de ses habits pontificaux, la commença par le *Veni Creator*, et reçeut ensuite la profession de foy de M. Courdil et de M. Gilly. La fermeté avec laquelle ils la prononcèrent fit assez voir avec quelles sérieuses

1 *Ibid.*
2 *Ibid.*
3 *Ibid.*, p. 488.
4 Né en 1597, mort en 1692, Henri Arnauld est le frère du Grand Arnauld et des mères Agnès et Angélique, abbesses de Port-Royal. Il est nommé évêque d'Angers en 1649 et s'installe dans son nouveau diocèse en 1650. Il demeure évêque d'Angers jusqu'à sa mort en 1692.

réflexions ils s'estoient portez à un changement de cette importance. Tous ceux qui purent l'entendre furent très édifiez du zèle qu'ils firent paroistre, aussi bien du discours que M. L'Evesque d'Angers leur adressa[1].

Si l'évêque se réjouit de ces deux abjurations, il ajoute cependant : « Nous vous devons avertir qu'une simple abjuration de vostre erreur ne suffit pas pour réparer d'aussi grands maux que ceux que vous luy avez faits »[2]. Il leur demande ensuite :

C'est que vous n'omettiez rien de tout ce qui peut dépendre de vous, pour procurer la conversion de ceux qui sont dans l'erreur que vous avez quittée, et surtout de vos proches, et de ceux qui ont esté sous vostre conduite[3].

Et comme par hasard, le même jour, après l'exhortation de l'évêque, les conversions des deux ministres sont suivies de celles de :

M. Clément, ancien du temple de Sorges, gentilhomme très estimé dans tout le party, et de deux de ses enfans ; d'un ancien du lieu où M. Courdil exerçoit son ministère ; de M. de Beaulieu, médecin à Beaufort, beau-frère de M. Gilly[4], et de trois autres personnes[5].

La cérémonie se termine par un *Te Deum* « qui fut chanté par la musique au son de toutes les cloches »[6].

L'acte final de cette conversion est la publication de deux ouvrages reprenant le déroulement de l'ensemble de ces journées avec les paroles prononcées par les deux ministres lors du synode provincial et celles de l'évêque après leur abjuration[7]. Ce sont là deux récits de conversion

1 *Conversion de Mr Gilly, ministre de Baugé en Anjou, et de Mr Courdil, ministre du Chasteau du Loir. Avec les discours qu'ils ont faits dans le synode de la RPR assemblé à Sorges proche d'Angers*, par permission du Roy, touchant les raisons qu'ils ont eues de se réunir à l'Église catholique, Paris, 1683, p. 168-170.

2 *Ibid.*, p. 173-174.

3 *Ibid.*, p. 180.

4 Claude Gilly a épousé Claude Champeaux le 23 septembre 1676 à Angers. Le père de l'épouse, Daniel de Champeaux, est marchand à Orléans. Lors du mariage, est présente Anne de Champeaux, sœur de Claude, qui épouse le 25 avril 1677 Jean Jacques, sieur de Beaulieu, docteur en médecine, fils de Claude Jacques, docteur en médecine, et de Françoise Lambert (Arch. dép. de Maine-et-Loire, I 2).

5 *Conversion de Mr Gilly… et de Mr Courdil…*, *op. cit.*, p. 188.

6 *Ibid.*, p. 187-188.

7 *Conversion de Mr Gilly, ministre de Baugé en Anjou, et de Mr Courdil, ministre du Chasteau du Loir. Avec les discours qu'ils ont faits dans le synode de la RPR assemblé à Sorges proche d'Angers*, par permission du Roy, touchant les raisons qu'ils ont eues de se réunir à l'Église catholique,

très traditionnels, ne donnant que des origines théologiques de leur changement de confession, textes par ailleurs dont on peut douter qu'ils en soient les seuls auteurs. Il est donc impossible de savoir quelle est l'influence de la politique royale dans cet événement, la pression exercée par les autorités locales, ou l'importance du contexte réformé angevin.

UN RITUEL SOUVENT SIMILAIRE

À partir de cet exemple angevin, l'objectif maintenant est de voir en quoi ces différentes étapes se retrouvent lors d'autres conversions de pasteurs au catholicisme. Tout d'abord, on constate que l'annonce est faite souvent à l'occasion d'une assemblée réformée ou d'une célébration particulière du culte réformé. Pour l'Église catholique, il faut ainsi marquer les esprits du camp adverse et montrer à cette occasion la défaite des Églises réformées et leurs erreurs. Déclarer publiquement sa conversion un tel jour, c'est montrer les divisions qui peuvent y exister et rompre le sentiment d'unité recherché par ces mêmes Églises.

À l'image de l'intervention des deux ministres angevins lors du synode provincial, nous voyons Mestayer, le pasteur de Lusignan en Poitou, s'adresser à une assemblée provinciale qui se tient en avril 1617 à Thouars[1]. Samuel Cottiby, pasteur de Poitiers, profite de la célébration d'un jeûne en mars 1660 – jeûne décrété par le synode national qui vient de s'achever à Loudun – pour écrire aux pasteurs et anciens de l'Église réformée de Poitiers et leur faire part de sa conversion[2]. Cette première étape semble si traditionnelle que des récits de conversion signalent pourquoi elle n'a

---

Paris, 1683. *Relation de ce qui s'est passé touchant la conversion de deux ministres considérables de la Religion prétendue réformée, qui ont fait leur abjuration entre les mains de Monseigneur l'Évêque d'Angers*, Angers, Olivier Avril, 1683.

1 *La conversion du sieur Mestayer, cy devant ministre de Lusignan, faicte en la ville de Poictiers le 23. de mars 1617*, Poitiers, 1617.

2 *Lettre du sieur Cottiby, cy-devant pasteur de l'Église réformée de Poitiers, envoyée au consistoire de ladite Eglise, avec les responces à sa lettre*, Charenton, 1660, non paginée. Samuel Cottiby est le fils de Jacques Cottiby, devenu pasteur à Poitiers après avoir quitté l'Église catholique. Samuel, né vers 1630, fut reçu pasteur de l'Église de Poitiers en 1652. Il y resta jusqu'à sa conversion en 1660. Il serait mort en 1689 ; voir Haag, Émile et Eugène, *La France protestante*, Paris, 1853, tome IV, p. 77-78.

pas lieu certaines fois. Ainsi, en 1683, Marin de Grosteste Desmahis[1], pasteur de l'Église d'Orléans, se convertit au catholicisme et son biographe signale : « M. Desmahis n'auroit pas manqué de courage pour faire sa déclaration avec le même éclat que ses deux collègues [Gilly et Courdil], si l'occasion s'en fût présentée dans un synode de sa province »[2].

L'abjuration est souvent organisée un jour de fête. Desmahis abjure le jour de l'Ascension, Pierre Marcha, ancien ministre languedocien, le jour de Noël. C'est une église cathédrale et un évêque, ou son représentant, qui accueillent la conversion. En 1630, le sieur de Villeneuve, ministre de l'Église de Mirebeau en Poitou (mais dépendant de la province d'Orléanais-Berry), abjure « entre les mains de monseigneur le Révérendissime Archevesque de Paris »[3], Jacques Vidouze, pasteur de l'Agenais, se présente devant l'archevêque de Bordeaux en 1608[4], Marin Desmahis en 1683 devant l'évêque d'Orléans – mais à Paris – ou Pierre Marcha devant l'archevêque de Rouen. Un dernier exemple, un peu différent des précédents, est celui du sieur de Remerville, ministre de Gontaut en Agenais, qui abjure dans l'église des Capucins de Bordeaux[5]. Les conversions hors des églises paroissiales sont semble-t-il peu nombreuses dans la mesure où de nombreux rituels demandent justement qu'elles aient lieu dans de telles églises[6].

1 Né en 1649, après avoir poursuivi ses études à Genève à partir de 1666, il devient pasteur d'Authon-du-Perche de 1673 à 1676. En 1679, il est nommé à Orléans, où il devient le collègue de Claude Pajon.

2 *La vérité de la religion catholique prouvée par l'Écriture sainte*, par M. Des Mahis, chanoine de l'église d'Orléans et ci-devant ministre de la Religion Prétendue Réformée, Liège, 1708, p. XXXIX. Le dernier synode provincial réuni en Orléanais-Berry date de 1682 et il s'est tenu à Mer (BnF, Fonds Clairambault, ms 304, fol. 309-316).

3 *Lettre du sieur de Villeneuve, cy-devant ministre de la prétendue Église de Mirebeau qui s'assemble à Marconne, en Annjou, escrite à Madame la Duchesse de la Trimouïlle, pour luy déclarre les motifs qui l'ont porté à abjurer la religion prétendue réformée entre les mains de Monseigneur le Révérendissime Archevesque de Paris, et à se ranger au gyron de l'Église catholique, apostolique et romaine, le huictiesme juillet 1630*, Paris, 1630.

4 *La conversion de Jacques Vidouze, ministre de la Religion prétendue réformée, rangé sous l''Eglise catholique, apostolique et romaine, avce les causes et raisons évidentes qui l'ont esmeu à ce faire sous l'adveu de Monseigneur le Cardinal de Surdy, archevesque de Bourdeaux, et Primat d'Aquitaine*, Lyon, 1608.

5 Tamizey de Larroque, Philippe, *Récit de la conversion d'un ministre de Gontaud (1629)*, Bordeaux, Paul Chollet, 1884.

6 Boisson, Didier, *Les protestants de l'ancien colloque du Berry de la Révocation de l'édit de Nantes à la fin de l'Ancien Régime (1679-1789), ou l'inégale résistance de minorités religieuses*, Paris, Honoré Champion, 2000, p. 150-157 ; *Rituel de Bourges fait par Monseigneur l'Illustrissime et Révérendissime Messire Anne de Levy de Ventadour, patriarche, archevesque de Bourges, primat des Aquitaines*, Bourges, 1666.

Autre élément commun à ces conversions, c'est naturellement le caractère public devant une foule nombreuse, élément sur lequel les récits de conversion insistent d'autant plus facilement que la cérémonie se déroule, comme nous avons vu, dans une église cathédrale. C'était le cas à Angers avec la conversion de Gilly et de Courdil, mais c'est surtout le récit de la conversion de Pierre Marcha à Rouen qui insiste sur le public, en présence du « peuple » ou un « monde de peuple », mais aussi devant le roi, des « princes de toute la cour et des grands » du royaume. L'auteur de la description de la cérémonie de conversion affirme même que « quinze mille personnes » ont été « de vrais et fideles tesmoins »[1]. À Bordeaux, l'église des capucins est pleine pour assister à la conversion de Remerville, là encore avec des témoins prestigieux : le duc d'Épernon[2], les conseillers du parlement, les jurats[3].

Les déroulements des cérémonies sont très comparables quand des détails sont donnés, suivant ainsi les rituels des diocèses. Si le moment précis de la journée est donné, c'est à l'issue de la célébration des vêpres que l'abjuration se déroule. C'était le cas à Angers, c'est aussi ce temps-là qui est choisi pour la conversion du sieur de Remerville en 1629 à Bordeaux[4], ou de Pierre Marcha à Rouen :

> Voicy donc comment se passa ceste noble et glorieuse action, la musique du Roy chanta les vespres au preallable, ausquelles au haut bout du cœur assista Sa Majesté, et par son commandement vis-à-vis d'icelle Monseigneur l'archevesque de Rouen, lequel apres les vespres finies, se transporta à l'autel où estoit desja le ministre converty[5].

Le temps choisi pour organiser l'abjuration montre une rupture avec les conversions du siècle précédent. En effet, Thierry Wanegffelen note que « toute cérémonie d'abjuration se poursuit par une messe, au cours de laquelle le pénitent, absout, communie »[6]. En revanche sur le déroulement en lui-même, il existe une grande continuité entre l'avant et l'après édit de Nantes. On s'en rend compte en lisant tout d'abord

1 *Ample et fidelle narré de l'heureuse conversion…*, *op. cit.*, p. 21.
2 Jean-Louis de Nogaret, seigneur de La Valette et de Caumont, duc d'Épernon, gouverneur de Guyenne.
3 Tamizey de Larroque, Philippe, *Récit de la conversion d'un ministre…*, *op. cit.*, p. 13.
4 *Ibid.*, p. 13 : « Vespres ayant esté prealablement dictes ».
5 *Ample et fidelle narré de l'heureuse conversion…*, *op. cit.*, p. 17.
6 Wanegffelen, Thierry, « Se convertir ou abjurer ?… », art. cité, p. 66.

le récit de la conversion de Pierre Marcha dans la mesure où le prélat souligne la faveur qui est faite au converti :

> Veu qu'on prend ceux qu'on réconcilie au pavé et au parvis de l'Église, qu'on l'avoit introduict à l'autel pour la bonne volonté, qu'on recognoissoit en luy sur le tesmoignage qu'on avoit des personnes bien qualifiez[1].

Au XVIe siècle, « à la porte de l'église, le pénitent est à genoux et chante l'un des psaumes pénitentiels, cependant que l'évêque le frappe d'un coup de verges à la fin de chaque verset. Il est alors interrogé sur sa foi, puisque l'évêque procède à un exorcisme. Il signe le pénitent et l'introduit à l'intérieur de l'édifice en le prenant par la main. Il réitère l'interrogation sur la foi et pose la question baptismale de la renonciation à Satan. C'est alors qu'il lui impose les mains. Ensuite, à genoux, le pénitent récite une formule d'abjuration, la main sur l'Évangile que lui présente l'évêque »[2]. Dans le rituel du diocèse de Bourges, très précis sur le déroulement de la cérémonie, le converti doit donc se tenir également à l'extérieur de l'église « hors la porte au lieu où il y a un porche », les ecclésiastiques devant se rendre en procession de l'autel au porche : là le converti est interrogé « à genoux, tête nue et mains jointes ». Il doit déclarer qu'il souhaite abjurer de sa « propre volonté, franche liberté et sans aucune contrainte » et que « hors l'Église catholique, apostolique et romaine, il n'y a point de salut ». Puis le prêtre prononce une exhortation et le converti lit ensuite ou prononce la profession de foi et la signe. Le prêtre lui donne alors l'absolution, le prend par le bras, le conduit en procession devant l'autel et l'introduit ainsi dans l'Église. Enfin, la cérémonie se termine par une mise en garde au nouveau converti :

> « Vous étiez l'esclave du Démon, sous la tyrannie de l'hérésie, ne vous jetez pas une autre fois dans leur chaîne et sous le joug de leur empire, mais demeurez inébranlable dans le bien ». Le *Te Deum* est alors chanté et les cloches doivent sonner[3].

Hormis l'absence des coups de verges donnés par l'évêque, on ne constate pas de grandes différences. Toutefois, des rituels publiés sous

1 *Ample et fidelle narré de l'heureuse conversion…*, *op. cit.*, p. 18.
2 Wanegffelen, Thierry, « Se convertir ou abjurer ?… », art. cité, p. 66.
3 *Rituel de Bourges fait par Monseigneur l'Illustrissime et révérendissime Messire Anne Lévy de Ventadour, patriarche, archevêque de Bourges, primat des Aquitaines*, 1666, p. 304.

le régime de l'édit de Nantes ajoutent une cérémonie de baptême pour le converti, « les parrain et marraine luy donneront un nom d'un saint du Nouveau Testament, car d'ordinaire, les hérétiques n'en ont que de l'Ancien Testament »[1].

Lors de l'abjuration de Pierre Prada, le récit n'est pas aussi précis, mais l'auteur note que l'archevêque prit « la main droite de sa gauche » :

> Il l'interrogea, tirant de luy une detestation de l'heresie, et profession de verite, et la reconciliation à l'Église. Monsieur l'Archevesque l'exhorta de porter toute affection à ceste grande action, et faire autant d'actes de foy qu'il rendoit de responces, de ne se point estonner si on exorcisoit les demons. Car c'estoit pour lier la puissance de l'esprit d'erreur[2].

L'abjuration de Pompée de Remerville comporte des similitudes avec celle des autres convertis. Le père Victor, celui-là même qui a convaincu le pasteur de se convertir, et le converti se mettent à genoux devant l'autel, avec les autres capucins à leurs côtés. Le *Veni Creator* est chanté par les capucins et, « conformement à ce qui est porté dans le concile de Trente », le pasteur lit face à l'autel « le symbole des apostres en langage françois » et déclare qu'il abjure la confession réformée. Le père capucin fait alors un discours sur la façon dont Dieu éclaire « par la lumière de la vérité ses esleus et predestinez ainsi et quand bon luy sembloit ». C'est au tour du nouveau converti de discourir, toujours à genoux mais face à l'assemblée :

> Il traicta les principaux poincts de l'heresie, touchant la pure parolle de Dieu, la transsubstantiation, le liberal arbitre et l'intercession des saints, et après avoir sur chaque poinct exposé l'opinion des heretiques, et monstré par quelles raisons il la recognoissoit estre tout à faict erronée.

Il déclare une nouvelle fois qu'il abjure la confession réformée. Son discours est suivi « d'un applaudissement universel de toute l'assemblée ». Les capucins et les fidèles chantent alors le *Laudate Dominum omnes gentes.* Et c'est ainsi que s'achève la cérémonie[3].

---

1 *Ibid.*, p. 77. Par exemple, à Issoudun, le 28 octobre 1685, en l'église de la Visitation de la ville, le prénom de Pierre est attribué à Isaïe Roux et celui de Marie-Françoise à Esther Limousin (Boisson, Didier, *Les protestants de l'ancien colloque du Berry…*, *op. cit.*, p. 155-156).

2 *Ample et fidelle narré de l'heureuse conversion…*, *op. cit.*, p. 18.

3 Tamizey de Larroque, Philippe, *Récit de la conversion d'un ministre…*, *op. cit.*, p. 14-15.

Enfin, la conversion simultanément d'autres protestants est plus rarement mentionnée dans les récits de conversion consultés. Cette absence n'enlève rien à un des objectifs du récit de conversion, c'est naturellement pour le nouveau converti d'inciter ses anciens coreligionnaires, et en particulier ceux qui ont le même statut social ou la même profession, à le suivre. Claude Gilly réussit à obtenir la conversion de son beau-frère et d'autres membres de son ancienne communauté, ou du moins la conversion du pasteur facilite le changement de confession de réformés jusque-là hésitants. Louis Desgraves mentionne la publication de *La conversion du sieur de Cottiby, ministre de Poictiers, faicte entre les mains de Mgr l'Évesque de Poictiers, je jeudy de la semaine saincte ; ensemble la conversion de plusieurs autres personnes de la RPR qui ont suivy son exemple* (Paris, 1660), mais cet ouvrage a disparu[1]. C'est également ce qu'essaie d'obtenir Jacques Vidouze, dont le récit de conversion de 1608 fait mention de cette dimension importante de l'abjuration :

> Ayant esté esclairé, a recogneu les erreurs ministralles, & s'est depetré des filets de l'opiniastrise dans lesquels engagé il invitoit ses sectaires à perseverer en leur obstinée incredulité, au lieu que maintenant il les incite à le suivre et quitter les opinions erronées qui leur fantasient les raisons ou plustost des idées sans apparence[2].

On peut toutefois douter de l'influence d'une conversion, même d'un pasteur dans la mesure où, d'une part, le converti ne réside pas toujours dans le lieu où il exerçait ses fonctions. D'autre part, si, par exemple, certaines femmes de pasteurs se convertissent, comme celle de Claude Gilly qui perçoit une pension du clergé jusqu'à sa mort en 1735[3], l'épouse de Samuel Cottiby refuse de suivre son mari, au grand dam de ses enfants, semble-t-il[4].

Le point final est la publication des récits de conversion qui accompagnent ces abjurations. On peut naturellement se demander pourquoi certains convertis en publient, qu'ils soient connus ou

1 Desgraves, Louis, *Répertoire des ouvrages de controverse…*, *op. cit.*, t. 2, p. 225.

2 *La conversion de Jacques Vidouze…*, *op. cit.*, p. 3. « L'imprimeur au lecteur ».

3 Archives nationales., G 8*, 841. Cité par Sarrabère, Albert, *Dictionnaire des pasteurs…*, *op. cit.*, p. 64.

4 Haag, E. et É., *La France protestante…*, t. IV, p. 77-78.

inconnus, d'autres non. Cela semble dépendre probablement plus des catholiques qui accompagnent et obtiennent la conversion des ministres que les ministres eux-mêmes, mais aussi des controverses et polémiques qui peuvent accompagner ces conversions. Il y a peut-être à chaque conversion la promesse de la publication d'un récit, comme c'est le cas pour Pompée de Remerville qui, à la fin de son discours, « promit d'escrire un livre et prouver par iceluy les erreurs de la secte par luy abjurée »[1], mais nous ne savons pas si cet ouvrage a été publié et même s'il a commencé à être écrit. Si les récits de conversion étudiés sont par nature des ouvrages de controverse, peu sont au cœur d'importantes polémiques et déclenchent des réactions en chaîne. L'exception est le récit de conversion de Samuel Cottiby. Sa *Lettre* est publiée en 1660 à plusieurs reprises chez des éditeurs parisiens et poitevins. La même année, Jean Daillé, pasteur de l'Église de Charenton, lui répond par une *Lettre escrite à Monsieur Le Coq, sieur de la Talonnière sur le changement de religion de M. Cottiby* (Charenton, Louis Vendosme, 1660). S'ensuit une *Réplique à la lettre de Monsieur Daillé, ministre de Charenton* (Poitiers, Jean Fleuriau, 1660) écrite par Cottiby. Ce dernier ouvrage est réédité en 1661. Et en 1662, Jean Daillé est l'auteur d'une *Réplique aux deux livres que Messieurs Adam et Cottiby ont publiez contre luy* (Genève, Antoine et Samuel de Tournes, 1662), ouvrage réimprimé en 1663. Enfin, une *Réplique* de Samuel Cottiby paraît de nouveau en 1664[2].

Il semble important, pour conclure, de souligner points communs et différences entre la mise en scène de la conversion d'un pasteur au catholicisme et celle d'un ecclésiastique au calvinisme. Tout d'abord, l'enjeu des conversions de pasteurs et d'ecclésiastiques est important, non pas tellement par le nombre de conversions, mais surtout par le symbole que représentent de telles abjurations. Et ces conversions sont naturellement l'objet de controverses entre les deux camps, comme le montrent par exemple certaines publications de François Véron, le curé de Charenton dans la première moitié du XVIIe siècle. En 1636, il publie la liste des ministres et proposants qui reçoivent une pension de l'Église catholique en raison de leur conversion : ce

1 Tamizey de Larroque, Philippe, *Récit de la conversion d'un ministre…*, *op. cit.*, p. 14.

2 Desgraves, Louis, *Répertoire des ouvrages de controverse…*, *op. cit.*, t. 2, p. 225-226 (1660), p. 238 (1661), p. 249 (1662), p. 258 (1663) et p. 264 (1664).

sont quarante-quatre ministres et quatorze proposants qui sont ainsi cités[1]. Et nous y retrouvons les noms de Pompée de Remerville, Pierre Marcha, Jacques Mestayer ou d'autres qui ont également écrit un récit de conversion comme Daniel Bourguignon ou Léonard Thévenot[2], mais que nous n'avons pas utilisé en raison de l'absence de description de la cérémonie d'abjuration.

Ensuite, selon la *Discipline des Églises réformées de France*,

> ceux qui voudront être introduits dans l'Église pour en être membres, le feront entendre à l'ancien de leur quartier, qui s'informera de leur vie, et fera rapport au Consistoire du témoignage qu'il en aura eu ; s'il s'en trouve de bons, il les amènera à la fin de l'action devant le ministre, qui leur fera faire la protestation et promesse accoustumée, de suivre la doctrine de l'Évangile, qui leur sera enseignée, et de s'assujettir à l'ordre et à la discipline de l'Église, et les exhortera de se trouver ordinairement aux prêches et aux catéchismes, pour être instruits en la foi, jusqu'à ce qu'ils soient trouvés capables de participer à la Sainte-Cène[3].

Cet article date du synode national de Paris tenu en 1565. En 1601, le synode national de Jargeau précise qu'« aucun ne sera reçu à la communion de l'Église, qui n'ait préalablement renoncé à toutes les idolâtries et toutes les superstitions de l'Église romaine, particulièrement à la messe ». Deux ans plus tard, celui de Gap ajoute que cette renonciation doit se faire « publiquement »[4]. La cérémonie peut ainsi se dérouler devant le consistoire ou lors du culte dans le temple. Abjurer publiquement dans le temple donne une certaine solennité à la conversion, faire le choix

---

1 *Conversion de quarante quatre ministres, & quatorze proposans. Et apologie pour le Pere Véron*, s. d., 8°, 32 pages.

2 *Déclaration du sieur Bourguignon cy devant ministre de la religion prétendue réformée sur le suject de la Conversion à la Foy Catholique, Apostolique et Romaine : Et sa réception en la saincte Eglise, par Monseigneur le Révérendissime Evesque de Paris, le jour et solemnité de la conversion de sainct Augustin. Avec quarante-cinq briefves propositions descouvrantes partie des abuz, faussetez, contradictions et malignitez de la doctrine huguenote par ses propres maximes*, Paris, René Giffart, 1642 ; *Lettre écrite aux ministres assemblés en leur synode à Mozé, par le sieur Thévenot, naguères ministre de la Religion prétendue réformée, et maintenant converty à la foy catholique*, Paris, 1634.

3 *Discipline des Églises réformées de France*, X, VI.

4 *Discipline des Églises réformées de France*, XIV, I. Voir aussi Felice, Paul de, *Les protestants d'autrefois. Les temples. Les services religieux. Les actes pastoraux*, Paris, Fischbacher, 1896, p. 229 ; *id.*, « Les abjurations de catholiques dans les temples des huguenots », *Bulletin de la Société de l'Histoire du Protestantisme Français*, 1896, p. 561-572.

du consistoire signifie que l'Église et le nouveau prosélyte recherchent davantage de confidentialité pour tenter d'éviter toute controverse avec l'Église catholique et l'ancien ordre de l'ecclésiastique[1]. Ces différents éléments de la *Discipline ecclésiastique* montrent que les réformés ne veulent pas apparaître comme appartenant à l'Église universelle, mais à la « Véritable Église ».

Didier BOISSON
Université d'Angers
CERHIO UMR 6258

1 La conversion du jésuite Pierre Jarrige est un exemple intéressant. Un ministre de La Rochelle, Vincent, entre en contact en novembre 1647 avec Pierre Jarrige qui souhaite se convertir. Le pasteur l'avertit alors des dangers encourus : « Que la voye qu'il suivoit estoit la large & l'aisée, là où la nôtre estoit l'estroite, et celle qui estoit pleine d'espines & de difficultez ». Vincent évoque alors la question avec les autres pasteurs de l'Église, « nous arrestâmes donc de le recevoir ». Il est accueilli une première fois le 19 décembre 1647. Et le 25 décembre, il se convertit devant les pasteurs de La Rochelle. Cette abjuration non publique n'a toutefois pas empêché qu'une controverse éclate. Voir *La conversion de Monsieur Jarrige, cy-devant Jésuite, confesseur et père spirituel de la Maison des Jésuites de La Rochelle, admoniteur du Recteur, & prédicateur ordinaire*, Charenton, 1648.

LE CHOIX DE LA CONVERSION

Les pasteurs face à la révocation de l'édit de Nantes

Point d'aboutissement d'une législation défavorable aux protestants dont les origines remontent au règne de Louis XIII et surtout au tout début des années 1660, au début du règne personnel de Louis XIV[1], l'édit de Fontainebleau (octobre 1685) enjoint aux pasteurs des Églises réformées de France qui refuseraient de se convertir de « sortir » du royaume. La politique de « réduction » des huguenots a pris un tour nouveau après la fin de la guerre de Hollande. Entre 1679 et 1685, le Conseil du roi et les instances judiciaires régionales et locales prononcent, au terme de procédures souvent iniques, l'interdiction de centaines d'« exercices de la Religion prétendue réformée ». Dans les provinces, les synodes, institution ecclésiastique fondamentale dans le système calviniste, ne sont plus autorisés à se réunir. De nombreux pasteurs ont déjà fait le choix de l'exil ; quelques-uns ont abjuré.

Les années 1680 voient la grande majorité du corps pastoral français quitter le royaume pour rejoindre les pays dits du Refuge, îles britanniques, Provinces-Unies, Saint-Empire romain germanique ou Suisse. Ceux qui se convertissent à la « Religion catholique, apostolique et romaine », souvent désignés sous le vocable très connoté d'« apostats[2] », forment un groupe minoritaire que les historiens, longtemps

1 Sur ces questions, voir Labrousse, Élisabeth, *« Une foi, une loi, un roi ? ». La révocation de l'édit de Nantes*, Paris et Genève, Payot et Labor et Fides, 1985, ainsi que Daireaux, Luc, *« Réduire les huguenots ». Protestants et pouvoirs en Normandie au XVII*^e^ *siècle*, Paris, Honoré Champion, 2010.

2 Ce vocabulaire est notamment utilisé par les pasteurs installés au Refuge qui, à travers sermons ou récits divers, condamnent les abjurations (« révoltes », « chutes » ou « apostasies »). Voir [Guillebert, Jean], *Le malheur des apostats, ou sermon sur ces paroles de l'Épître aux Ébreux, chap. 10, vers. 26, Car si nous péchons volontairement après avoir reçu la connoissance de la vérité, il ne reste plus de sacrifice pour les péchez*, Amsterdam, Henry Desbordes, 1687 ; Claude, Jean, *La récompense du fidèle et la condamnation des apostats, ou sermon sur s. Matth., chap. 10, vers. 32-33…*, Genève, Samuel de Tournes, 1689.

prisonniers de logiques confessionnelles, n'ont pas pris en considération comme il le faudrait, en dépit de quelques études décisives[1]. On insistera d'abord sur la part que ce groupe représente, puis on s'attardera sur les itinéraires de certains de ses membres, parcours connus par divers récits et témoignages. Ce faisant, on comprendra combien la réalité des conversions et des démarches qui les accompagnent est difficile à apprécier tant elle est recouverte par un ensemble de discours contradictoires, tantôt laudatifs, tantôt dépréciatifs, discours à la mesure du grand effort de (re)construction historiographique qui naît dès la fin du Grand Siècle.

QUEL GROUPE PASTORAL ?

Revenons d'abord sur les contours du groupe étudié. Il n'existe pas de liste précise des pasteurs au début des années 1680. On connaît en revanche la situation vingt ans plus tôt. Un « rôle », élaboré à l'occasion de la tenue du synode national de Loudun (1659-1660), dernière assemblée de ce genre au XVIIe siècle, est conservé à la Bibliothèque de Genève ; il a été publié en 1866[2]. En 1660, le royaume de France compte un peu plus de 700 pasteurs en activité. Le chiffre semble avoir peu évolué depuis le premier quart du siècle. La densité pastorale apparaît particulièrement forte en Bas-Languedoc et dans les provinces synodales de Cévennes, de Saintonge-Aunis-Angoumois, de Poitou et de Dauphiné.

1 Mours, Samuel, « Les pasteurs à la révocation de l'édit de Nantes », *Bulletin de la Société de l'histoire du protestantisme français*, t. 114, 1968, p. 67-105, 290-316 et 521-524, et Falguerolles, G.-E. de, « Pasteurs, proposants et enseignants apostats vers 1685 et pensionnés du clergé (Archives nationales, série G8 : agence générale du clergé 208 à 261 et 604 à 618) », *Bulletin de la Société de l'histoire du protestantisme français*, t. 126, 1980, p. 241-245.

2 « Liste des églises et des pasteurs réformés en France en 1660 », éd. Théodore Claparède, *Bulletin de la Société de l'histoire du protestantisme français*, t. 15, 1866, p. 511-526 et 577-582.

	Province synodale	Nb. pasteurs (%)
1	Dauphiné	76 (10,8 %)
2	Basse-Guyenne	73 (10,37 %)
3	Bas-Languedoc	71 (10,09 %)
4	Haut-Languedoc et Haute-Guyenne	66 (9,38 %)
5	Cévennes	60 (8,52 %)
6	Saintonge-Aunis-Angoumois	59 (8,38 %)
7	Poitou	49 (6,96 %)
8	Normandie	48 (6,82 %)
9	Île-de-France-Champagne-Picardie-pays chartrain	43 (6,11 %)
10	Béarn	33 (4,69 %)
11	Anjou-Touraine-Maine	28 (3,98 %)
12	Vivarais	26 (3,69 %)
13	Bourgogne	24 (3,41 %)
14	Orléanais-Berry	22 (3,13 %)
15	Bretagne	16 (2,27 %)
16	Provence	10 (1,42 %)
	Total	*704 (100 %)*

FIG. 1 – L'effectif pastoral vers 1660, d'après une liste conservée à la Bibliothèque de Genève. Source : « Liste des églises… », 1866, d'après Bibliothèque de Genève (BGE), ms. Court, n° 17, vol. D.

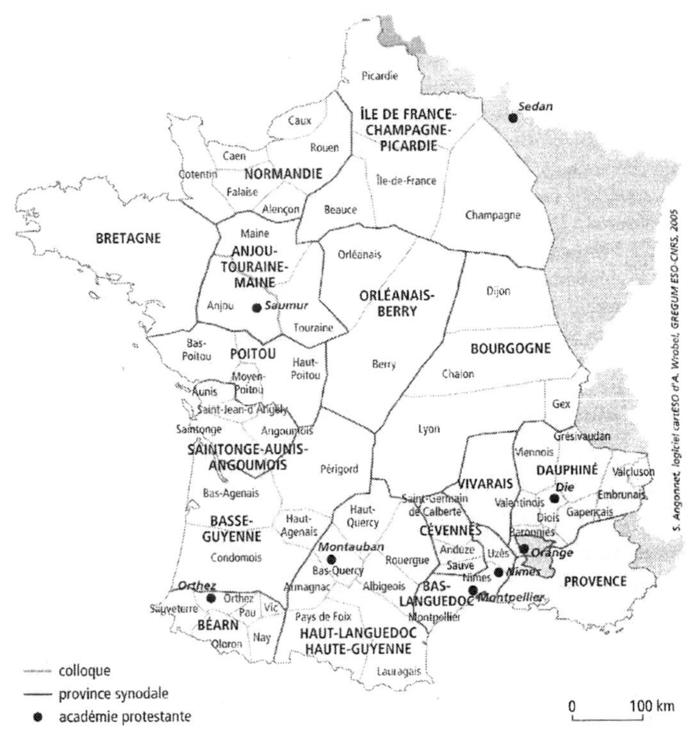

FIG. 2 – Carte des provinces synodales et des colloques en 1660.
Source : BOISSON, Didier, DAUSSY, Hugues,
Les protestants dans la France moderne, Paris, Belin, 2006, p. 178.
Les colloques sont des entités ecclésiastiques infraprovinciales.

À l'aube de la Révocation, la situation reste plus difficile à apprécier. On dispose certes des listes fournies par les actes des synodes provinciaux, listes compilées par les pasteurs Auzière et Mours. Ce dernier recense quelque 800 ministres actifs dans le royaume en 1680[1]. Si le chiffre demeure incertain, une progression est avérée. Le cas normand l'illustre

1 Mours, Samuel, « Les pasteurs à la révocation de l'édit de Nantes… », art. cité, p. 71. Les travaux du pasteur Louis Auzière sont restés manuscrits ; ils sont conservés à la Bibliothèque de la Société de l'histoire du protestantisme français : voir notamment le ms. 538.

bien. Entre 1660 et 1679, le corps pastoral passe de 54 membres à 61, soit une progression d'environ 13 %, conforme à ce qui est observé dans l'ensemble du royaume[1].

L'édit de révocation, particulièrement bref, surtout si on le compare avec l'édit de 1598, consacre trois de ses douze articles aux « ministres de la Religion prétendue réformée ». La règle est bien la conversion. L'article 4 précise que ceux « qui ne voudraient pas se convertir et embrasser la Religion catholique, apostolique et romaine » doivent « sortir [du] royaume [...] quinze jours après la publication d[u] présent édit, sans y pouvoir séjourner au-delà, ni pendant ledit temps de quinzaine, ny faire aucun prêche, exhortation, ni autre fonction, à peine des galères ». Les articles 5 et 6 précisent les privilèges octroyés aux « ministres qui se convertiront » : maintien de l'exemption de taille et de logement des gens de guerre ; pension augmentée d'un tiers ; dispense des trois années études pour obtenir le doctorat ès droits[2].

Samuel Mours a comptabilisé 873 pasteurs (actifs et déchargés) vers 1680. D'après lui, entre cette date et l'hiver 1685-1686, 681 font le choix de l'exil vers les pays du Refuge (Provinces-Unies, îles britanniques, Suisse ou Saint-Empire romain germanique), 13 sont prisonniers et 178 se convertissent. Parmi ces derniers, 38 reviennent sur leur choix initial ; ils sont considérés comme des « apostats passagers »[3]. Pour établir ces résultats, l'historien s'est appuyé notamment sur les précieux registres des pensionnés du clergé, documents conservés dans la sous-série G8 des Archives nationales[4].

1 Daireaux, Luc, *op. cit.*, p. 630.

2 Articles 4, 5 et 6 de l'édit de Fontainebleau, texte disponible notamment dans *Édits, déclarations et arrests concernans la Religion p. réformée, 1662-1715, précédés de l'édit de Nantes, réimprimés pour le deuxième centenaire de la révocation de l'édit de Nantes*, éd. par Léon Pilatte, Paris, Fischbacher, 1885, p. 242-243.

3 Mours, Samuel, « Les pasteurs... », art. cité, p. 316.

4 Voir aussi Falguerolles, G.-E. de, « Pasteurs, proposants... », art. cité, et Blet, Pierre, *Les assemblées du clergé et Louis XIV de 1670 à 1693*, Rome, Università Gregoriana, 1972, p. 456-462.

Provinces synodales	Réfugiés	Apostats (1)	Apostats passagers (2)	Total apostats	Prisonniers	Total pasteurs	Rapport total apostats / total pasteurs	Rapport apostats (1) / total pasteurs
Provence	7	0	0	0	0	7	0,00	0,00
Bourgogne	20	1	0	1	0	21	4,76	4,76
Île-de-France, etc. + Metz + Sedan	70	3	1	4	0	74	5,41	4,05
Bretagne	15	2	0	2	0	17	11,76	11,76
Poitou	43	4	2	6	0	49	12,24	8,16
Normandie	46	7	2	9	1	56	16,07	12,50
Anjou, etc.	26	5	1	6	1	33	18,18	15,15
Dauphiné	68	11	6	17	5	90	18,89	12,22
Bas-Languedoc	77	17	2	19	0	96	19,79	17,71
Aunis, etc.	50	11	2	13	0	63	20,63	17,46
Haut-Languedoc, etc.	74	16	4	20	1	95	21,05	16,84
Basse-Guyenne	76	16	9	25	2	103	24,27	15,53
Orléanais, etc.	19	8	0	8	0	27	29,63	29,63
Cévennes	54	19	4	23	0	77	29,87	24,68
Vivarais	18	8	3	11	2	31	35,48	25,81
Béarn	18	12	2	14	2	34	41,18	35,29
Total	*681*	*140*	*38*	*178*	*14*	*873*	*20,39*	*16,04*

FIG. 3 – De 1680 à 1685, quelle destinée pour les pasteurs des Églises réformées de France ?
Source : MOURS, Samuel, « Les pasteurs… », art. cité, p. 316.

Cette première liste comporte toutefois plusieurs incertitudes. J'ai constitué une base de données plus précise pour six provinces synodales : la Normandie, la Bretagne, l'Anjou-Touraine-Maine, l'Aunis-Saintonge-Angoumois, la Basse-Guyenne et le Béarn.

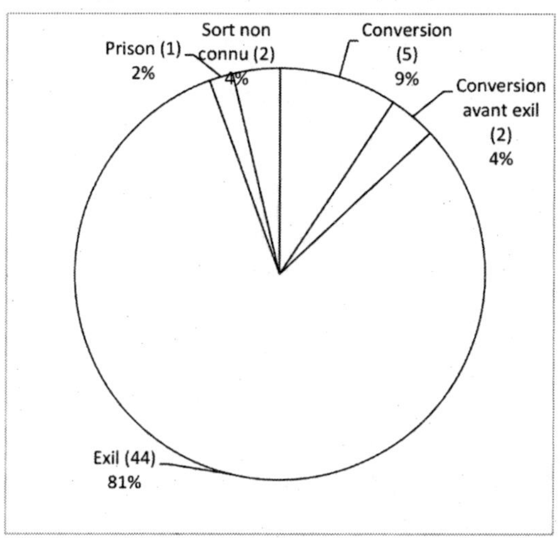

Fig. 4 a – Le sort des pasteurs normands après 1685.

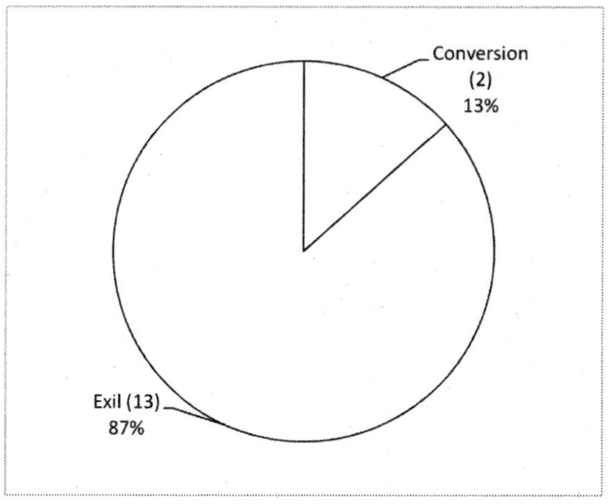

Fig. 4 b – Le sort des pasteurs bretons après 1685.

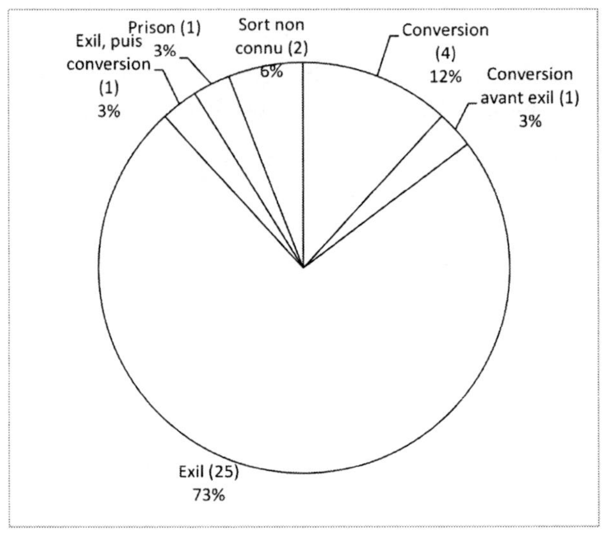

Fig. 4 c – Le sort des pasteurs d'Anjou-Touraine-Maine après 1685.

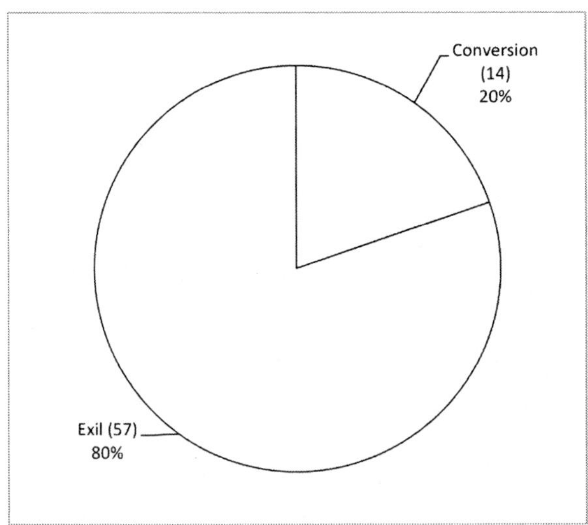

Fig. 4 d – Le sort des pasteurs d'Aunis-Saintonge-Angoumois après 1685.

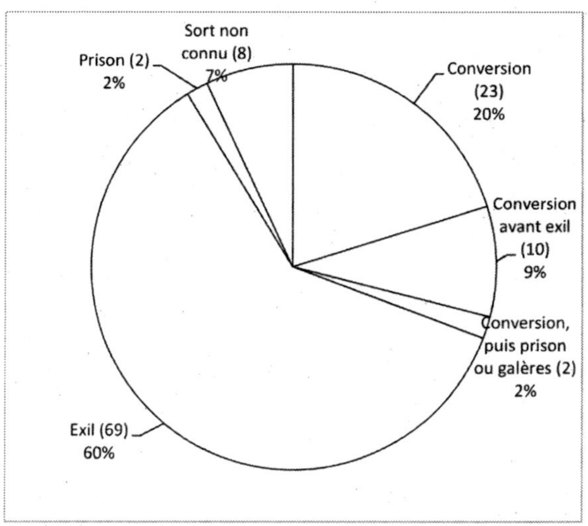

FIG. 4e – Le sort des pasteurs de Basse-Guyenne après 1685.

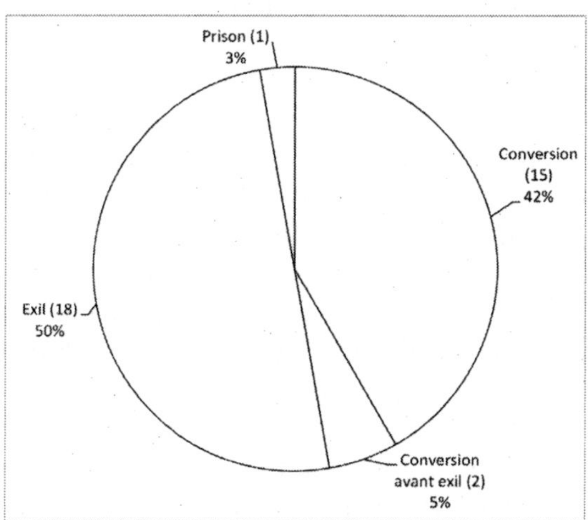

FIG. 4f – Le sort des pasteurs béarnais après 1685.[1]

1 Source : Daireaux, Luc, *op. cit.* ; Forlacroix, Élisabeth, Saint-Affrique, Olga de, *Les pasteurs d'Aunis, Saintonge et Angoumois devant la Révocation : dictionnaire*, Paris, Les Indes savantes, 2010 ; Sarrabère, Albert, *Dictionnaire des pasteurs basques et béarnais, XVIe-XVIIe siècles*, Pau, CEPB, 2001 ; du même, *Dictionnaire des pasteurs du Sud-Ouest, XVIe-XVIIe siècles*, Pau,

Le clivage Nord-Sud paraît évident. À l'exception de la province d'Orléanais-Berry, les régions du Nord comptent une proportion de convertis bien plus faible que les régions du fameux croissant réformé, cet ensemble hétéroclite qui va de La Rochelle à Lyon et où la présence réformée est la plus marquée. Pour la vaste province qui regroupe l'Île-de-France, la Champagne et la Picardie, avec les Églises de Metz et de Sedan, au statut particulier, Samuel Mours évalue à 5,4 % la part des « apostats » (4 % pour les convertis qui ne reviennent jamais au protestantisme). En Normandie, ils sont 12,9 % (9,3 %), contre 13,3 % en Bretagne et 14,7 % (11,7 %) en Anjou-Touraine-Maine. La proportion est bien plus élevée en Basse-Guyenne (28,9 % ou 20,18 %) et en Béarn (47,2 % ou 41,7 %). Le pourcentage de convertis (moins de 20 % pour l'ensemble du royaume ; 15 % si on ne considère que les individus qui maintiennent leur choix initial) varie donc considérablement d'une province à l'autre. La Provence, où la Réforme protestante a toujours pesé très peu, constitue une exception, avec une absence d'abjurations pastorales.

Plusieurs facteurs d'explication peuvent être avancés. D'abord, la pression qui a pesé sur les pasteurs a parfois été très forte, et ceci bien avant la promulgation de l'édit de révocation. C'est notamment le cas en Béarn, région où les dragonnades sévissent dès le printemps 1685. À cet égard, les *Mémoires* de l'intendant Nicolas-Joseph Foucault sont édifiants. Y sont évoquées les abjurations spectaculaires de Pierre Goulard, en la cathédrale d'Oloron, le 17 juin 1685, « en présence de l'évêque et plus de huit mille personnes de l'une et de l'autre religion », de Jean-Paul Andichon, au château de Pau, entre les mains de l'évêque et en présence de l'intendant, en juillet 1685, ou d'Isaac Darrigrand, pasteur de Maslacq, âgé de 85 ans, considéré par l'intendant comme le « ministre sans contredit le plus considéré de la province par son éloquence et par sa capacité »[1]. Il faut signaler aussi, comme le fait Élie Benoist dans sa fameuse *Histoire de l'édit de Nantes*, que les pasteurs qui souhaitent partir conformément à l'article 4 de l'édit de révocation sont soumis au bon vouloir des intendants chargés de leur délivrer, ainsi qu'à

CEPB, 2004 ; du même, *Dictionnaire des pasteurs de la province synodale d'Anjou, Maine, Touraine, Loudunois, Vendômois, et de la province de Bretagne*, XVIe-XVIIe *siècles*, Pau, CEPB, 2006.

1 *Mémoires de Nicolas-Joseph Foucault*, éd. F. Baudry, Paris, Ministère de l'Instruction publique, 1862, p. 120, 121-122, 127 (citation). Voir aussi Soulice, Léon, *L'intendant Foucault et la révocation en Béarn*, Pau, Véronèse, 1885, p. 37-38 et 52-53.

leurs épouses et aux enfants les plus jeunes, des passeports permettant de gagner l'étranger. D'une généralité à l'autre, les situations sont variables : « les uns passèrent sans contradiction, et les autres eurent à essuyer mille chicanes », particulièrement dans le sud du royaume semble-t-il mais pas seulement[1]. Pierre Augier, ancien pasteur de Casteljaloux (actuel département du Lot-et-Garonne), est arrêté à Charleville (Ardennes) avec plusieurs de ses collègues, sur la route du Refuge. On lui interdit d'emmener femmes et enfants. Augier, affirme Élie Benoist, « n'eut pas la force de résister à cette tentation et la douleur de laisser quatre enfans et une femme qu'il aimoit [...] lui fit promettre de se réunir[2]. » Son nom apparaît sur la liste des pensionnaires du clergé[3]. Finalement, le pasteur a « le bonheur de se retirer avec [sa femme] à Berlin, où il donn[e] aussitôt des marques d'une repentance fort édifiante[4]. » On peut enfin s'interroger sur la solidité des réseaux pastoraux d'une province à l'autre. En 1985, Élisabeth Labrousse notait le nombre élevé de pasteurs convertis dans le Midi, en particulier en Béarn ou dans les Cévennes, avant de conclure que, « dans ces régions à forte densité protestante, la vocation pastorale correspondait plus souvent qu'ailleurs à des ambitions surtout temporelles »[5]. Cette hypothèse mériterait sans aucun doute d'être davantage étayée par une analyse fine du milieu social d'appartenance des pasteurs, de leur formation, de leurs éventuels travaux d'érudition ou de publication.

ITINÉRAIRES

En attendant la réalisation de cette étude de grande ampleur, on peut s'intéresser à quelques parcours et profils particuliers. De manière générale, il faut constater que les ministres les plus connus ont fait le choix de l'exil. C'est le cas des sept pasteurs en poste à Charenton (Pierre

1 Benoist, Élie, *Histoire de l'édit de Nantes contenant les choses les plus remarquables...*, Delft, Adrian Beman, 1695, t. 3, p. 933.

2 *Ibid.*, p. 934.

3 Voir Archives nationales, G^8 890B, et Sarrabère, Albert, *Dictionnaire des pasteurs du Sud-Ouest*, *op. cit.*, p. 29.

4 Benoist, Élie, *op. cit.*, t. 3, p. 934.

5 Labrousse, Élisabeth, *« Une foi, une loi, un roi ? »*, *op. cit.*, p. 197, note 2.

Allix, Charles Bertheau, Jean Claude, Adrien Daillé, Abraham Gilbert, Samuel de L'Angle et Jean Mesnard) ou des cinq ministres rochelais du début des années 1680 (Jacques Guibert, Daniel-Henri de Laizement, Théodore Le Blanc, André Lortie, Jacques de Tandebaratz). L'exemple normand paraît également probant : on peut citer les noms de Jacques Basnage et de Philippe Legendre, en poste à Rouen, de Pierre Dubosc, à Caen, ou d'Élie Benoist, à Alençon.

Mieux vaut s'intéresser aux exceptions. Les plus fameuses sont antérieures à l'édit de Fontainebleau. Le 27 mai 1683, jour de l'Ascension, Marin Grostête, sieur des Mahis, ministre d'Orléans (à Chécy), fils d'un ancien de l'Église de Charenton, abjure entre les mains de l'évêque Pierre du Cambout de Coislin. En juin 1683, le *Mercure galant* rapporte complaisamment la conversion d'un « homme considérable par sa naissance, par sa piété et par son érudition, et qui estoit généralement estimé dans le party qu'il vient de quiter », en espérant les meilleurs fruits pour la communauté catholique : « il y a sujet de croire que son retour au sein de l'Église y ramènera grand nombre de protestans[1] ». Le 3 juin 1683, l'annonce de la conversion de David Gilly et de David Courdil, pasteurs de Baugé (Maine-et-Loire) et de Château-du-Loir (Sarthe), saisit d'effroi le synode provincial réuni à Sorges, près d'Angers[2]. L'abjuration a lieu le 6 juin, jour de la Pentecôte, « avec tout l'éclat et toute la pompe que demandoit une chose si avantageuse à l'Église[3] ». Un an et demi plus tard, le dimanche 15 décembre 1684, l'abjuration du pasteur Alexandre Vigne, dans la cathédrale de Grenoble, entre les mains de l'évêque Étienne Le Camus, marque une nouvelle victoire pour le clergé catholique et ses soutiens[4]. En juin 1685, le *Mercure galant* publie une « lettre » dans laquelle le pasteur de Die, Louis de Gilbert, justifie sa conversion[5]. L'abjuration de deux des quatre pasteurs de Nîmes, Élie Cheiron et Pierre Paulhan, le 4 octobre 1685, suscite un grand écho dans une ville fortement marquée par la Réforme[6]. Celle d'Isaac Sarrau, fils d'un érudit célèbre, lui-même auteur de quelques

1 *Mercure galant*, juin 1683, p. 231-232.

2 Voir *Actes des synodes provinciaux. Anjou-Touraine-Maine (1594-1683)*, éd. D. Boisson, Genève, Droz, 2012, p. 488, et la communication du même dans le présent volume.

3 *Mercure galant*, juin 1683, p. 238.

4 *Mercure galant*, janvier 1685, p. 39 et s.

5 *Mercure galant*, juin 1685, p. 25-59 (lettre datée de Paris, le 18 mai 1685).

6 Benoist, Élie, *op. cit.*, t. 3, p. 815-817.

publications imprimées à La Réole (Gironde), le 29 octobre 1685, mérite également d'être citée[1]. On l'aura compris toutefois : pour l'essentiel, les pasteurs qui se convertissent ne figurent pas parmi les plus réputés et sont souvent issus de communautés rurales ou mixtes. C'est le cas en Normandie : parmi les sept pasteurs « apostats » du temps de la Révocation, au moins quatre représentent des Églises modestes et isolées (Boissay-Londinières, en Seine-Maritime, Orbec, dans le Calvados, Courtomer et Sées dans l'Orne)[2].

Il faut distinguer d'emblée la petite quarantaine de convertis « passagers ». On retrouve leurs noms dans les registres des Églises des pays du Refuge : c'est alors le temps de la « reconnaissance » publique de la « chute » (l'abjuration), « faute » dont l'aveu constitue le prélude à une nécessaire « réconciliation ». Citons l'exemple de Philippe de Laloë. Cet ancien pasteur d'Orbec a abjuré en Normandie, le 24 décembre 1685, « afin de sortir de la prison dans laquelle il étoit détenu », puis est parvenu à prendre la fuite en passant par l'île de Guernesey. Le 13 juin 1686, devant le consistoire de la Savoye, à Londres, il fait « réparation publique du scandale qu'il a donné » et est « reçu à la paix de l'Église[3] ». Assez peu de textes nous renseignent de manière détaillée sur le parcours de ces « apostats passagers », pris dans la tourmente de 1685 ou des événements antérieurs. Jean Cluzel, pasteur du Cheylard (Ardèche), abjure dès 1683, après quelques mois de rude détention[4]. Il réussit toutefois à gagner la Suisse et publie, « au désert », en 1685, une *Lettre aux fidèles* de son Église, où il reconnaît le « scandale » et le « mauvais exemple » donné à ses « brebis » : « Au lieu de vous édifier et affermir par ma constance, je vous abandonnay dans le besoin en quittant mon Sauveur, lorsqu'il falloit seller de mon sang les véritez salutaires que je vous avois annoncées[5] ». On retrouve des mots similaires dans un texte signé par Jean d'Estremau, ancien pasteur de Bellocq, en Béarn,

1 Sarrabère, Albert, *Dictionnaire des pasteurs du Sud-Ouest*, *op. cit.*, p. 224.

2 Daireaux, Luc, *op. cit.*, p. 1035.

3 Texte cité par S[chickler], F[ernand] de, « 'Reconnoissances' et abjurations dans les Églises de la Savoie et de Hungerford, à Londres (1684-1733) », *Bulletin de la Société de l'histoire du protestantisme français*, t. 39, 1890, p. 86-97, ici p. 90-91.

4 À ce propos, voir un article méconnu de Labrousse, Élisabeth, « La torture morale au 17e siècle », *Autres temps : les cahiers du christianisme social*, n° 6, 1985, p. 5-9, ici p. 8.

5 Cluzel, Jean, *Lettre écrite aux fidèles de l'Église réformée du Cheylar en Vivarez, par Jean Cluzel, cy-devant leur ministre, qui, pour éviter la mort, avoit abjuré sa religion*, Pierre Le Sincère, 1685, p. 4.

converti en 1685 puis réfugié à Amsterdam, où il s'exprime, repentant, à l'occasion d'un sermon saturé de références bibliques, opposant les Provinces-Unies érigées au rang de nouvelle Jérusalem et le royaume de France, lieu maudit de l'Apocalypse :

> J'ai lâchement tourné le dos, j'ay résisté à sa voix, et, quel qu'en ait pu être le motif, ou de quelle manière que la providence ait voulu diriger cette action, le puis-je dire sans mourir de douleur, Rome m'a compté parmi ses sujets, ou, pour le moins, ses malheureux esclaves. Cependant, ô profondeur de l'incompréhensible miséricorde de mon Dieu, quelque indigne que je fusse et que je me reconnoisse encore des soins et du secours de ce Père Céleste, il n'a pas laissé de briser mes fers, rompre mes chaînes et contraindre enfin ce poisson mystique de me vomir sur le sec, me faisant même aborder dans cette heureuse terre où justice et paix habitent. Il me fait la grâce de me rétablir dans toute la gloire de mon premier employ et m'élève maintenant sur cette sacrée chaire pour y faire retentir la menace de Jonas contre cette impénitente Ninive, la vraie Égypte où l'on peut dire que le Seigneur Jésus est crucifié tous les moments[1].

Parmi les pasteurs qui se convertissent et qui ne reviennent pas sur leur décision, certains tirent des bénéfices socioprofessionnels de leur conversion. C'est par exemple le cas d'Élie Cheiron et de Pierre Paulhan. Dès le 29 octobre 1685, Louis XIV ordonne, par lettre de cachet, la nomination de Cheiron comme premier consul de la ville de Nîmes[2]. Paulhan est, quant à lui, pourvu d'un office de conseiller honoraire au présidial de la ville, en 1689[3]. La conversion d'Isaac Sarrau, pasteur de Bordeaux, lui permet de sauvegarder les intérêts de la famille[4]. La documentation disponible – notamment ces fameuses listes de pensionnés du clergé conservées aux Archives nationales – ne permet pas toutefois de saisir dans le détail le profil social de ces « apostats ».

1 *Les larmes de Jean d'Estremau, ci-devant ministre de Bellocq en Béarn, ou sermon sur les paroles du Livre de l'Exode, ch. 3, v. 2, suivi de la lettre de Jean d'Estremau à ses brebis*, éd. G. Sicard-Arpin, Pau, CEPB, 1998, p. 29-30 (d'après la première édition parue à Amsterdam, en 1688).

2 Voir Arch. mun. Nîmes, LL 28. *Cf.* aussi Ménard, Léon, *Histoire civile, ecclésiastique et littéraire de la ville de Nismes…*, t. 6, Paris, Hugues-Daniel Chaubert, 1755, p. 287. Ce dernier auteur indique que le premier consul est l'objet d'une « haine implacable » de la part de ses anciens coreligionnaires et doit circuler en ville avec « une escorte de soldats », p. 298.

3 *Ibid.*, p. 363.

4 *Cf. Histoire des Bordelais*, dir. M. Figeac, t. 1er, Bordeaux, Mollat et Fédération historique du Sud-Ouest, 2002, p. 23-25.

Pour ce qui relève de la réalité, de la véracité ou de l'intensité des conversions, la situation paraît d'une grande diversité. On peut se demander, avec Élisabeth Labrousse, si quelques pasteurs « n'ont abjuré que dans l'intention, nicodémite, de poursuivre secrètement leur ministère[1]. » Si la formulation peut paraître excessive, il reste néanmoins que certains néo-convertis ne brillent pas par leur enthousiasme. L'ancien pasteur de Monflanquin (Lot-et-Garonne), Jean Verniol, converti au catholicisme, est même condamné aux galères pour crime de relaps par le parlement de Guyenne le 8 février 1686[2]. Audibert Durand, ministre de Saint-Jean-d'Angély, qui abjure le protestantisme en septembre 1685, se voit confier un poste de maître d'école par l'évêque de Saintes. Sa pension est finalement supprimée en 1696. L'ancien ministre est alors accusé de faire de sa maison une « petite Genève » ; il meurt dans la précarité en 1698[3]. Jean Conquéré, sieur de Lacave, ancien pasteur de Sainte-Foy, ne perçoit pas la pension du clergé qui lui a pourtant été attribuée. Après son abjuration, retiré sur ses terres à Layrac, passant « pour un esprit dangereux sur le fait de la religion », il est bientôt relégué à Aurillac (1689). Revenu chez lui en 1694, Conquéré est de nouveau exilé à Condom en 1699[4].

À l'opposé de ce groupe en existe un autre, celui des « zélés[5] ». Son importance reste encore difficile à évaluer, sans doute autour de 20 % de l'ensemble des « apostats », ce chiffre étant à prendre avec une grande prudence. Le « zèle » est noté dans une documentation éparse, en particulier des lettres ou des annotations diverses faisant mention d'un comportement « sincère », de pratiques d'« édification », quand il ne s'agit pas d'un souci de « conversion » à l'égard de ceux qui résistent encore à la norme catholique. Quelques figures de « convertisseurs » émergent de nos listes. Ainsi en est-il de Marin Grostête, sieur des Mahis, ancien pasteur de Chécy (Loiret), devenu chanoine d'Orléans (de 1687 à sa mort survenue en 1694), auteur de plusieurs ouvrages édifiants, célébré par ses nouveaux coreligionnaires

1 Labrousse, Élisabeth, « Le débat sur l'exil des pasteurs français en 1685 », *Conscience et conviction. Études sur le* XVII*e siècle*, Paris, Universitas, 1996, p. 118-133, ici p. 118.

2 Sarrabère, Albert, *Dictionnaire des pasteurs du Sud-Ouest*, *op. cit.*, p. 242.

3 Causse, Maurice, « Audibert Durand, ministre apostat en Saintonge, 1678-1698 », *Bulletin de la Société de l'histoire du protestantisme français*, t. 128, 1982, p. 505-516.

4 Fonbrune-Berbineau, Paul, « 'Converti', suspect et persécuté (le pasteur Jean Conquéré, sieur de Lacave) », *Bulletin de la Société de l'histoire du protestantisme français*, t. 60, 1911, p. 516-520.

5 Sur la notion si complexe de zèle, voir *Critique du zèle : fidélités et radicalités confessionnelles, France,* XVI*e*-XVIII*e siècle*, dir. C. Bernat, F. Gabriel, Paris, Beauchesne, 2013.

pour avoir travaillé « au progrès de la foy catholique et à l'avancement des nouveaux convertis » à Orléans, en région parisienne et dans le diocèse de Luçon, où il est missionné en 1687-1688[1]. On peut mentionner également le nom d'Abraham Dejean, ancien pasteur de La Bâtie-de-Crussol (Ardèche), converti dès 1683, devenu un « grand persécuteur » selon le témoignage du prédicant Jean-Paul Ébruy, ou encore ceux de François de La Valette et d'Isaac Meissonnier, également actifs dans le Vivarais[2]. Louis de Bagars, ancien pasteur de Saint-Félix-de-Pallières dans les Cévennes, devenu consul de Lasalle (Gard), très investi dans la lutte contre ses anciens coreligionnaires, est assassiné par cinq prédicants en juillet 1691[3].

Que dire du troisième groupe, ces pasteurs qui, « sans arrière-pensée », deviennent des « catholiques assez bon teint[4] », sans doute plus de la moitié de notre effectif ? Lorsqu'ils ont pu être retrouvés, les testaments donnent des indications précieuses. Jacques Trippier, sieur de Larpent, ancien pasteur de Sées, qui abjure dès le 20 avril 1685 à Notre-Dame de Paris entre les mains de l'archevêque, pensionné du clergé, retiré à quelques kilomètres du Mans, n'affirme pas de manière excessive sa foi catholique dans son testament rédigé en mars 1703, plus d'un an avant sa mort. Le texte, qui rappelle le statut passé de Trippier, porte des mentions que ne peuvent renier les protestants : l'ancien pasteur supplie Dieu de le « recevoir en grâce par le mérite infini de la mort et passion [de] son fils Jésus-Christ[5] ». Dans le testament de Jean Bernon (1695), ancien pasteur de Saint-Just (Charente-Maritime), on ne trouve pas d'invocation à la Vierge ou aux saints. On sait en revanche que Bernon fait construire une chapelle dédiée à Jésus-Christ, solennellement bénite en juillet 1710[6].

1 Voir en particulier l'« Éloge historique de Monsieur des Mahis, chanoine d'Orléans », Grostête des Mahis, Marin, *La vérité de la religion catholique prouvée par l'Écriture sainte, ouvrage nécessaire aux protestans…*, t. 1er, Paris, Augustin Leguerrier, 1696, p. I-LXXXIII, citation p. LIII. *Cf.* Krumenacker, Yves, *Les protestants du Poitou au XVIIIe siècle (1681-1789)*, Paris, Honoré Champion, 1998, p. 194.

2 Voir le *Mémoire de Jean-Paul Ébruy, prédicant en Vivarais de 1689 à 1709 : mémoire de ce qui s'est passé dans le Vivarais au sujet de la religion*, Privas, Patrimoine huguenot d'Ardèche, 2000, p. 10-11, ainsi que p. 32.

3 *Cf.* l'article très informé de Bost, Charles, « Le meurtre du consul Louis de Bagars (1691) », *Bulletin de la Société de l'histoire du protestantisme français*, t. 58, 1909, p. 289-319.

4 Labrousse, Élisabeth, *« Une foi, une loi, un roi ? »*, *op. cit.*, p. 197-198.

5 Texte cité par Galland, Alfred, « L'ancienne Église réformée de Sées », *Bulletin de la Société de l'histoire du protestantisme français*, t. 80, 1931, p. 4-27, ici p. 23, d'après Archives nationales, G8 247.

6 Forlacroix, Élisabeth, Saint-Affrique, Olga de, *op. cit.*, p. 52.

En réalité, les comportements des convertis se laissent entrevoir, la plupart du temps, à travers une enveloppe, parfois épaisse, de discours très marqués, où s'expriment tantôt un catholicisme triomphant, tantôt une condamnation protestante sans appel[1]. Ainsi, *L'heureuse mort* de Pierre Paumier, ancien pasteur de Saint-Maixent en Poitou, est célébrée par François Hillairet, prêtre, qui atteste de la bonne catholicité de son « intime amy[2] ». *A contrario*, depuis les pays du Refuge, le discours de stigmatisation des « apostats » se manifeste puissamment dès les années 1680. C'est de cette époque que date une dure *Lettre aux protestans de France sur la révolte de quelques-uns de leurs ministres* :

> Les pasteurs avaient fait naufrage quant à la conscience, les uns estoyent ou décriés par leurs vices, par leur vie licentieuse, débauchés et abandonnés aux plaisirs des sens, et si nos synodes avaient fait leur devoir en les déposant, nous n'aurions pas maintenant le déplaisir de les voir au nombre des ministres révoltés[3].

Dans les multiples récits, manuscrits ou imprimés, qui rendent compte de la persécution antiréformée et dont l'*Histoire de l'édit de Nantes* du pasteur Élie Benoist est un magistral écho, l'apostasie donne toujours lieu à des scènes humiliantes pour les anciens pasteurs. Il n'est qu'à considérer un récit concernant la communauté réformée dieppoise. Moïse Cartault, ministre de Dieppe qui a fait le choix de l'abjuration, est, à en croire l'auteur anonyme de ce texte longtemps resté manuscrit, l'objet de sarcasmes et de moqueries. On refuse de le voir. « Les poissonnières luy redemandoient l'argent qu'il leur avoit volé pendant quarante ans et soutenoient publiquement leur demande, disant que sy la religion romaine étoit la meilleure, Cartault les avoit filoutez pendant tout son ministère ». On crie sur son passage « Julien l'Apostat ». Moïse Cartault est même obligé de se « dérober pour quelque temp[4] ». À la

---

1 Sur la production protestante, on peut lire Stelegowska, Agnieszka, *La formation de la mémoire de la révocation de l'édit de Nantes : les écrits des réformés rédigés entre 1680 et 1700*, thèse, Paris, École pratique des hautes études, 2004.

2 Voir *L'heureuse mort de M. Paumier, ministre converty à la foy, recueillie par Messire Paul-François Hillairet, prêtre de ce diocèze, son intime amy*, Poitiers, Jean Fleuriau, 1695.

3 *Lettre aux protestants de France sur la révolte de quelques-uns de leurs ministres*, texte cité, d'après BGE, ms. Court, n° 17, par Puaux, Frank, *Les précurseurs de la tolérance au* XVII*e siècle*, Genève, Slatkine, 1970, p. 95.

4 *La seconde partie de l'histoire de l'Église réformée de Dieppe, 1660-1685, publiée pour la première fois, avec une introduction et des notes*, éd. R. Garreta, Rouen, Société rouennaise de bibliophiles, 1902, t. 1er, p. 197-198.

conversion jouant un rôle d'exemple et de moteur auprès du « peuple », à la « vérité » retrouvée, les récits réformés opposent donc la « révolte » ou la « chute » de ceux qui sont « tombés » ou qui ont « succombé[1] ».

C'est bien cette dernière vision qui a fini par triompher dans l'historiographie, jusque dans la seconde moitié du XXe siècle, au point de nourrir l'idée d'un clergé protestant décadent à la veille de la révocation de l'édit de Nantes, donc insuffisamment armé pour répondre à l'offensive de l'Église catholique et du pouvoir royal. Ces thèses ont trouvé en Émile G. Léonard et en Pierre Chaunu de brillants porte-parole[2], avant d'être remises en cause par de récents travaux qui relativisent les faiblesses internes du protestantisme français sous le règne de Louis XIV[3]. Considéré par une historiographie résolument déconfessionnalisée, l'« apostat » n'apparaît plus seulement comme la figure honnie du protestantisme, placée au bas d'une échelle qui comprend également les pasteurs réfugiés à l'étranger et dont la « retraite » a suscité la polémique, et les « confesseurs » de la vérité, ceux qui ont porté la parole réformée jusqu'au martyre[4]. La conversion pastorale doit aussi être envisagée dans toute sa complexité, au cœur de dynamiques individuelles et collectives, inscrites dans des configurations politiques, religieuses sociales ou encore géographiques particulièrement mouvantes.

Luc DAIREAUX
Université de Caen

1 Ces derniers termes figurent par exemple dans [Mathurin, Gabriel,] *Les feuilles de figuier, ou vanité des excuses de ceux qui ont succombé souz la persécution*, La Haye, Abraham Troyel, 1687.

2 Léonard, Émile G., « Le protestantisme français au XVIIe siècle », *Revue historique*, t. CC, 1948, p. 153-179 ; Chaunu, Pierre, « Les crises au XVIIe siècle de l'Europe réformée », *Revue historique*, tome CCXXXIII, 1965, p. 23-60.

3 Je me permets de renvoyer à mon travail, Daireaux, Luc, *op. cit.* Voir aussi Léonard, Julien, *Être pasteur au XVIIe siècle : le ministère de Paul Ferry à Metz (1612-1669)*, Rennes, PUR, 2015.

4 Outre Labrousse, Élisabeth, « Le débat… », art. cité, voir Stelegowska, Agnieszka, « Le débat sur le départ des pasteurs dans les lettres pastorales de l'époque de la révocation de l'édit de Nantes », dir. Y. Krumenacker, *L'anticléricalisme intra-protestant en Europe continentale (XVIIe-XVIIIe siècles). Actes de la journée d'études de l'Institut d'histoire du christianisme (12 janvier 2002)*, Lyon, Université Jean-Moulin, 2003, p. 27-41.

CINQUIÈME PARTIE

LA SIGNIFICATION DE LA CONVERSION AU TEMPS DES LUMIÈRES

ENTRE ABJURATION ET COEXISTENCE CONFESSIONNELLE ?

Le droit canonique et royal face aux unions entre catholiques et protestants (France, XVIIIe siècle)

Les « mariages bigarrés », pour reprendre le titre d'un article d'Élisabeth Labrousse, ont peu intéressé les historiens[1]. L'expression désigne les unions contractées entre époux de confessions différentes. Dans le cadre de cette contribution, nous entendons évoquer exclusivement les actes contractés entre époux catholiques et protestants au XVIIIe siècle. Officiellement, depuis la révocation de l'édit de Nantes survenue en 1685, tous les sujets chrétiens du roi de France font profession de la religion catholique. Or, une génération après l'édit de Fontainebleau, les protestants constituent toujours une minorité persécutée, et donc sans statut légal. Leur existence légitime n'est reconnue que lorsqu'ils acceptent les obligations qui pèsent sur les « nouveaux convertis »[2]. Dans ces conditions, la non-reconnaissance par la législation royale d'un état

1 Labrousse, Élisabeth, « Les mariages bigarrés, unions mixtes en France au XVIIIe siècle », dir. L. Poliakov, *Le couple interdit, entretiens sur le racisme. La dialectique de l'altérité socio--culturelle et la sexualité*, Paris, Mouton, 1980, p. 159-176. Voir également, les développements consacrés spécifiquement à cette question, dans Châtellier, Louis, *Tradition chrétienne et renouveau catholique dans l'ancien diocèse de Strasbourg, 1650-1770*, Paris, Ophrys, 1981, p. 146-147, François, Étienne, *Protestants et catholiques en Allemagne : identités et pluralisme, Augsbourg, 1648-1806*, Paris, A. Michel, 1993, p. 203-217 et Duvillet, Amandine, *Du péché à l'ordre civil, les unions hors mariage au regard du droit (XVIe-XXe siècle)*, Thèse de doctorat, Univ. Bourgogne, 2011. Le travail suivant apporte également des éclairages intéressants : Plagge, Henri, *Le mariage mixte dans la doctrine pontificale du Concile de Trente à Benoît XIV*, Thèse de doctorat, Univ. Paris, 1952 (ex. conservé à la réserve de la Bibliothèque Cujas, Z 1952-121).

2 Le seul groupe important qui ne soit pas soumis à l'édit de Fontainebleau est celui des protestants alsaciens. Dans cette région, les communautés luthériennes ont obtenu un statut spécifique en 1627, mais la monarchie exige que les pasteurs soient d'origine française et nommés par les princes et les magistrats.

civil propre aux réformés pose de multiples questions juridiques qui relèvent à la fois du droit canonique et du droit civil. Afin d'aborder ces problématiques, nous analyserons les positions respectives du droit de l'Église et celles du droit royal. Puis, nous envisagerons les modalités d'application de ces dispositions. En l'espèce, l'historiographie a trait aux travaux des historiens et des juristes[1].

LE DROIT CANONIQUE ET LA LÉGISLATION ROYALE[2]

Les canonistes amenés à se prononcer sur la qualité des unions entre catholiques et protestants puisent tout d'abord leur argumentation dans la législation en matière d'empêchements de mariage du fait de *cultus disparitas* (autrement dit de « diversité de religion »), selon la doctrine thomiste[3]. Tout d'abord, ces spécialistes insistent tous sur la différence à opérer concernant les unions entre chrétiens et « infidèles »[4], et celles qui pourraient survenir entre chrétiens et « hérétiques ». Les premières sont absolument à proscrire, tandis que les secondes restent illicites mais ne sont pas déclarées nulles, au regard du droit canonique. Ainsi, l'un des plus remarquables jurisconsultes des Lumières, Pierre-Toussaint Durand de Maillane (1729-1814) écrit :

1 Sur l'histoire du mariage, les publications de référence sont celles de Gaudemet, Jean, au titre desquelles il convient notamment de signaler les suivantes : *Sociétés et mariage*, Strasbourg, Cerdic-Publications, 1980 ; *Le mariage en Occident. Les mœurs et le droit*, Paris, Le Cerf, 1987 ; « Un débat de société à propos du mariage au concile de Trente. Pacte de famille ou choix d'un conjoint ? », dir. M. Jones-Davies, *Le mariage au temps de la Renaissance*, Paris, Klincksieck, 1993, p. 101-113 (article reproduit dans *Sociologie historique du droit*, Paris, PUF, 2000, p. 283-292) et « Le mariage, un contrat ? », *Revue des sciences morales et politiques*, t. 150, 1995, p. 161-173 (article reproduit dans *Sociologie historique du droit*, *op. cit.*, p. 293-304). Par ailleurs, il est toujours utile de se référer à Esmein, Adhémar, *Le mariage en droit canonique*, Paris, Sirey, 1929-1935, 2 t. (2e éd. / 1re éd. en 1891).

2 Sur cette question, l'analyse suivante reste précieuse : Basdevant, Jules, *Des rapports de l'Église et de l'État dans la législation du mariage du concile de Trente au Code civil*, Paris, C. Larose, 1900.

3 Voir à ce sujet, la contribution très bien documentée de Connick, Alfred J., « Canonical doctrine concerning mixed marriages – before Trent and during the seventeenth and early eighteenth centuries », *The Jurist*, vol. XX, n° 3, 1960, p. 295-326 et vol. XX, n° 4, 1960, p. 327-418.

4 Le terme désigne les musulmans.

> À l'égard du mariage des chrétiens avec les hérétiques, l'Église a eu plus d'indulgence à cause du baptême qui, étant commun aux hérétiques et aux catholiques, leur prépare une entrée aux autres sacrements.

Il s'appuie sur les prescriptions prises lors du concile de Trente, qui lui-même se référait à des dispositions conciliaires antérieures. Celles notamment des conciles de Laodicée vers 364 et de Chalcédoine en 451. Il ajoute :

> L'Église latine en défendant le mariage des chrétiens avec les hérétiques comme illicites, ne les a jamais aussi condamnés comme invalides.

Il s'agit là d'un principe constant : « Il n'y a aucune loi ecclésiastique, ni même aucun usage de l'Église latine, qui déclare nul le mariage d'un catholique avec une hérétique : dans ce cas, il ne manque rien dans leur mariage pour faire un sacrement, la forme et la matière s'y trouvent. L'hérétique étant baptisé est capable de recevoir le sacrement de mariage ; la foi lui manque à la vérité, mais la foi n'est nécessaire ni pour administrer, ni pour recevoir un sacrement ; dans les mariages au contraire d'un chrétien avec une infidèle, rien de tout cela ne se rencontre »[1].

En cela, Durand de Maillane prend le soin de distinguer soigneusement, à l'instar de ses pairs : la matière, la forme et le ministre du sacrement. Ce sont là, il est vrai, les trois éléments constitutifs d'un sacrement d'après la théologie établie au XVe siècle à Constance (1414-1418), puis à Bâle (1431-1441), et enfin à Trente (1545-1563). Il convient de rappeler que la matière des sacrements désigne les éléments employés pour les accomplir ; comme, par exemple, l'eau pour le baptême, l'huile et le baume pour la confirmation ; que la forme des sacrements consiste dans les paroles prononcées pour les réaliser ; enfin, que le ministre des sacrements est la personne qui confère le sacrement. Par ailleurs, des dispenses, réservées au Pontife romain et par délégation aux évêques, peuvent être octroyées mais elles réclament obligatoirement l'abjuration préalable de la partie « hérétique ». Il s'agit là d'une condition obligatoire afin d'obtenir la licéité d'un tel mariage. Dans leur édition de 1767, les *Conférences ecclésiastiques de Paris sur le mariage* où « l'on concilie la discipline de l'Église, avec la jurisprudence du royaume de

1 Durand de Maillane, Pierre-Toussaint, *Dictionnaire de droit canonique et de pratique bénéficiale*, Lyon, Joseph Duplain, 1776, t. 2, p. 509-511.

France », rejoignent on ne peut plus clairement les positions défendues par Durand de Maillane, en posant la question de savoir si l'hérésie est un empêchement dirimant de mariage :

> Pas dans l'Église latine car un catholique peut se marier validement avec une hérétique, il y a diversité de culte extérieur, et non pas de foi, la doctrine est différente mais leur culte a au moins cela de commun, que l'un et l'autre adorent ou reconnaissent le vrai Dieu. Leur mariage est donc valide. Il n'y manque rien pour en faire un sacrement : la matière, la forme et le ministre. La foi manque à l'hérétique mais elle n'est nécessaire ni pour administrer, ni pour recevoir un sacrement[1].

Ainsi, en dépit des Guerres de religion, on voit subsister un peu partout dans le royaume des mariages mixtes, et peu nombreux d'ailleurs sont les évêques qui avaient interdit ces unions. L'analyse des statuts synodaux, réalisée par Cécile Piveteau, montre qu'entre la réglementation tridentine du mariage catholique et la Révolution, on trouve en France, sur les 71 statuts étudiés, seulement 22 diocèses (soit 1/3 environ) qui interdisent formellement le mariage mixte. Parmi ces derniers, on ne rencontre dans la liste que deux grands archevêchés (Aix et Bordeaux), la plupart des autres étant de petits évêchés du sud du pays[2]. À ce titre, les statuts synodaux du diocèse de Clermont font figure d'exception lorsqu'ils stipulent, au-delà des prescriptions habituelles, que « celuy ou celle qui contracte avec un hérétique, le contract de mariage est nul, et invalide, et encore plus avec un payen ou juif; si ce n'est que par promesse de mariage futur, l'hérétique voulut promettre sa conversion »[3].

En 1749, le pape Benoît XIV rappelle lui aussi que s'il est illicite, le mariage entre catholique et « hérétique » protestant reste valide. Le souverain pontife s'appuie notamment sur le concile de Trente (session 7, canon 4) qui reconnaît que le baptême protestant est un « vrai baptême ».

Pour sa part, le droit civil est-il fidèle aux maximes de la foi catholique ? À partir des premières décennies du XVIIe siècle, de nombreux juristes en écho aux travaux des canonistes gallicans s'emploient à

1 *Conférences ecclésiastiques de Paris sur le mariage*, Paris, les frères Estienne, 1767, t. 3, p. 14-33 : « Conférence seconde. Des mariages des catholiques avec les hérétiques ».

2 Piveteau, Cécile, *La pratique matrimoniale en France d'après les statuts synodaux (du Concile de Trente à la Révolution)*, Le Puy, Imp. J. d'Arc, 1957.

3 *Statuts du diocèse de Clermont par Messire Joachim d'Estaing*, « Des nullitez de mariages ou empeschements », chap. 9, article 77, Clermont, J. Barbier, 1647, p. 93.

démontrer que le mariage est avant tout un contrat. Or, affirment-ils, toute contractualisation ressort de la puissance séculière. Cette qualification du « mariage contrat » n'est pas nouvelle. Depuis le XIIe siècle, les Romanistes qualifient le mariage de « *contractus personarum, id est matrimonium* ». Une telle définition ne choque pas les théologiens car elle n'entre pas en contradiction avec la dimension sacramentelle. Aux yeux du prince, cette convention, accord qui lie deux familles, ne relève pas de la seule volonté privée, elle regarde l'organisation de la société. Elle intéresse l'ordre social[1]. Il revient donc à l'État d'imposer également aux individus des normes juridiques. Bien évidemment, les questions patrimoniales n'en sont pas exclues. Par ailleurs, si l'Église insiste sur le caractère indissoluble de la pratique sacramentelle, elle rappelle tout autant la nature consensuelle de l'échange de consentements entre époux. Pour sa part, la puissance publique réclame obligatoirement l'accord de l'autorité paternelle. Dans son *Traité du contrat de Mariage* (1771), Robert-Joseph Pothier (1699-1772) résume parfaitement la législation française : « le mariage que contractent les fidèles est tout à la fois un contrat civil et un sacrement ». En bon juriste, il défend donc le « contrat-sacrement ». Toutefois, une distinction inévitable s'opère selon les points de vue du canoniste et du civiliste[2].

Dans le cas du mariage entre sujets catholiques et sujets protestants, un édit de novembre 1680 dispose « que les catholiques ne pouvaient contracter mariage avec les religionnaires ». Le texte s'appuie notamment sur les « canons des conciles tenus en divers tems de l'Église » qui avaient condamné ces mariages « comme un scandale public et une profanation visible du sacrement auquel Dieu a attaché des grâces qui ne peuvent être communiquées à ceux qui sont actuellement hors de la communion des fidèles ». Ce type d'union est donc déclarée nul, et les enfants à naître illégitimes et incapables de succéder à leurs parents[3].

---

1 Basdevant-Gaudemet, Brigitte, « Un contrat entre l'homme et la femme ? Quelques points à travers l'histoire en Occident », dir. D. Fenouillet, P. de Vareilles-Sommières, *La contractualisation de la famille*Paris, Économica, 2001, p. 17-38.

2 Basdevant-Gaudemet, Brigitte, « Du "religieux" à "l'utilité publique" ; droit canonique et sécularisation du XVIe au XXe siècle », *Revue d'histoire ecclésiastique*, t. 108, 2013, p. 144-164.

3 Bels, Pierre, *Le mariage des protestants français jusqu'en 1685. Fondements doctrinaux et pratique juridique*, Paris, Librairie Pichon et Durand-Auzias, 1968, p. 218. Voir également Bonifas, Ernest, *Le mariage des protestants depuis la Réforme jusqu'à 1789, étude historique et juridique*, Paris, Imp. L. Boyer, 1901.

En cela, le souverain outrepasse les positions canoniques qui toléraient ce type d'unions[1]. De facto, le droit civil met donc en place un véritable empêchement dirimant, contrairement au droit canon. Plus encore, de rares juristes profondément voire passionnément gallicans, tels que Louis d'Héricourt (1687-1752), soutiennent que le souverain a toute légitimité pour établir ces empêchements « pour le bien de l'Église »[2]. Or jusqu'alors, comme l'ont bien montré Élisabeth Labrousse, Robert Sauzet[3] ou encore Gregory Hanlon[4], les unions mixtes sont courantes. Comme l'écrit ce dernier, dans le cas de la ville gasconne de Layrac : « les catholiques et les protestants n'étaient pas des étrangers [...]. Ils étaient les bons amis et les bons voisins »[5].

À la mort de Louis XIV, les protestants ont cru que le régime de l'édit de Fontainebleau serait supprimé par le Régent. Or, dès le mois de mai 1716, est publiée une ordonnance qui réaffirme les termes de l'édit. Officiellement la présence protestante est interdite dans le royaume. Les sujets qui veulent exercer leur culte sont condamnés à l'exil. Les fondements de cette législation s'expliquent par la prise en charge des crimes d'hérésie par la monarchie, engagée dans une politique d'obligation religieuse catholique. En définitive, l'arsenal juridique antiprotestant repose sur la liaison entre la défense de l'orthodoxie et la défense de l'ordre public. À cet égard, le grand texte de référence est la *Déclaration* de 1724. Elle répond à une doléance du clergé de 1723 : « Il est temps d'arrêter les entreprises des protestants ». Elle codifie de manière systématique les dispositions juridiques établies antérieurement. Son contenu reprend les onze premiers articles de l'édit de Fontainebleau et ordonne la législation définie entre 1685 et 1723. La *Déclaration*, renouvelée en 1750, sert de base à toutes les actions en justice contre les nouveaux convertis suspectés. Ceux-ci sont soumis notamment au mariage catholique.

1 Il s'agit d'une nouveauté introduite dans le droit que n'avaient pas envisagée les textes précédents. Nous faisons référence notamment aux édits de février 1556, mai 1579 et novembre 1639.

2 Basdevant-Gaudemet, Brigitte, « Les doctrines canoniques sur le sacrement du mariage aux XVIIe et XVIIIe siècles », *Revue de droit canonique*, t. 42, 1992, p. 287-307.

3 Sauzet, Robert, *Contre-Réforme et Réforme catholique en Bas-Languedoc : le diocèse de Nîmes au XVIIe siècle*, Bruxelles-Louvain, Nauwelaerts, 1979.

4 Hanlon, Gregory, *Confession and community in seventeenth-century France : catholic and protestant coexistence in Aquitaine*, Philadelphia, University of Pennsylvania Press, 1993.

5 Cité par Mentzer, Raymond, « Les contextes de la conversion à l'époque de la Réforme », *Cahiers d'études du religieux. Recherches interdisciplinaires*, n° 8, 2010, p. 2-9.

Jusque dans les années 1760 environ, les protestants sont sous la menace des persécutions. Après cette date, celles-ci ne sont plus systématiques, mais le maintien d'une réglementation contraignante entretient chez les réformés un sentiment d'insécurité. Pour autant, Élisabeth Labrousse montre, grâce à l'étude de procédures conduites à Mauvezin en 1737, qu'il existe de fait des unions mixtes.

À L'ÉPREUVE DES FAITS

Le mariage entre nouveaux convertis ou avec des non-catholiques est un thème qui contraint les autorités et les juristes à des positionnements écartelés entre dogmatisme et réalisme[1]. Cela dit, peu à peu, il semble que le principe de réalité s'impose. Ainsi, à l'occasion de certaines bénédictions consenties pour le mariage entre réformés « nouveaux convertis », des prêtres sont conduits à transformer leur sacerdoce. Inconsciemment, ils deviennent en l'espèce des « officiers d'état civil », qui enregistrent le consentement mutuel, sans autre exigence religieuse[2].

Dans ce contexte, la bourgeoisie calviniste tout particulièrement entend sauvegarder ses intérêts. Marchands et négociants sont soucieux de transmettre à leurs héritiers un patrimoine, signe également de l'élection divine[3]. Si les canonistes rappellent dans leurs œuvres le droit de l'Église et de l'État, des particuliers saisissent des hommes de loi afin de solliciter leurs avis. En effet, il peut survenir des situations parfois inhabituelles qui réclament la consultation de juristes spécialistes en ces matières. L'un d'entre eux, canoniste réputé avant tout pour sa connaissance encyclopédique des matières bénéficiales, est Jean-Jacques Pialès (1711-1789)[4]. Parmi les milliers de consultations qu'il nous a laissées, peu concerne

1 Jeanclos, Yves, « Consentement et pratique matrimoniale en France au XVIIe siècle », *Mémoires de la Société pour l'Histoire du Droit et des Institutions des anciens pays bourguignons, comtois et romands*, vol. 58, 2001, p. 309-358.

2 Chaunu, Huguette, « Le mariage civil des protestants au XVIIIe siècle et les origines de l'état civil », *Annales. Économies, Sociétés, Civilisations*, n° 3, 1950, p. 341-343.

3 Léonard, Émile-Guillaume, *Le problème du mariage civil et les protestants français au XVIIIe siècle*, Paris, Librairie Fischbacher, 1942.

4 Pour une présentation synthétique de ce personnage, nous nous permettons de renvoyer à Gomis, Stéphane, « PIALÈS (Piales) Jean-Jacques, né le 12 septembre 1711 à Mur-de-Barrez

des affaires impliquant des laïcs. Pour autant, le courrier qu'il reçoit au début de l'année 1768 est symptomatique des situations douloureuses que vivent, parfois depuis de nombreuses années, les couples et les familles « bigarrées »[1]. Celui qui sollicite le jurisconsulte est Robert Adrien Postel de Fontenelle. Né en 1733, issu d'un lignage bourgeois de la ville de Cherbourg, il est le fils de François Postel, sieur du Val. Son parrain est « Robert Postel sieur Du Tôt, conseiller du roi et son procureur au siège de l'amirauté de Cherbourg »[2]. Les Postel constituent une famille bien en vue, ayant fait fortune dans le négoce maritime[3]. Notre solliciteur est alors l'un des principaux négociants du port. Peu de temps après, il est appelé à assurer la charge de premier échevin, pendant plus de 20 ans. Il est également vice-consul de Norvège et du Danemark. Comme édile, il accueille Louis XVI lors de son voyage à Cherbourg survenu au mois de juin 1786.

En 1763, Robert Adrien de Fontenelle, séjourne plusieurs mois dans l'île anglo-normande d'Aurigny, pour régler plusieurs affaires ayant trait à ses activités. L'île relève du bailliage de Guernesey, « sous domination anglaise ». Le 29 septembre de la même année, il convole avec une « demoiselle protestante du pays par le ministère d'un prêtre anglican et suivant le rit de l'Église anglicane, mais du consentement de son père ». Son épouse a pour nom Thomasse Ollivier. Elle est la fille de Thomas Ollivier, justicier de la cour d'Aurigny. Elle appartient donc à la bourgeoisie de robe. Ce mariage est approuvé par le père de Robert Adrien qui voit, sans doute ici, une occasion de s'allier à un lignage

(Aveyron), mort le 5 août 1789 à Paris », dir. P. Arabeyre, J.-L. Halpérin, J. Krynen, *Dictionnaire historique des juristes français, XIIe-XXe siècle*Paris, PUF, 2014, p. 810-811.

1 Archives nationales, G 8 / 2663, p. 20-27, consultation du 28 mars 1768.

2 Archives départementales de la Manche, GG 19 : « L'onziesme jour mois de janvier de l'année 1733, bapteme de Robert Adrien, fils né aujourd'hui en legitime mariage de François Postel sieur Du Val et de delle Jeanne Charbet bourgeois de Cherbourg, parrain Robert Postel sieur Du Tôt, conseiller du roi et son procureur au siège de l'amirauté de Cherbourg, marraine Adrienne Jacqueline Du Tôt Postel sa fille, bourgeois ». Il meurt le 20 avril 1797 (AD Manche, GG 35, 5 floréal an V, « Décès de Robert Adrien Postel de Fontenelle, négociant, et juge au tribunal de commerce, âgé de 64 ans »).

3 Sur l'histoire de Cherbourg, voir notamment, Voisin-La-Hougue, Jean-Thomas, *Histoire de la ville de Cherbourg (continuée depuis 1728 jusqu'à 1835 par Vérusmor*, Cherbourg, Boulanger, 1835 ; Lefebvre, Georges et Bertaux, Jean-Jacques, « Cherbourg à la fin de l'Ancien Régime et au début de la Révolution », *Cahier des Annales de Normandie*, n° 4, 1965, p. 3-296 et Darsel, Joachim, « L'amirauté en Normandie. Cherbourg et Cotentin », *Annales de Normandie*, t. 36, 1986, p. 289-314.

bourgeois étranger ayant une position reconnue. Peu après, le couple rejoint Cherbourg. De cette union naissent quatre enfants : Thomas Robert en 1764[1], Jean Adrien en 1766[2], Pierre François Marie en 1767[3] et Françoise Élisabeth en 1770[4].

Or ces naissances sont systématiquement déclarées illégitimes par le curé. En effet, conformément au droit en vigueur, l'union contractée ne peut avoir une existence légale. Comme le rappelle Pialès, la *Déclaration* royale de novembre 1680 dispose très clairement : « qu'à l'avenir [les] sujets de la religion catholique, apostolique et romaine ne puissent sous quelque prétexte que ce soit, contracter mariage avec ceux de la R. P. R. ». Elle déclare également que de tels mariages seront « non valablement contractés, et les enfants qui en proviendront, illégitimes et incapables de succéder aux biens meubles et immeubles de leurs père et mère ». En outre, en 1685, à la suite de la révocation de l'édit de Nantes, une seconde Déclaration interdit de contracter mariage à l'étranger « sans permission expresse du souverain ». L'union Postel/Ollivier tombe donc sous le coup d'une double condamnation.

Pour notre propos, il est intéressant de noter que depuis son arrivée en France, le couple vit honorablement, sans qu'à aucun moment, Thomasse Ollivier ait fait abjuration de sa foi anglicane. Cette situation montre combien la « bigarrure » relève de considérations sociales relevant de la « coexistence biologique »[5]. Par ailleurs, il ne semble pas que son époux ait jamais contraint sa femme à se convertir[6]. Il n'en demeure pas moins que cette situation matrimoniale hors norme suscite des inquiétudes au

1 AD Manche, GG 26, baptême le 27 août 1764 de Thomas Robert, parrain : Sieur François Postel père dudit sieur de Fontenelle Postel, marraine : Demoiselle Marie Magdeleine Hervieu son épouse.

2 *Ibid.*, GG 27, baptême le 28 juin 1766 de Jean Adrien, parrain : Sieur Dulongbois Postel, marraine : Demoiselle Marie Jacqueline Hermisse veuve du sieur La Prunerie Postel, tous bourgeois.

3 *Ibid.*, GG 27, baptême le 24 juin 1767 de Pierre François Marie, « lequel enfant a été baptisé à la maison à cause du danger de mort », marraine : Marie Magdeleine Françoise Soleil, épouse du sieur Servigny.

4 *Ibid.*, GG 27, baptême le 13 novembre 1770 de Françoise Élisabeth, parrain : Sieur François Bellhomme, sieur de Hautmaret avocat au Parlement, marraine : Demoiselle Marie Françoise Postel (en marge : décédée le 22 mars 1844).

5 Chareyre, Philippe, « La coexistence d'après les registres des consistoriaux méridionaux », dir. D. Boisson, Y. Krumenacker, *La coexistence confessionnelle à l'épreuve : études sur les relations entre protestants et catholiques dans la France moderne*, Lyon, Université Jean-Moulin, 2009, p. 73-88.

6 Ce constat rejoint les considérations développées par Magdelaine, Michelle, « La coexistence confessionnelle à Sainte-Marie-aux-Mines au XVIIe siècle », *ibid.*, p. 89-106. L'auteur

sein du couple. Ainsi, plusieurs mentions portent à croire que, depuis 1764, M. Postel a sollicité plusieurs juristes. L'objectif poursuivi étant d'obtenir une dispense du pape que confirmeraient des lettres patentes du prince. Or, leurs avis ont sûrement fait valoir qu'il s'agissait d'un projet bien vain. Pialès, consulté en dernier ressort, ne peut que souscrire aux positions défendues par ses confrères. Au-delà de la législation royale, il rappelle les dispositions conciliaires que nous avons déjà évoquées.

Par ailleurs, les remarques qui suivent montrent combien les mariages de complaisance étaient alors régulièrement célébrés :

> Si le mariage était à faire, le remède serait facile ; car rien n'est plus commun que de voir des catholiques qui épousent des protestants [...] sans changer de religion. Tout le monde sait de quelle manière on procède à ces sortes de mariages. Mais, pour prendre cette voie, d'ailleurs fort irrégulière et qu'un jurisconsulte chrétien ne peut conseiller, il faudrait que la profession de la religion protestante par l'une des parties fut beaucoup moins connue, qu'elle ne l'est dans l'espèce présente. [...] Les ministres de l'Église qui sont chargés de donner la bénédiction nuptiale [...] peuvent se dispenser d'entrer dans un certain examen ou de faire certaine information et d'exiger une abjuration de la R. P. R. [...] Mais dans l'espèce présente, il n'est pas possible d'user de la même dissimulation et de feindre ou supposer que la demoiselle Ollivier est catholique.

La conclusion s'impose :

> Pour assurer l'état des enfants et les conventions matrimoniales : c'est d'un côté, de faire abjuration de la religion protestante et de contracter un nouveau mariage, conformément aux lois de l'Église et de l'État.

Or, il apparaît que le couple ne puisse se résoudre à une telle extrémité. Thomasse Ollivier ne semble pas disposée à transiger avec sa foi. L'issue ultime de cette tension permanente entre foi et droit se trouve dans les registres paroissiaux de la ville de Cherbourg.

Le 7 juin 1775, le curé reçoit « l'abjuration de l'hérésie protestante de Dame Thomasse Olivier [...], ainsi que son nouveau consentement de mariage et celuy du sieur Robert Adrien Postel de Fontenelle avec lequel elle avoit contracté un soi-disant mariage, il y a plusieurs années dans l'Isle d'Aurigny », et d'ajouter « vu le danger de mort où est

---

indique qu'en cas de mixité religieuse, le mari s'engage au moment de la signature du contrat de mariage à ne pas contraindre sa femme à se convertir.

actuellement exposée laditte dame Thomasse Olivier, avec promesse qu'elle ratifiera son abjuration en face des saints autels lorsque le seigneur luy aura rendu la santé »[1]. C'est donc in *articulo mortis* que T. Ollivier se résout à abjurer la confession anglicane. Le 18 juin, son acte de sépulture est enregistré, le curé ayant « prémuni ladite ci-devant protestante des saints sacrements de l'Esglise voyant sa persévérance dans les sentiments catholiques… »[2]. En 1781, fort de cette abjuration, Robert Postel obtient de la justice royale la légitimation de ses enfants[3].

Le cas exposé ici pourrait sembler atypique. Pour autant, il paraît symptomatique des difficultés rencontrées pour vivre selon les principes

1 AD Manche, GG 28. « L'an mil sept cents soixante quinze, le mercredy septieme jour de juin, nous Jean le Teroüilly curé de Cherbourg soussigné, avons recu l'abjuration de l'hérésie protestante de Dame Thomasse Olivier originaire de l'Isle d'Aurigny, fille du sieur Thomas Olivier et de Thomasse Gaudion tous habitants de laditte isle, et avons ensuite recu son nouveau consentement de mariage ainsy que celuy du sieur Robert Adrien Postel de Fontenelle avec lequel elle avoit contracté un soi-disant mariage dans laditte isle d'Aurigny, et qu'ils ont mutuellement en notre présence et sans aucune contrainte, de son plain gré et en parfaite connoissance ratifié, à tout quoy nous avons procédé, vu le danger de mort où est actuellement exposée laditte dame Thomasse Olivier femme dudit sieur Robert Adrien Postel bourgeois négociant de Cherbourg, vice consul de la nation danoise, et ce avec promesse que laditte Thomasse Olivier ratifira son abjuration en face des saints autels lorsque le seigneur luy aura rendu la santé. Ce qui s'est passé en présence dudit sieur Robert Adrien Postel des Fontenelles, de Jean François Thomas Postel sieur Ducolombois frère dudit époux, des sieurs Pierre Beslon vicaire, de Guillaume Thierry, de Leonor Felix et Guillaume Postel pretres de Cherbourg, de Bon François Thierry, Monsieur de Caubission La Tourelle, Maître Jean François Marin, Joseph Delaville, docteur en médecine et autres qui ont signé avec nous ».

2 *Ibid.*, GG 41. « L'an mil sept cent soixante quinze, le dimanche dix huit jour de juin a été inhumée dans l'église de ce lieu dame Thomasse Olivier originaire de l'isle d'Aurigny, fille de sieur Thomas Olivier et de Thomasse Gaudion tous habitants de ladite isle, laquelle passoit pour avoir epousé dans laditte isle, il y a plusieurs années, le sieur Robert Adrien Postel sieur de Fontenelle bourgeois négociant de Cherbourg, lequel consentement du soit disant mariage contracté en ladite isle, ils ont renouvelé en notre présence après l'abjuration de l'hérésie protestante qu'à faite entre nos mains ladite dame Thomasse Olivier comme il est porté dans l'acte du registre des baptemes et mariages en datte du sept du présent mois, et an, ce dont du tout nous avons recu l'aprobation du supérieur ecclesiastique et avons premuni ladite ci-devant protestante des saints sacrements de l'Esglise voyant sa persévérance dans les sentiments catholiques, laquelle inhumation a été faite par nous curé de ce lieu soussigné en présence des soussignés, Jean Le Teroüilly, curé de Cherbourg, P. Duval, Thierry ».

3 Le 5 août 1781, le curé Le Vacher indique en marge de chacun de leur baptême que les enfants issus du couple Postel de Fontenelle / Ollivier sont nés d'une union légitime « en vertu de la sentence rendue au Bailliage de Valognes le 24 juillet dernier ». La destruction d'une grande partie des archives de la Manche, survenue en 1944, n'a pas permis de retrouver cet acte.

de la religion de ses pères, tout en se conformant aux règles du droit. Ces considérations rejoignent cet extrait du *Traité sur la tolérance* de Voltaire (1763) :

> Nous savons que plusieurs chefs de famille, qui ont élevé de grandes fortunes dans les pays étrangers, sont prêts à retourner dans leur patrie ; ils ne demandent que la protection de la loi naturelle, la validité de leurs mariages, la certitude de l'état de leurs enfants, le droit d'hériter de leurs pères[1].

Aux yeux de la loi, ces époux sont considérés comme concubinaires, leurs enfants déclarés naturels. Il en va donc de l'honorabilité des familles, dans un milieu social sérieux, celui du négoce où règne une certaine rigueur morale. Comment trouver une solution acceptable par tous pour répondre à une vraie souffrance sociale ? Il y a là une réelle nécessité d'apporter une réponse à un trouble de l'ordre social, et donc de l'ordre public. En l'espèce, il est évident que certains épisodes judiciaires ont accéléré l'évolution de l'opinion publique. Le plus notable est l'affaire Jean Calas. Par paliers successifs, l'idée d'un assouplissement de la législation se fait donc jour. En 1787, est promulgué l'Édit de Versailles, parfois appelé édit de tolérance, qui accorde aux non-catholiques un statut juridique et civil. Ceux qui réclamaient la fin d'un « régime de proscription également contraire à l'intérêt général de la population, à l'industrie nationale et à tous les principes de la morale et de la politique » finissent par l'emporter. Si le texte ne pèche pas par excès, car il n'autorise pas la liberté de conscience et l'exercice du culte, il reconnaît toutefois l'existence d'une communauté protestante au sein du royaume de France.

La question des mariages bigarrés dévoile que les dispositions canoniques n'ont guère varié au cours du temps. De façon immuable, l'Église catholique est restée fidèle à la vision thomiste de la diversité de religion. Si l'union entre baptisés professant des positionnements orthodoxes et hétérodoxes revêt un caractère de validité certain, elle n'en est pas moins illicite. Ce qui est en jeu, ce n'est pas donc pas la nullité sacramentelle des consentements échangés, il s'agit bien du danger que peut faire peser sur les âmes une telle cohabitation confessionnelle. Pour le prince, ces

---

1 Chap. v, p. 43.

mariages sont au XVIIIe siècle à proscrire absolument. Dans les faits, on voit bien comment la disparité de foi a constitué une réalité sociale. En effet, en dépit de positionnements dogmatiques, le clergé se résout à des actes d'abjuration formels. *In fine*, l'État pour sa part fini par reconnaître de fait la cohabitation en un même individu de deux natures : d'une part, un être dans la capacité de disposer de sa liberté de conscience ; d'autre part, un sujet fidèle au lien d'obéissance qui l'attache à son prince.

Stéphane GOMIS
Université Blaise-Pascal –
Clermont 2, CHEC

LE MESSIE PEUT-IL SE CONVERTIR ?

Les pseudo-conversions de Jakob Frank au milieu et à la fin du XVIIIe siècle

Curieux espace que le sud-est de la Confédération polono lituanienne – les vojévodies de Podolie, de Bracław et de Kiew – occupé par les Turcs, entre 1672 et 1699, depuis le Traité de Buczacz jusqu'à celui de Karlowitz. Sous la domination ottomane, la plupart des juifs fuirent vers la Pologne centrale, vers la Moldavie ou la Valachie ; les autres furent déportés par les Ottomans, en Turquie dans les régions de Constantinople et d'Andrinople (Erdine en Turquie)[1]. En rentrant en Pologne après 1707, ils y amenèrent des traditions séfarades[2] et de nouvelles doctrines messianiques. Leur retour provoqua, dans ces confins, la formation d'un nouveau milieu multiculturel, ouvert aux influences hétérodoxes[3]. Curieux personnage que ce Ya 'akob ben Leyb, honni des juifs talmudistes, né en 1720 dans une famille juive de Podolie, devenu Jakob Frank à Constantinople et décédé, porteur du titre de comte, en 1791 à Offenbach, se proclamant messie, mais converti d'abord à l'islam puis au christianisme romain tout en ayant cherché à devenir chrétien orthodoxe[4].

---

1 Voir Kołodziejczyk, Dariusz, *Elajet kamieniecki*, Warszawa, Polczek, 1994, p. 79.

2 Il s'agit ici des descendants des juifs expulsés d'Espagne en 1492 et installés dans l'Empire Ottoman. Voir l'article « sefaradim » dir. G. Wigoder, *Dictionnaire encyclopédique du judaïsme*, Paris, Édition du Cerf, 1992.

3 Doktór, Jan, « Le frankisme et la reconquête des confins du sud-est de la République polonaise au XVIIIe siècle », dir. D. Tollet, *La conversion et le politique à l'époque moderne*, Paris, 2005, P.UP.S., p. 173-182.

4 L'ouvrage fondamental pour la connaissance de la vie de Jacob Frank est celui de Kraushar, Aleksander, *Frank i Frankisci w Polscy (1726-1816). Monografia historyczna*, Kraków, Skl. gł. u G. Gebethnera i spółki, 1895, 2 vol. On consultera également Maciejko, Pawel, *The mixed multitude ; Jacob Frank and the frankist movement (1755-1816)*, Philadelphia, University of Pennsylvania Press, 2011.

LES CONVERSIONS SUCCESSIVES DE FRANK ET DES FRANKISTES

LA RECONQUÊTE DES CONFINS DU SUD-EST DE LA RÉPUBLIQUE POLONAISE AU XVIIIᵉ SIÈCLE

Les guerres polono-turques des XVIᵉ et XVIIᵉ siècles, en rompant les contacts entre les juifs ashkénazes et les séfarades de la Porte, ont considérablement influencé l'histoire spirituelle des juifs polonais. Sur les terrains récupérés par la Confédération en 1699, le rabbinat polonais tentait d'assimiler et d'intégrer ceux qui rentraient de Turquie. Toutefois, il se heurtait aux émigrés qui s'efforçaient non seulement de garder les traditions adoptées en déportation, mais encore de les propager dans la République. Ils y étaient aidés par le prestige de la culture séfarade, surtout dans les milieux influencés par la kabbale dite lurianique[1]. Pourtant, dans les décennies qui suivirent la fin des guerres turques, les mœurs et les rites séfarades, venus de Turquie, ne semblaient pas susciter de graves controverses[2].

Parmi les juifs rentrant de déportation, le groupe des adeptes de Sabbataï Cwi[3] s'est distingué. Ces convertis à l'islam avaient adopté la doctrine antinomique et syncrétique du pseudo-messie et incarnation auto proclamée de Sabbataj Cwi qu'était Barukhia Russo (1677-1720)[4].

---

1 Du nom de rabbi Isaac Ashkenazi Louria (né à Jérusalem en1534, mort à Safed en 1572), considéré comme le fondateur de l'école kabbalistique de Safed ; on le connaît aussi sous l'acronyme de ARI, qui signifie « Elohi (divin) Rabbi Isaac ».

2 La politique du rabbinat de la République, consistant à bien distinguer entre les « nouveautés » importées dans les mœurs par les séfarades et les hérésies, s'est avérée efficace. En témoigne le fait que les kabbalistes du *klaus* de Brody se sont joints aux talmudistes, dans la lutte contre les sabbatianistes d'abord, et ensuite, en 1772, contre le hassidisme « hérétique », en dépit du rituel séfarade, commun à eux et aux *hassidim*. Voir Rabinowicz, Rabbi Tzvi, *Chasidic Rebbes. From Baal Shem Tov to modern Times*, New-York, Feldheim, 1989, p. 189.

3 La littérature concernant le pseudo messie Sabbataj Cwi (1620-1663) et son héritage spirituel – le sabbatianisme – est considérable. Nous ne citerons que l'ouvrage fondamental de Scholem, Gershom, *Sabbataï Tsevi. Le messie mystique 1626-1676*, Verdier, Lagrasse, 1983.

4 Voir Doktór, Jan, *Śladami mesjasza apostaty. Żydowskie ruchy mesjanskie w XVII i XVIII wieku a problem konwersji*, en polonais, Wrocław, Fundacja na Rzecz Nauki Polskiej, 1998, p. 55-66.

Cette doctrine fut propagée, avec succès, parmi les juifs ashkénazes[1], d'abord dans les Balkans et en Podolie, puis dans toute la République et l'Europe centrale. Barukhia proclamait que toutes les religions, reconnaissant l'autorité de la Bible contenaient en elles des parcelles de la Révélation qu'il fallait retrouver et unir en une entière Révélation divine. Son nouveau principe devait être « l'explication, le passage et la jonction des trois religions : des juifs, de la religion d'Ismaël et du christianisme, de façon à en faire un seul chariot »[2]. Aussi, ses adeptes se tournèrent vers le christianisme, en considérant ce dernier comme l'étape suivante de la pénétration messianique. Le passage de la voie du Salut par le christianisme allait modifier la tactique messianique bien qu'il fût impossible d'exiger des convertis de Turquie qu'ils renoncent à l'islam récemment adopté. C'est pourquoi, la deuxième conversion – celle au christianisme – devait-elle se faire en secret.

Les plus connus parmi les propagateurs de cette doctrine étaient Haiym Malakh, actif dans les années 1707-1718, puis dans les années vingt, Moshe Kamenker de Żółkiew. En 1755, Wolf Eibenschutz s'est présenté en Pologne comme messie mais il a demandé à ses partisans d'attendre avant de le révéler ; ses adeptes, qui venaient de Prague, de Moravie voire d'Amsterdam, assimilaient le baptême au bain rituel et le dimanche à la troisième phase du *shabbat* mais vivaient secrètement[3]. Eibenschutz mourut en 1764 mais sa secte continua d'exister. Aucun des successeurs de Sabbataj Cwi n'avait donc eu l'intention d'abandonner le judaïsme.

1 Il s'agit des juifs installés dans toute l'Europe du nord-ouest depuis le Moyen Âge puis dans celle de l'est. Voir l'article « achkenazim » dans le *Dictionnaire encyclopédique du judaïsme...*, *op. cit.*, p. 12 *sq.*

2 Doktór, J., *Śladami...*, *op. cit.*, p. 107.

3 Jonathan Eibenschutz a joué un grand rôle dans l'agitation qui débuta en 1729 et annoncé le messie pour l'an 1740. Eibenschutz cherchait une synthèse des trois religions du Livre ; banni de Prague, il s'exila à Metz. Wolf, son fils, prétendait appartenir à la famille de David, d'Efraim et de Manasseh, Voir Kraushar, A., *Frank i Frankisci w Polscy...*, *op. cit.*, t. 1, p. 117-119. En réalité, malgré ses efforts, entre 1755 et 1760, Wolf, qui ne parvint pas à unifier le mouvement sabbataïste en Orient, dut rentrer à Altona. Il s'y établit bourgeoisement, créa une maison d'études et vécu dans le luxe. Cependant, rapidement, ses biens furent mis en vente et la communauté s'indigna de ce luxe ; en mars 1762, son père, Jonathan, dut lui faire quitter la ville pour éviter un scandale. Wolf, qui avait laissé derrière lui un manuscrit sabbataïste, fut accusé de conduite indécente en matière sexuelle ; on lui reprochait également de s'habiller et de vivre comme les chrétiens. Voir Maciejko, P., *The mixed multitude...*, *op. cit.*, p. 203-205.

LES MUTATIONS DU MOUVEMENT SABBATAÏSTE

Jakob Frank – dont Wolf Eibenschutz fut le rival – qui, jusqu'à la fin de sa vie, s'est présenté comme le réalisateur de la doctrine de Barukhia, affirmait que ce dernier « avait découvert cet état d'Edom [Rome], le baptême »[1] signifiant ainsi que le maître aurait reçu le baptême en secret. La tradition frankiste a gardé des relations relatives à sa participation secrète aux rites chrétiens, par exemple aux offices dans les églises orthodoxes, bien entendu sous un déguisement[2].

Lorsque Frank atteignit l'âge de 13 ans, sa famille passa en Valachie parce que son père était accusé d'hérésie. Installé pendant sept ans à Bucarest, Frank y apprit le métier de marchand, ce qui lui donna l'occasion de circuler en Turquie où il se familiarisa avec l'ésotérisme et l'occultisme. Auprès d'un certain rabbi Isachar, il découvrit les détails de la vie de Sabbataj Cwi et fut considéré comme un savant[3]. Vers 1750, on le retrouve à Smyrne où il prétendait être « roi des juifs et messie » ; il soignait les malades et produisait des miracles[4]. En 1752, à Nikopol (Bulgarie), Frank épousa Chana, la fille du rabbin Jehuda Tow ha-Levi (Towa) puis s'installa à Salonique où le milieu sabbataïste le considérait déjà comme messie[5].

Jeune, Frank avait été initié par rabbi Mardochée à la doctrine de Barukhia dont le fils, Konio, prétendait alors à la succession. Le 20 novembre 1754, Frank fut gratifié d'une apparition du Saint-Esprit qui s'adressa à lui en portugais[6] ; il semble s'être alors secrètement converti au christianisme. En 1755, Frank, que certains prenaient aussi pour l'antéchrist, rompit publiquement avec les traditions juives[7]. Ses compagnons, Mardochée et Nachman, le poussaient à retourner en

1 *Księga słów Panskich. Ezoteryczne wyklady Jakuba Franka* (ensuite cité *K. S.)*, éd. J. Doktór, Warszawa, Semper, 1997, t. I, fragment 202.

2 « *Signor Santo* [Frank], avec son prêtre Salomon, habillés en grec, allait à l'église orthodoxe (grecque). Ils passaient tous les deux par un pont troué. *Signor Santo* dit : Qui sera digne de suivre ce chemin ? Ceux qui l'accompagnaient comprenaient qu'il pensait au pont, mais le sage comprit que ceci concernait la religion, celle que nous suivons maintenant ». Voir *K. S.*, t. I, fragment 467.

3 Kraushar, A., *Frank i frankiści…*, *op. cit.*, t. 1, p. 47-50.

4 *Ibid.*, t. 1, p. 39.

5 *Ibid.*, t. 1, p. 53. Ses proches affirment qu'à l'âge de 4 ans, Frank aurait été gratifié d'une apparition de Dieu.

6 *Ibid.*, t. 1, p. 54-55.

7 *Ibid.*, t. 1, p. 61.

Pologne pour y retrouver de nombreux disciples[1] et devenir un nouveau Sabbataj ; Frank entendit la voix du Christ lui enjoignant de le faire et de convertir les juifs au christianisme. Il partit alors pour Mohiłew ; ses disciples et lui échappèrent à la peste qui sévissait en Roumanie. Le prophète Élie lui apparut pour l'inviter à traverser le Dniepr et à s'installer à Korołówki dans la Confédération polono-lituanienne. Là, il obtint la conversion « à la foi de la Sainte Trinité » des juifs des villages alentour et, comme il faisait des miracles, des juifs venaient le voir depuis Lwów[2].

Les 26 et 27 janvier 1756, les partisans de Frank se réunirent à Lanckorona puis à Kamieniec-sur-le-Zbruc où ils s'adonnèrent à des orgies[3]. Frank rompit le jeûne d'*Ester Tanes* et distribua de la confiture et de la *vodka* à treize personnes[4]. À la demande des autorités juives, le groupe fut arrêté et leurs biens confisqués. En février 1756, alors que le Tribunal rabbinique de la Diète des Quatre-Pays[5] excommuniait les contre-talmudistes (sabbataïstes) et interdisait le *Zohar*, Frank prétendit avoir eu une nouvelle vision du Saint-Esprit ; en juin, alors en prison, Frank rendit publique sa conversion au christianisme. Cependant, il conservait des relations fort utiles avec des juifs devenus musulmans, notamment à Bucarest, lorsqu'il dut se réfugier chez les *hetmany* (les Cosaques), à Nikopol, grâce à l'aide de Mgr Mikołaj Dembowski, évêque de Kamieniec, qui l'avait fait libérer en mars 1756[6]. L'épisode islamique de Frank est peu connu ; il affirma par la suite, avoir été dénoncé, comme Turc, par

1 Particulièrement Eliasz Szor de Rohatyn et Nahman de Busk, Voir Doktór, J., *Śladami...*, *op. cit.*, p. 144.

2 Kraushar, A., *Frank i frankisci...*, *op. cit.*, t. 1, p. 62-69.

3 Lors d'une réunion chez Lejbusz ben Sabbataj, « ils chantèrent et dansèrent ». Le Tribunal rabbinique (*bet din*) de Brody en discuta, et le 13 juin 1756 prononça le *herem* sur la secte. En janvier, Frank, expulsé de la partie polonaise, s'est installé à la frontière vers Chocim et Czernowitz. Cependant, le 1er février, il fut accueilli par l'évêque de Kamieniec à qui il déclara que ses fidèles adoraient la Trinité et rejetaient le *Talmud* ; l'évêque Dembowski décida d'une dispute dans six semaines. Voir Doktór, J., *Śladami...*, *op. cit.*, p. 153-154.

4 *Ibid.*, p. 156.

5 La Diète des Quatre-Pays (*vaad arbaa araçot* en hébreu) était l'organe représentatif des communautés juives de Pologne. Voir Tollet, Daniel, « Le Conseil des quatre pays (*vaad arba aracot*) dans la République polonaise à l'époque moderne », *L'Europe des Diètes* ; *Mélanges offerts à Jean Bérenger pour son soixantième anniversaire* ; Paris, 1996, C. D. U.-S. E. D. E. S, p. 247-267.

6 Kraushar, A., *Frank i frankisci...*, *op. cit.*, t. 1, p. 70-73. Plus tard, en 1759, Frank affirmera que son retour en Pologne s'est fait sur ordre de Jésus venu du ciel, voir Doktór, J., *Śladami...*, *op. cit.*, p. 145.

des juifs polonais et contraint à la conversion. Il a alors tenté de s'établir à Salonique d'où, à l'automne 1756, il dut fuir pour s'établir en 1757 à Giurgiu (Roumanie, sur le Danube). Il faut noter qu'il n'y a pas eu de rupture entre ceux des frankistes qui s'étaient alors convertis à l'Islam, les abrahamites, et ceux qui choisirent la conversion au catholicisme[1].

L'évêque Dembowski convoqua les rabbins pour une disputation avec les contre-talmudistes, fixée au 20 juin 1757, et destinée à faire apparaître les erreurs du *Talmud*[2]. Selon le jésuite Konstanty Awedyk, les sabbataïstes étaient parvenus à convaincre l'évêque Dembowski que l'affaire de Lanckorona devait être jugée comme une question de la foi juive, en fonction du *Talmud* et du *Zohar*[3]. Un manifeste signé par vingt-trois sabbataïstes fut imprimé, en polonais et en hébreu, et diffusé à deux mille exemplaires à travers l'Europe.

Bien qu'il ne fût toujours pas question de baptême[4], les fidèles de Frank obtinrent, le 11 juillet 1758, la protection du roi de Pologne,

1 Voir Doktór, J., *Śladami...*, *op. cit.* p. 198.

2 Le Tribunal consistorial de Kamieniec a consigné un compte-rendu de la dispute. En premier lieu, les contre-talmudistes exposent leurs thèses puis les rabbins leur répondent en hébreu suivi d'une traduction en polonais. La dispute s'est déroulée sur huit jours, au terme desquels l'archevêque de Lwów a rendu un verdict concernant l'affaire de Lanckorona. Ce décret archiépiscopal devra être lu dans les synagogues suite à quoi, les juifs devront déposer leurs exemplaires du *Talmud* pour qu'ils soient brûlés en public. Les rabbins protestent contre ce décret qui va à l'encontre des privilèges que les rois leurs ont donnés. Des amendes sont infligées aux talmudistes dont le produit doit servir à la réparation d'une tour d'église. Voir Kraushar, A., *Frank...*, *op. cit.*, t. 1, p. 84-90. La propagande catholique insiste, avec Pikulski, Gaëtan, *Złość żydowska przeciwko Bogu i bliźniemu... na objasnienie Talmudystów*, Lwów, 1760, 790 p., sur la très ancienne opposition en Jehuda-ha-Nasi, rédacteur de la *Mishna*, et Simon ben Jochaj, auteur du *Zohar* considéré comme « libéral » à l'égard des cérémonies et dont le Sabbataj Cwi serait l'héritier spirituel. Dans ce raisonnement, les fondateurs du sabbataïsme, tels Barukhia, sont passés sous silence. Voir Doktór, J., *Śladami...*, *op. cit.*, p. 160-162.

3 Awedyk, Konstanty s. j., *Opisanie wszystkich dworniejszych okolicznosci nawrócenia do wiary swietej Contr-Talmudystów albo historia krótka, ich poczatki i dalsze sposoby przystepowania do wiary swietej wyrazajaca*, Lwów, 1760, p. 9-10.

4 Bałaban, Majer, *Studien zur Geschichte der Juden in Polen*, Berlin, 1911, p. 35. Selon Kleyn, F. s. j., *Coram iudicio memoria Nicolai... Dembowski... expedita*, Lviv, typ. SS. Trinitatis, 1758, 186 p., le contenu est le suivant : les sabbataistes affirment croire en le Dieu de l'Ancien Testament; ils affirment la nécessité de la Grâce pour comprendre la parole divine; ils rejettent le *Talmud* comme tourné contre Dieu et reconnaissent l'unité de Dieu mais sous forme trinitaire. Ils affirment que Dieu a forme humaine, que Jérusalem ne sera pas reconstruite [Pour Frank, le baptême est un acte public qui ouvre la voie du royaume messianique; Jérusalem ne joue donc plus aucun rôle, voir Doktór, J., *Śladami...*, *op. cit.*, p. 175] et rejettent l'attente du Messie car seul Dieu est le vrai Messie. Après le jugement

permettant à ceux, dont Frank, encore exilés en Turquie, de rentrer dès la fin août 1758[1]. Frank ne revint qu'en novembre après être passé par Bucarest où il avait trouvé des fidèles désireux de se faire chrétiens. À partir de là, il joua son rôle d'apôtre avec sérieux, s'installa à Iwanie et annonça sa volonté de se convertir au catholicisme et d'entamer une dispute avec les rabbins. Les juifs y accouraient pour former une société « communisante » à laquelle les membres abandonnaient leurs biens[2]. Frank professait une théosophie reposant sur des visions kabbalistiques mal définies et se rapprochant du christianisme, tout en présentant sa fille, Ewa, comme une reine, voire une divinité féminine[3]. Il faut noter que Frank était entré en relation avec la secte des *Filipian* (branche des vieux croyants – *raskolniki* – de l'orthodoxie)[4], où le chef dominait – y compris sexuellement – les filles qui lui apportaient des dons en argent.

Une délégation de frankistes de Valachie et de Turquie arriva à Lwów, le 20 février 1759, pour présenter une requête à Mgr Władysław-Al. Łubieński, archevêque de Lwów. Frank, qui en était l'auteur, demandait à être reçu dans le giron de l'Église romaine. En mai, Łubieński en référa au nonce de Varsovie, estimant, après enquête, à 5 000 le nombre des personnes susceptibles de se convertir en Pologne, en Hongrie et en

consistorial, au nom des contre-talmudistes, Jean Chrysostome Białowołski déclara que ses amis [Frank suivait les débats depuis Rohatyn], pour la première fois, avaient reconnu l'existence de la Sainte Trinité et rejeté le *Talmud*, *ibid.*, p. 91.

1 Or, à ce moment, on note, en Pologne, plusieurs accusations de crime rituel, Voir Krauszar, A., *Frank...*, *op. cit.*, t. 1, p. 111.

2 Frank changea les noms des femmes de son harem (*orszak*), composé de ses « sœurs », et leur octroya des noms bibliques. En mai 1759, Frank fit venir son épouse et ses enfants et adjoignit dix hommes aux femmes déjà présentes, *ibid.*, t. 1, p. 115-116.

3 *Ibid.*, t. 1, p. 125-126.

4 Cette secte était dirigée par Moliwda (Kossakowski), fils d'un évêque orthodoxe. Au début du XVIIIe siècle, au grand dam de Pierre le Grand, l'ensemble du territoire ruthène était passé à l'Union de Brest et l'Église orthodoxe était désorganisée ; il lui restait quelques dizaines de milliers de fidèles dans les régions de Mohiłew, Słuck, en Biélorussie et en Ukraine vers Żytomierz. Ces avancées de l'Union masquaient pourtant de grandes faiblesses théologiques et ecclésiales car il ne s'était plus tenu de synode provincial depuis 1626. Un nouveau synode fut convoqué en 1715, par le métropolite uniate Léon Kiszka, officiellement pour éliminer la secte des filipian mais il ne put se tenir à Zamość qu'en 1720. Voir Sliwa, Tadeusz, « Kościół greko-katolicki w latach 1696-1764 », dir. B. Kumor, *Historia kościoła w Polsce*, Poznań, 1974, t. I, *cz.* 2, p. 464. La préparation de ce synode fut prise en main par le nonce, Hieronim Grimaldi avec Stefan Trombetti, recteur du collège pontifical de Lwów et Polikarp Filipowicz, archimandrite du couvent de Pinsk.

Valachie[1]. Dans sa réponse à Frank, en date du 19 juin 1759, l'archevêque se plaignait de ne jamais voir venir les conversions promises depuis cinq ans et affirmait que les « lettres de protection » demandées arriveraient seulement après les baptêmes ; Mgr Łubieński voulait imposer aux frankistes la tenue d'une seconde disputation avec les rabbins[2] ; le nonce approuva cette attitude[3].

La disputation eut lieu en la cathédrale. Le point central de la discussion tourna autour de l'accusation de crime rituel et de l'utilisation du sang par les juifs[4]. Frank arriva à ce moment de la discussion et accepta alors de se faire baptiser, sous le nom de Joseph, tout en incitant ses disciples à ne pas se presser. Son baptême se fit à l'eau et en la seule présence de ses fidèles. L'archevêché accepta cette procédure mais exigea, qu'ensuite à Varsovie, on déploie tout le cérémonial[5].

Fin septembre 1759, le groupe des frankistes se divisa en deux. Une partie resta à Lwów et l'autre se rendit à Varsovie[6]. À chaque étape, Frank était accueilli par des magnats. Dans une correspondance avec Rome, le nonce Serra insiste sur le soutien proposé par les magnats aux frankistes et sur les craintes de ces derniers de tomber dans le servage ; la chancellerie de la Couronne proposa donc de les installer sur des biens royaux[7]. Le second baptême de Frank eut lieu à Varsovie, le 28 novembre 1759, en la chapelle royale du palais *saski*.

Après leur baptême, les frankistes, bien qu'ils se soient coupé la barbe et habillés comme des chrétiens, continuaient à pratiquer leurs rites juifs ; Frank déclarait être le seigneur de ses adeptes et ses « frères »,

1 Krauszar, A., *Frank…*, *op. cit.*, t. 1, p. 134-143. Les frankistes avançaient eux le chiffre de 15 000 et demandaient à ce que ces gens puissent s'installer en Pologne, dans quatre localités du sud.

2 *Ibid.*, p. 144. Les frankistes affirmèrent certaines positions : le messie est venu ; le messie est le vrai Dieu, son nom est Adonay ; depuis la venue du messie on fait des cérémonies et offre des offrandes ; le messie est notre sauveur et on doit se soumettre à lui ; la croix est le signe de Dieu ; nul ne peut quitter sa foi ; le *Talmud* incite les juifs à prélever le sang des chrétiens.

3 *Ibid.*, t. 1, p. 145-148.

4 Les rabbins protestaient en arguant que, descendants d'Abraham, l'usage du sang leur était interdit, *ibid.*, p. 152.

5 *Ibid.*, t. 1, p. 152-156. Chaque jour des frankistes étaient baptisés.

6 À Lublin, les juifs renversèrent la voiture de Frank et le tribunal municipal dut intervenir et mettre la synagogue à l'amende ; l'affaire fut jugée le 6 octobre 1759, Frank demanda 200 *grzywien* d'indemnité à la synagogue, *ibid.*, t. 1, p. 162.

7 *Ibid.*, t. 1, p. 168.

les apôtres. À Lwów, l'archevêché qui était persuadé que les convertis confessaient une autre foi que le christianisme, apprit, par un texte hébraïque, quel était l'enseignement de Frank. Il aurait affirmé que la fin des temps approchait, que l'antéchrist était déjà né en Turquie et que Frank l'aurait vu à Salonique. Le Christ était en train de venir du ciel pour organiser le Jugement dernier, mais ceci étant un secret, il se cacherait en la personne de Frank. Le nonce tenait d'un converti que Frank exerçait des pressions sur ses adeptes pour qu'ils l'entretiennent, et que ses proches se réunissaient pour chanter en hébreu et exercer un culte particulier. À Lwów, Frank était accusé de pratiquer la polygamie et autres « habitudes turques »[1].

Le 7 janvier 1760, Frank fut arrêté et présenté au tribunal où il se défendit en parlant en turc ; il affirma n'avoir incité à se convertir que ceux en qui il lisait la foi. Selon lui, tous croyaient en la Trinité. Il affirmait aussi que le Christ était le véritable Dieu, qu'il l'avait désigné pour convertir les juifs ; il était arrivé à cette conclusion en lisant le *Zohar*. Il affirmait également qu'il ne croyait pas dans le retour du Christ sur Terre, contrairement à certains de ses disciples, mais en Sa présence dans le pain bénit. Frank prétendait avoir interdit à ses disciples de le traiter comme le messie, ne s'étant jamais cru supérieur à l'Homme[2]. Il reconnut encore avoir eu une vision du Christ en songe. À l'issue de ces auditions, en juillet 1760, le père Śliwicki, inquisiteur de l'église de la Sainte-Croix de Varsovie, demanda aux « fidèles » de ne pas croire aux apparitions à Frank du Christ et du prophète Élie et de s'en tenir à la foi catholique qu'ils devraient approfondir en lisant

1 Ce texte est parvenu entre les mains du père Pikulski, G., auteur de *Złość żydowska*…, *op. cit.* Des copies en ont été faites, pour l'administrateur de la cathédrale de Lwów et pour le primat, Łubieński. L'original a été envoyé au nonce qui en a référé au Saint Siège en dénonçant la naïveté et bêtise de ce texte, *ibid.*, t. 1, p. 180.

2 Frank reconnaissait n'avoir pas lu le Nouveau Testament avant de séjourner à Lwów et à Varsovie. Il affirmait aussi avoir rejeté la foi musulmane après avoir entendu parler, en Pologne, de la Trinité ; il n'avait embrassé l'Islam que parce que les juifs de Pologne l'avaient dénoncé aux Turcs. Il affirmait encore ne pas croire en l'Antéchrist et ne pas y avoir cru lorsqu'il était à Salonique. Frank regrettait que pendant trop longtemps, les enfants d'Israël n'aient pas eu de véritables prêtres, des autels et pratiqué des sacrifices dans la foi chrétienne. Il parlait de Dieu comme de son saint père mais affirmait qu'il ne s'agissait là que d'une formule. Il affirmait surtout n'avoir pas eu connaissance que ses disciples le prenaient pour le messie avant l'affaire du prêtre de l'église de la Sainte-Croix (à Varsovie) et dit avoir, alors, voulu les quitter. Frank aurait interdit à ses disciples de le traiter comme le messie, ne s'étant jamais cru supérieur à l'Homme, *ibid.*, t. 1, p. 182-193.

le catéchisme. Frank restait retenu à l'église des bernardins jusqu'au jugement du tribunal de l'Église publié par l'*official*, Feliks Turski, qui soulignait que la conversion de Frank était sincère en dépit d'erreurs concernant le retour du Christ sur la Terre ; cependant, Frank devrait rester isolé et approfondir l'enseignement de l'Église. Il fut conduit, avec ses proches, en résidence surveillée à Częstochowa[1], dans la caserne placée sous la responsabilité du père supérieur des paulins. Frank tenta, sans succès, de faire pression sur le roi pour être libéré. Or, à cette époque éclata une affaire de crime rituel à Wojsławice dont l'écho dans le pays fut très grand. Le nouveau nonce, Visconti, soutint auprès du Saint-Siège la cause des talmudistes accusés, et intervint auprès des autorités polonaises contre l'accusation de crime rituel, mais sans obtenir de résultat[2].

LA DOCTRINE DE CZĘSTOCHOWA

Pendant ses douze années de rétention à Częstochowa (1760-1772), la pensée et l'action de Frank évoluèrent dans le sens d'un obscur mysticisme et de la constitution d'une secte. Frank prétendait que les portes de sa prison étaient celles du ciel, expliquant ainsi pourquoi il devait faire venir ses disciples « à cet endroit, où Dieu parle aux

1 *Ibid.*, t. 1, p. 203-206. L'Église était clémente car au total, en 1759/60, à Lwów, on comptait 156 hommes, 119 femmes et 239 enfants, soit 514 personnes qui s'étaient converties selon des chiffres provenant de l'archevêché. Les convertis n'étaient ni des notables ni des talmudistes connus mais des petits commerçants ou artisans qui espéraient sortir de leur misère sociale par la conversion. Or, à leur égard, les rabbins polonais firent preuve de fanatisme ; les Polonais approuvaient les conversions pour autant qu'elles ne se traduisaient pas par des anoblissements. Or, ces 514 convertis furent inscrits sur les registres avec les nouveaux noms polonais dont ils s'étaient dotés et qui étaient le plus souvent ceux de leurs lieux d'origine. La Diète, jalouse des privilèges nobiliaires, à l'occasion de l'interrègne de 1764, supprima l'octroi automatique de la noblesse aux convertis. Le roi pouvait désormais en anoblir, mais en nombre limité chaque année, et ils devaient être acceptés par la Diète. De nombreux convertis récents perdirent leur statut nobiliaire mais ceci n'affecta pas Frank ni ses proches. Voir Maciejko, P., *The mixted…*, *op. cit.*, p. 207-208.

2 Krauszar, A., *Frank…*, *op. cit.*, t. 1, p. 228-230 et Tollet, Daniel, *Accuser pour convertir ; du bon usage de l'accusation de crime rituel dans la Pologne catholique à l'époque moderne*, Paris, PUF, 2000, chapitre VI.

hommes qui le prient »[1]. Il affirmait n'être qu'un envoyé pour exécuter ce que la « Dame », vue en songe, lui demandait. La « Dame » lui révélait ces secrets dans un dialogue « face à face »[2]. Ce type de discours était destiné à favoriser le regroupement des frankistes dans la région de Częstochowa. Pour convertir les sabbataïstes d'Iwanie, Frank entreprit de leur montrer que le baptême était la condition de la vie éternelle et du retour à l'état paradisiaque[3]. Frank dut modifier les buts de la conversion, qui cessa d'être le dernier passage avant d'atteindre la sphère de la vie ; désormais, elle devint un passage pour sortir du monde corrompu. Frank fit alors connaissance avec la pensée catholique et formula la dernière partie de sa doctrine. Pour profiter de la popularité de l'idée messianique parmi les juifs, il reprit le bruit que le messie se trouvait dans les environs de Rome[4]. Après cinq ans de détention, les frankistes apparaissaient aux yeux des pères paulins comme de bons catholiques romains quoique Frank ait demandé à ses fidèles de n'être que des spectateurs à la messe sans pouvoir leur en dire

1 Frank aurait prophétisé la partition de la Pologne avant même sa détention. Il expliquait que ses songes lui permettaient de dévoiler des secrets à ses fidèles ; ces secrets concernaient la succession divine et il s'agissait de la Pologne, voir *K.* S., 145. Frank construit sa doctrine sur la base du récit de Jehusza Lévi (*Sanhédrin*, 97) ce qui lui permettait de recruter parmi les convertis. Il insistait alors sur sa nature humaine et présentait son séjour à la forteresse de Jaśna Góra (Częstochowa) comme le moment de la recherche de la *Shekhina* (l'Esprit divin) avant de devenir lui-même messie. Il lui fallait expliquer en quoi il se différenciait de Sabbataj et de Barukhia dont les rôles n'avaient été que d'ouvrir la route de Frank. Aucun de ces deux personnages n'était allé jusqu'à la conversion au catholicisme c'est pourquoi les portes de Rome conduisent à la colline de Sion et emprisonnent la *Shekhina* qu'il convient de libérer. Voir Krauszar, A., *Frank…*, *op. cit.*, t. 1, p. 182-185.

2 *K.* S., 431. Selon Frank, les juifs resteront dans l'oppression car ils ne croient pas à la venue de la « Dame » ; ses disciples doivent s'habiller de blanc pour se baigner et se présenter à elle, la « reine du monde ». Elle les conduira sur toutes les routes et leur ouvrira les yeux. Voir Krauszar, A., *Frank…*, *op. cit.*, t. 1, p. 253.

3 Selon Awedyk, Konstanty s. j., *Opisanie wszystkich dwórnieyszych okoliczności Nawrócenia do wiary S. Contra-Talmudistów, albo krótka ich początki y dalsze sposoby przystępowania do wiary S. wyrazaiącą za pozwoleniem S. Zwierchności do wiadomości publicznej podana*, Lwów, Druk. Akad. J. K. M. coll. soc. Jesu, 1760, en 1759, 2000 sabbataïstes se seraient convertis ; Jehuda Krysa et Salomon Szor affirmaient qu'en Hongrie et en Valachie, 15000 d'entre eux s'étaient convertis ; mais ces chiffres sont exagérés. Voir Doktór, J., *Śladami Mesjasza-apostaty…*, *op. cit.*, p. 179.

4 *Ibid.*, p. 282. Cependant, il s'avéra que la conversion n'avait pas résolu tous les problèmes posés par le judaïsme. Vingt ans après, certains frankistes célébraient encore des fêtes juives comme *purim* et Frank devait distinguer dans ses *Zbiór słów Pańskich w Brnie mówionych*, la foi réelle des institutions religieuses.

plus[1]. En dépit du Partage de la Pologne, les frankistes de Częstochowa vivaient tranquillement, avec leur prophète, leur vie religieuse cachée, et vouaient un culte à Ewa (Awacza), sa fille, âgée de 15 ans. Frank disait à ses disciples : « Je ne suis pas venu vers vous pour enseigner une religion mais seulement pour que vous me suiviez et que je vous montre la route que vous devez suivre et qui est celle de la vérité »[2] ; cette route était censée être celle de l'immortalité.

Frank, qui mesurait le poids croissant de la Russie en Pologne, commença à s'intéresser à ce pays et à l'orthodoxie. Dès juin 1765, il envoya des fidèles dans l'Empire des tsars pour qu'ils se renseignent sur l'orthodoxie ; trois d'entre eux eurent la possibilité de discuter avec l'évêque orthodoxe de Smolensk, puis de se rendre à Moscou. De retour à Varsovie, ils rencontrèrent le plénipotentiaire russe Nikolai Vasilyevich Repnin[3]. Les manœuvres de Frank ayant été dénoncées par des Polonais, soutenus dans leur protestation par les talmudistes et même certains frankistes, la tentative de conversion à l'orthodoxie échoua[4]. Après l'échec des négociations avec les Russes, Frank entama une nouvelle campagne de conversion et affirma que la *Shekhina* se cachait dans la Vierge de Częstochowa. Les abrahamistes n'acceptèrent pas la nouvelle doctrine et se séparèrent de Frank[5]. Or, en 1768, avec la révolte de Gonta et Żeleźniak, qui ravageait l'Ukraine et la Confédération polonaise, Frank se tourna vers les juifs moraves et se fit présenter à Prague comme le prophète. En octobre 1768, Frank

1 *K.* S., 304.

2 *K. S.*, 1088.

3 Krauszar, A., *Frank…*, *op. cit.*, t. 1, p. 272-275. Henrich Graëtz produit la lettre envoyée, en 1768, de Petersbourg à Jacob Emden, ennemi du frankisme, à propos de l'ambassade de Frank à Moscou où les sabbataïstes ont présenté, à l'archevêque de Moscou, Frank comme étant prisonnier des catholiques polonais. Ils lui ont expliqué qu'à la lumière de la *Kabbale*, Frank avait compris qu'il fallait se convertir à l'orthodoxie. Pour cela, il fallait le libérer. À la suite de quoi, l'archevêque les avait recommandés au clergé de Moscou ; les orthodoxes étaient persuadés qu'ils pourraient obtenir 20 000 conversions. Voir Graetz, Henrich, *Geschichte der Juden von den ältesten Zeiten bis auf die Gegenwart*, Leipzig, Leiner, 11 vol., 1853-75, t. X, p. 437.

4 Krauszar, A., *Frank…*, *op. cit.*, t. 1, p. 276-279.

5 Le beau-père de Frank, Towa, publia des textes sous le nom de « Derwish Effendi ». Il revint à la notion classique de la conversion selon le Sabbataj Cwi : les fidèles devaient suivre le messie, c'est à dire l'Islam. Cette conversion n'avait qu'un caractère antinomique : rejeter le judaïsme pour se débarrasser de la Loi pour qu'une nouvelle Loi puisse apparaître. Voir Doktór, *Śladami Mesjasza-apostaty…*, *op. cit.*, p. 203-204.

rassembla ses fidèles autour de Częstochowa et prépara leur départ collectif pour la Hongrie en incitant les non baptisés à se faire baptiser[1]. Après la prise de Częstochowa par les Russes (19 août 1772), le général Alexandre Ilitch Bibikov fit libérer Frank et ses treize compagnons[2]. Au moment de sa libération, Frank réalisa qu'il n'avait plus d'avenir en Pologne d'autant que ses partisans de Varsovie s'étaient éloignés de lui. Il abandonna donc le « chemin de croix » pour celui d'« *Ezaw* » (patriarcat) et attribua à sa fille, Ewa, la place d'une déesse ; mais, afin de l'éduquer, il décida de l'amener en Moravie.

GOUROU IMPOSTEUR OU MODÈLE DU JUIF ÉMANCIPÉ ?

En mars 1773, Frank, accompagné de ses proches installés dans deux bricks, quitta Varsovie pour Brno en Moravie ; le gouverneur russe avait demandé à ses gardes-frontières de laisser Frank sortir sans difficulté[3]. Là, il reconstitua une cour dont les règles étaient calquées sur celles du sultan, imposa à ses disciples une absolue soumission[4]. Il affirmait vouloir faire du prosélytisme parmi les juifs au bénéfice du catholicisme tout en propageant des idées sur la venue du prophète Élie, de l'Antéchrist et d'un nouveau messie[5].

1 Krauszar, A., *Frank…*, *op. cit.*, t. 1, p. 280-282.

2 *Ibid.*, p. 300. Les treize années passées en captivité avaient fait de Frank un martyr, y compris en Occident où le sabbataïsme se répandait, notamment en Bohème et en Moravie. On y considérait Frank comme un pseudo-messie, réincarnation de Sabbataj Cwi et un faiseur de miracles. Le propagateur du sabbataïsme était le rabbin de Cracovie, Jonathan Eibeschutz, devenu ensuite rabbin de Prague, puis de Metz, d'Altona, de Hambourg et de Wandbel. Eibeschutz avait propagé, au milieu du XVIIIe siècle, des idées mystiques et des pratiques de sorcellerie. En Allemagne, le rabbin Jacob Emdem s'opposa à lui et son action fut relayée par Baruch Jawan, facteur du ministre Brühl, en Pologne. Des théologiens chrétiens, tel Frédéric Merlin, ont aussi dénoncé les pratiques de sorcellerie. Eibeschutz mourut en 1764, mais son fils Wolf poursuivit son œuvre ; il devint baron von Adlersthal et s'installa à Dresde. Là, il rassembla des juifs qui pratiquaient le christianisme. Frank avait connaissance de l'existence de ce groupe grâce à des émissaires envoyés en Moravie ; les groupes se sont alors rapprochés, *ibid.*, p. 305.

3 Frank disposait de trois passeports émis par les trois puissances partageantes. Contrairement à ce qui figure sur les passeports, qui le présentent comme un marchand turc, ce sont ses adeptes de Varsovie qui lui assuraient des revenus et il espérait, de plus, une participation financière des juifs de l'Empire germanique. Voir Krauszar, A., *Frank…*, *op. cit.*, t. 2, p. 4-5.

4 En décembre 1774, Frank envoya des émissaires à Istanbul mais ils furent emprisonnés puis expulsés, *ibid.*, p. 13.

5 Les communautés juives le dénoncèrent comme hérétique auprès des autorités tchèques.

En 1775, Frank se rendit à Vienne où il fut reçu par l'empereur et sa mère, Marie-Thérèse ; au moment où Joseph II venait de publier le *judenordnung* (1774), il se présenta devant eux comme un « juif réformateur »[1]. Grâce au soutien impérial, Frank mena grand train à Vienne. Pourtant, le chancelier Kaunitz se renseigna auprès du résident autrichien à Varsovie qui lui révéla que Frank n'était qu'un imposteur se faisant passer pour le messie[2]. Il n'empêche que, lorsqu'en novembre 1781, Joseph II accompagna le tsar Paul à Brno, il l'incita à visiter la cour de Frank[3].

Frank enseignait alors que la Trinité existe, affirmant, comme Salomon, qu'il était venu pour instaurer la vie éternelle sur Terre. Selon sa théosophie, il y aurait trois dieux : celui qui donne la vie, celui qui donne la richesse, et celui de la mort qui est le plus fort. Il s'y ajouterait un quatrième (le *Daas*) dont on ne savait rien. Après Salomon, Jésus, ce fut Sabbataj Cwi qui tenta de se rendre auprès des Dieux mais sans pouvoir y parvenir. Enfin, Frank disait être appelé pour porter la vie éternelle sur la Terre bien qu'il reconnût n'être qu'un homme très simple[4]. Ces théories n'étaient pas susceptibles d'aplanir les divisions au sein de la secte où certains continuaient à observer les coutumes juives. Frank affirmait que ces divisions étaient dues à ce qu'on ne lui avait pas encore révélé tous les secrets du *Daas*. En vérité, l'éclatement était lié au fait que certains vouaient toujours un culte à Sabbataj Cwi alors que Frank ne le souhaitait pas puisqu'il se présentait comme étant lui-même le messie.

1 Frank fit répandre le bruit d'une aventure entre l'empereur et sa fille Ewa, puis avec le prince Adam Czartoryski devenu veuf, et enfin avec Jerzy-Marcin Lubomirski. Voir Maciejko, P., *The mixed multitude...*, *op. cit.*, p. 213.

2 En septembre 1776, Jakob Gołinski, ancien rabbin de Gliniany (près de Lwów) et ancien frankiste, envoya à l'impératrice une dénonciation dans laquelle il affirmait avoir entendu Frank inciter les juifs à se convertir à l'islam et au christianisme mais seulement pour la forme et à ne jamais se marier avec des chrétiennes. Jakob Gołinski aurait appris que Frank avait cherché à le faire assassiner d'autant qu'il disposait d'hommes armés. Une enquête fut ouverte à Brno en novembre 1776. Krauszar, A., *Frank...*, *op. cit.*, t. 2, p. 21-22. En tous cas, il ne fut pas donné suite à la demande d'obtention du titre de baron d'Empire sollicitée par Frank, voir Maciejko, P., *The mixted multitude...*, *op. cit.*, p. 210.

3 L'intérêt de Joseph II était sans doute lié au fait que des frankistes furent membres de la Loge de la Fraternité asiatique, fondée à Vienne en 1780 ou 1781, et qui acceptait des chrétiens et des juifs. En 1781, August Moszyński avait rédigé un mémoire à l'usage du roi Stanislas Auguste où il expliquait que les francs-maçons de la Loge de la Fraternité asiatique étaient largement ouverts aux frankistes dont ils attendaient l'explication des secrets de la kabbale ; les frankistes eux attendaient l'émancipation, *ibid.*, p. 227-228.

4 Krauszar, A., *Frank...*, *op. cit.*, t. 2, p. 46-50.

Frank menait un grand train de vie, marqué, notamment, par des séjours à Karlsbad, la fréquentation des milieux aristocratiques et l'entretien d'une bande armée[1]. Or, les juifs moraves déçus ne lui versaient plus d'argent et les rentrées de Pologne diminuaient, tant et si bien qu'à partir de 1784, Frank, malade et en manque d'argent, se tourna vers l'alchimie[2]. Ruiné, il dut quitter Brno, en février 1786, pour se rendre à Vienne, d'où il envoya sa fille à Offenbach auprès du duc Wolfgang Ernst von Isenburg Birstein. Ce prince leur accorda l'hospitalité et mit son château (en ruines) à leur disposition. Frank s'y installa le 8 mars 1786[3]. Il reçut le titre de baron bien que des scandales aient éclaté du fait de son tempérament tyrannique et de ses pratiques sexuelles. Cela n'empêcha pas Frank de célébrer des offices sur le modèle catholique et de fréquenter l'église. Dans la seconde moitié de l'année 1788, la santé de Frank se dégrada ; en décembre 1788, il fut victime d'une première attaque d'apoplexie. Juste avant sa mort, Frank répétait que le Christ était venu libérer le monde des mains de Satan et que lui, Frank, était venu pour libérer le monde du Droit et des règles existants. Le 10 décembre 1791, une dernière attaque d'apoplexie l'emporta. Il fut enterré en grande pompe, le 12 décembre à Offenbach, par un prêtre catholique[4].

1 Parmi les aristocrates, seul Jerzy Marcin Lubomirski, ruiné et décrié, accepta de rentrer dans la secte. Après de multiples divorces et de nombreuses trahisons, Jerzy Marcin Lubomirski fut capturé par les Polonais et condamné à mort ; sa peine fut commuée en prison à vie. Relâché, il rejoignit la Confédération de Bar où il devint le chef militaire des insurgés anti-russes. Il s'installa ensuite à Varsovie et y fit faillite. Or, à la fin des années 1750, la plupart des frankistes convertis de la région de Kamieniec-Podolski avaient vécu sur ses terres. De plus, pendant la Confédération de Bar, Jerzy Marcin avait croisé Frank à Częstochowa. En 1785, Jerzy Marcin, ruiné, proposa de commander la milice de Frank et celui-ci accepta ; ces liens faisaient pénétrer Frank dans le milieu aristocratique. Voir Maciejko, P., *The mixted multitude…*, *op. cit.*, p. 214-215.

2 On peut observer que, lors de la seconde moitié du XVIIIe siècle, l'alchimie connut un regain de vogue en Europe. Frank et Wolf Eibenschutz alliaient donc la tradition turque du turban à celle de la magie européenne de Cagliostro (Joseph Balsamo) et à son goût pour le luxe. De la même manière que Casanova – qui était en relations avec Frank – ils s'octroyaient des titres de noblesse. Ils profitaient de la réputation de « secret des juifs » pour fasciner les chrétiens. L'ésotérisme juif, en particulier la kabbale, faisait partie de ce qu'on nommait les « curiosités » ; Henrich Brühl possédait l'une des bibliothèques kabbalistiques les plus importantes d'Europe, la maîtresse d'Auguste le fort, la comtesse Cosel, s'était secrètement convertie au judaïsme après avoir étudié la kabbale. Voir Maciejko, P., *The mixted multitude…*, *op. cit.*, p. 220-221.

3 Krauszar, A., *Frank…*, *op. cit.*, t. 2, p. 82-100.

4 La *Gazette de Francfort* fait état de la cérémonie.

FRANK, PROTOTYPE DU JUIF ASSIMILÉ ?

Il apparaît donc clairement que l'activité religieuse de Frank a connu des phases successives qui furent autant d'étapes dans sa recherche permanente de pouvoir, d'argent et de liberté sexuelle.

Pendant la première partie de sa vie, se faisant passer pour le messie, il était parvenu à prendre la direction du mouvement sabbataïste dont les adeptes étaient nombreux dans les régions méridionales de la Confédération polono lituanienne, en Turquie, en Moldavie, en Valachie et en Hongrie. Sa longue détention en résidence surveillée à Częstochowa lui fournit l'occasion de préciser une théosophie qui, prenant appui sur une lecture très personnelle de la Kabbale, tentait de justifier sa volonté d'abolir la Loi et ses multiples conversions à l'islam et au christianisme. Bien que converti, à la demande du clergé catholique, Frank a tenté d'adapter le christianisme aux attentes des juifs et leur a présenté la conversion au christianisme comme l'ultime conversion, lui-même étant un apôtre auprès des juifs. Enfin, dans la période de sa vie qui s'est déroulée dans l'Empire germanique, il a pu apparaître comme le prototype du juif émancipé et assimilé dont rêvait la Monarchie des Habsbourg. En réalité, le frankisme est alors devenu une secte secrète conduite par un gourou avide et débauché. La secte n'a pas survécu à la disparition d'Ewa, la fille de Frank mais son caractère secret a continué de fasciner le public d'Europe centrale pour les mêmes raisons que la Franc maçonnerie.

Le messie, qui n'en était pas un, s'est donc converti de nombreuses fois par pur opportunisme ; chef d'une secte, il est devenu le prototype du gourou moderne en la sincérité de qui on ne peut accorder la moindre confiance.

Daniel TOLLET
Ingénieur de recherche honoraire
de l'université Paris-Sorbonne

LES RÉCITS DE CONVERSION AU CATHOLICISME ET LEURS USAGES POLITIQUES SOUS LA RÉVOLUTION FRANÇAISE

Omniprésents dans la controverse religieuse des XVIe-XVIIe siècles, les récits de conversion changent de portée au cours du XVIIIe siècle. Les séductions de la « philosophie » inquiètent davantage que celles de « l'hérésie » : l'apologétique catholique met désormais en valeur la conversion de jeunes gens égarés par le libertinage, à l'instar de ceux dépeints dans le célèbre roman épistolaire de l'abbé Gérard, *Le Comte de Valmont ou les égarements de la raison* (1774-1776)[1]. On assiste en effet à un changement de paradigme dans les années 1770 : alors que l'espace public se sécularise, principalement dans les villes, de nouvelles règles de coexistence confessionnelle sont définies. Bien que toujours officiellement interdit, le culte protestant commence à être toléré de fait dans plusieurs provinces. Face au changement des mentalités, le prosélytisme religieux se fait plus discret et moins agressif. Journalistes et écrivains « éclairés », à l'instar de l'abbé Raynal, dénoncent les méfaits du « fanatisme religieux » et l'immoralité des conversions forcées, que ce soit celles opérées par les missionnaires espagnols dans les Indes ou par les dragons de Louis XIV dans les Cévennes. Le massacre de la Saint-Barthélemy devient un argument historique récurrent dans la polémique contre les « mauvais » catholiques, ceux que l'on qualifie de « fanatiques », esclaves de leurs passions et de leurs préjugés. L'heure semble à la tolérance religieuse en France.

1 Brucker, Nicolas, *Une réception chrétienne des Lumières.* Le Comte de Valmont *de l'abbé Gérard*, Paris, Champion, 2006. Voir également, du même auteur, la notice « Conversion » dir. D. Masseau, *Dictionnaire de l'antiphilosophie (1715-1815)*, Paris, Champion, 2016, à paraître.

La conversion est ainsi devenue une « notion en crise » au sein des Lumières chrétiennes[1]. S'il existe toujours une controverse avec les protestants autour de l'authenticité des conversions, celle-ci se situe de plus en plus nettement dans une perspective historique. On ne cherche pas à provoquer ouvertement de nouveaux ralliements religieux de masse, mais à compter les points dans l'histoire, en recensant les conversions réussies depuis le XVIe siècle et en défendant leur authenticité, preuves documentaires à l'appui. Ce qui n'empêche pas les apologistes catholiques de la fin du XVIIIe siècle de tenter de faire revenir incrédules et hérétiques à la véritable foi. Mais leur conversion doit s'effectuer sans aucune forme de violence physique ou morale, en s'appuyant seulement sur l'exemple d'une piété réglée et bienfaisante. Le doux spectacle de la nature est par ailleurs considéré comme l'un des meilleurs moyens de convertir l'âme égarée, en faisant appel aux sentiments naturels de l'homme. Les institutions de conversion, héritées de la Réforme catholique, voient donc leur mission initiale vidée de son contenu, quand elle n'en est pas délibérément détournée. Ainsi, à Lyon, la communauté des Nouvelles Catholiques, fondée en 1676, n'accueille-t-elle plus de jeunes filles protestantes à convertir, mais des femmes d'âge mûr, majoritairement catholiques, désireuses de trouver une maison de retraite où elles seraient à l'abri du besoin pour finir leurs jours[2]. Les congrégations missionnaires, comme les lazaristes, s'adressent désormais à un public déjà acquis au catholicisme, dont on veut moraliser le mode de vie ou réguler les dévotions. L'antiprotestantisme reste vivace chez les catholiques les plus intransigeants, hostiles aux Lumières, mais ceux-ci ne manifestent ouvertement aucun dessein convertisseur. Sur la défensive, ils considèrent que l'ordre monarchique catholique traditionnel est menacé de subversion par l'action de forces obscures : protestants, jansénistes, philosophes et francs-maçons se seraient alliés de façon circonstancielle pour abattre le trône et l'autel. Pour ces tenants de la thèse du complot, il n'est pas tant nécessaire, pour le moment, de convertir que d'ouvrir les yeux des catholiques sur la réalité de la menace qui pèse sur eux. De leur côté, les protestants français ne sont mus par aucun esprit de

---

1 Albertan-Coppola, Sylviane, « Convertir au Siècle des Lumières, d'après l'abbé Bergier », dir. N. Brucker, *La conversion. Expérience spirituelle, expression littéraire*, Berne, Peter Lang, 2005, p. 69-80.

2 Chopelin, Paul, *Ville patriote et ville martyre. Lyon, l'Église et la Révolution (1788-1805)*, Paris, Letouzey & Ané, 2010, p. 51-52.

prosélytisme : ils continuent de s'affirmer loyaux sujets et de se défendre justement des accusations pesant à leur encontre[1]. Il en va de même pour les Juifs, opposés à toute idée de conversion.

La Révolution de 1789 confirme ce refus du prosélytisme par l'article 10 de la Déclaration des Droits de l'homme stipulant que « nul ne doit être inquiété pour ses opinions, même religieuses, pourvu que leur manifestation ne trouble pas l'ordre public établi par la Loi ». La conversion devient un acte privé, dans un pays officiellement sans religion d'État à partir d'avril 1790. Mais se convertir au catholicisme implique aussi, à partir de cette date, un choix politique. Doit-on rejoindre l'Église constitutionnelle, soumise aux lois, ou bien l'Église réfractaire, hostile aux réformes religieuses de la Constituante ? Selon que l'on opte pour l'une ou l'autre, la démarche spirituelle se double d'un engagement pour ou contre la Révolution. Du côté des deux clergés concurrents, convertir un « hérétique » ou un « incrédule » permet tout autant de légitimer une croyance religieuse qu'une prise de position politique.

L'ATTRAIT D'UNE RELIGION RÉGÉNÉRÉE PAR LES PRINCIPES DÉMOCRATIQUES

Pour les catholiques engagés en faveur de la Révolution, la réforme de l'Église entreprise par l'Assemblée nationale doit permettre de régénérer le catholicisme, appelé à retrouver sa pureté originelle, doctrinale et liturgique. Plus tolérant, bienfaisant, il doit susciter de nouvelles conversions par la seule force de son exemple. Certains révolutionnaires chrétiens sont ainsi animés par une véritable mystique de la conversion générale, annonciatrice du prochain retour du Christ sur terre et de la fin des temps. Cette mystique politique est ainsi clairement perceptible chez Henri Grégoire, qui, dans une perspective héritée du figurisme janséniste, appelle à l'égalité civile en faveur des Juifs et des protestants comme prodrome à leur future conversion[2]. C'est aussi

---

1 Borello, Céline, *Prêcher la* res publica *de l'Ancien Régime à la Seconde République (1744-1848)*, mémoire inédit d'habilitation à diriger des recherches, Paris I, 2015.

2 Hermon-Belot, Rita, *L'abbé Grégoire. La politique et la vérité*, Paris, Seuil, 2000 ; Chopelin, Caroline et Paul, *L'obscurantisme et les Lumières. Itinéraire de l'abbé Grégoire, évêque révolutionnaire*,

l'argument déployé pour contrer le discours conspirationniste du clergé contre-révolutionnaire, dénonçant une subversion du catholicisme par les protestants, les jansénistes et les francs-maçons de la Constituante. Au contraire, les constitutionnels rejettent les réfractaires comme des « fanatiques » exaltés qui éloignent les gens raisonnables des autels.

Désireux de ne pas apparaître trop entreprenant en la matière, le clergé constitutionnel ne produit guère de récits de conversion. Il appartient à la presse patriote de se faire l'écho de tels changements. À Lyon, Luc-Antoine Champagneux, un catholique très critique à l'égard des institutions ecclésiales traditionnelles, défend dans son journal, *Le Courier de Lyon*, l'attrait inévitable d'une Église régénérée. Dans le numéro du 13 septembre 1789, il soutient l'action de l'abbé Grégoire en faveur des juifs. Loin de trahir le Christ, le curé député sert au contraire les intérêts de l'Église : « Pour nous, nous disons que si la religion chrétienne est ramenée à la pureté de sa source, si les préceptes évangéliques sont suivis à la lettre, si l'exemple du brave prélat languedocien [Dillon, archevêque de Narbonne, qui a renoncé à ses titres seigneuriaux] a des imitateurs, si les prêtres aiment leur prochain autant qu'eux-mêmes, s'ils sont humbles de cœur, s'ils sont sobres, patients, endurants, aimant la paix, la prêchant, nous croyons qu'il est impossible qu'un homme sensé ne soit pas chrétien ». En avril 1790, pour preuve de la justesse de ses vues, Champagneux relate la conversion d'un protestant, le sieur Chabrolles. Cavalier du Royal-Guyenne, alors en garnison à Lyon, l'homme se présente devant les religieuses du couvent de Saint-Benoît pour abjurer ses erreurs et se faire baptiser selon le rite catholique :

> Le 20 du mois passé, le sieur Chabrolles, frappé par la grâce d'en haut, pénétré des vérités de notre sainte religion, est venu abjurer ses erreurs dans l'église de Saint-Benoît. Comme on n'a pu découvrir aucun indice qu'il eût reçu le baptême, ce sacrement lui a été conféré, sous condition, avec les noms de Fleury Martin Victor. Il a eut pour parrain M. Palerne de Savy, maire de Lyon, et pour marraine Melle Palerne de Savy, sa fille [...]. Aujourd'hui que la religion catholique, parée de la seule majesté de son origine, ne fait plus entendre que la paix de la tolérance et de la charité, on court à elle : c'est une mère tendre qui reçoit dans son sein, qui caresse avec égalité tous ses enfants et ne rappelle ceux qui s'en éloignent que par ses prières et ses larmes[1]

Paris, Vendémiaire, 2013.

1 *Courier de Lyon*, t. IV, n° 28, 2 avril 1790, p. 229-230.

Mais cette idéal de civilisation chrétienne est mis à mal par la division religieuse qui découle de l'application de la Constitution civile du clergé, à partir de la fin de l'année 1790. Les espoirs de conversion générale au catholicisme se brisent peu à peu sur la réalité d'une querelle intestine qui ne cesse de prendre de l'ampleur.

L'année 1792 ranime pourtant les espoirs de certains. Suspension de Louis XVI, proclamation de la République, victoires militaires sur les Autrichiens et les Prussiens : le clergé constitutionnel voit les effets de la Providence dans cette succession d'événements totalement inattendus. Les évêques font chanter des *Te Deum* pour remercier Dieu d'avoir donné la victoire aux armées de la République. Les mandements publiés à cette occasion possèdent une tonalité ouvertement messianique : le peuple français est devenu un nouveau peuple élu et doit, à ce titre, opérer une conversion générale au catholicisme, sous la houlette de l'épiscopat constitutionnel, pour apporter la liberté et l'évangile au monde entier. Sans cette conversion collective, les Français risquent de perdre la faveur divine[1]. Les premiers mois de 1793 ont raison de ce nouvel enthousiasme régénérateur. La Convention poursuit sa politique de laïcisation et de progressive séparation de l'Église et de l'État, tandis que la campagne de défanatisation de l'automne ruine définitivement les espoirs convertisseurs des évêques constitutionnels, qui se résignent à attendre, dans la prière, des temps meilleurs.

LES RÉCITS DE CONVERSION PRODUITS PAR LE CLERGÉ RÉFRACTAIRE

Afin de prouver sa légitimité, l'Église réfractaire développe un discours de la vérité face au « schisme » constitutionnel. Comme les protestants, les adhérents de la nouvelle Église doivent reconnaître leurs erreurs et rejoindre les « vrais » catholiques pour assurer leur salut. Il ne s'agit pas d'une conversion à proprement parler, mais la démarche à suivre est la

1 Chopelin, Paul, « Bénir la République. Providentialisme et contingences pastorales dans le discours politique des évêques constitutionnels (août-novembre 1792) », dir. M. Biard et *alii*, *1792. Entrer en République*, Paris, Armand Colin, 2013, p. 313-329.

même. À ce titre, les récits édifiants traditionnels conservent toute leur utilité. En 1791, le principal imprimeur-libraire parisien de l'Église réfractaire, Crapart, publie un *Recueil de conversions remarquables nouvellement opérées dans quelques protestans*, œuvre du sulpicien Francis Charles Nagot. Témoignant de l'attrait d'une spiritualité de résistance, il éclaire la démarche des opposants à la Constituante. La préface indique en effet que la lecture de l'ouvrage sera bien évidemment utile « aux disciples de Luther et de Calvin », mais il fournit aussi des exemples profitables pour les tenants du « schisme »[1]. S'il rassemble des conversions antérieures à la Révolution, l'ouvrage est centré sur celle de John Thayer (1755-1815), opérée à Rome en 1783, sous l'effet des miracles attribués à Joseph Labre. Ce récit de conversion possède une actualité politique dans la mesure où Labre est devenu l'icône du combat catholique contre l'esprit des Lumières, dont découlent, aux yeux des réfractaires, les réformes révolutionnaires[2].

Pour fonder sa légitimité, le clergé réfractaire tient également à se mettre en valeur en tant que convertisseur d'incrédules à travers des récits édifiants élaborés sous la Terreur. Le martyrologe lyonnais en fournit un bon exemple[3]. Rédigé entre décembre 1793 et avril 1794 par l'abbé Jacques Linsolas, chef de file du clergé réfractaire local, il contient des notices biographiques de « confesseurs de la foi », laïcs et ecclésiastiques, exécutés dans le cadre de la répression judiciaire qui suivit la révolte de Lyon. Recopiées de façon manuscrite à de multiples exemplaires, ces vies constituent des modèles à suivre pour les clercs et les fidèles à qui elles sont destinées. Elles leur indiquent comment se comporter face aux autorités persécutrices, mais également comment tirer profit de cette épreuve pour préparer le prochain triomphe de la religion chrétienne. La violence révolutionnaire est en effet considérée comme un châtiment divin envoyé aux Français pour les punir de leur libertinage et de leur incrédulité. Les martyrs rachètent les péchés de leurs concitoyens par leur sacrifice, en engageant le peuple français sur la voie de la rédemption. Les martyrologes insistent donc tout naturellement sur les conversions

1 [Nagot, Francis Charles], *Recueil de conversions remarquables nouvellement opérées dans quelques protestans*, Paris, Crapart, 1791, p. III-XII. Rencontrant un grand succès, cet ouvrage fait l'objet de nombreuses rééditions augmentées dans la première moitié du XIXe siècle.

2 Caffiero, Marina, *La fabrique d'un saint à l'époque des Lumières*, Paris, EHESS, 2006.

3 Chopelin, Paul, *Ville patriote et ville martyre*, *op. cit.*, p. 268-274.

opérées par l'intermédiaire des martyrs, à la fois par leur apostolat auprès de leurs codétenus et par l'exemple de leur mort vertueuse. La prison constitue le lieu idéal de ce retour à la foi de pécheurs qui apparaissent très stéréotypés. Jacques-Marie Punctis de La Tour incarne la figure du noble incrédule, qui, ayant tout perdu, retrouve la foi en regrettant amèrement son ancienne vie dissolue : « trente cinq ans d'offenses, un mois de repentir, quel compte inégal à rendre » s'exclame-t-il devant son confesseur. Le prêtre réfractaire Pierre Aurouze ramène à la religion deux athées, « persécuteurs des catholiques », qui ont été condamnés à mort en même temps que lui : « l'abbé Aurouze fut accompagné dans le Ciel par des mondains qui n'avaient été chrétiens que de nom, auxquels il inspira un grand dégoût pour la terre, un mépris pour les richesses et le détachement des plaisirs. Il les porta à des sentiments vertueux, à une foi vive, [à] une grande confiance et à l'amour de la Religion ». Le prêtre constitutionnel – le « schismatique » – peut lui aussi revenir sur le droit chemin et rejoindre la « vraie Église », comme Philibert Duval, curé constitutionnel d'Amplepuis. Celui-ci se rétracte en prison et envoie des lettres de pénitence à Linsolas, qui s'empresse d'en faire un exemple à suivre pour tous les prêtres « égarés » du diocèse[1]. En mettant sur le même plan incrédules et adhérents de l'Église constitutionnelle, considérés comme autant de personnes à « convertir », le martyrologe participe à la légitimation de l'Église réfractaire, seule détentrice de la vérité. Des récits similaires circulent dans d'autres diocèses. Le clergé réfractaire parisien s'enorgueillit ainsi de la conversion de Danton à l'occasion de son mariage avec la jeune Louise Gély, tandis qu'en 1797 l'entourage de la duchesse d'Orléans diffuse le récit de la mort pieuse de « Philippe-Égalité », revenu de son « égarement » philosophique à la veille de mourir sur l'échafaud[2].

---

1 Ces notices sont reproduites dans les « mémoires » de l'abbé Linsolas : Linsolas, Jacques, *L'Église clandestine de Lyon pendant la Révolution*, Lyon, Éditions lyonnaises d'art et d'histoire, 1985-1987, 2 vol.

2 Chopelin, Paul, « Morts édifiantes et récits militants. L'accompagnement spirituel des condamnés à mort pendant la Révolution française », *Mourir*, Mont-Roland, Groupe d'histoire religieuse de la Bussière, 2012, p. 85-91.

LA CONVERSION DU NOBLE INCRÉDULE : UN *TOPOS* CONTRE-RÉVOLUTIONNAIRE ?

En développant une spiritualité du martyre, le clergé réfractaire insiste sur la nécessaire expiation des péchés, par l'exemplarité chrétienne du mode de vie, pour mettre un terme au courroux divin. Dans ce contexte de deuil et de souffrances morales, les directeurs de conscience possèdent ainsi un argument de poids pour ramener les brebis égarées sur le droit chemin. C'est ainsi qu'il faut comprendre ce qu'on a appelé les « conversions » opérées dans la noblesse après 1793. Face à la mort de proches, parents et amis, sous le couteau de la guillotine ou dans les rigueurs de l'exil, de nombreux nobles incrédules ou sceptiques reviennent à une pratique religieuse régulière, très démonstratrice, fondée sur le souvenir des disparus et le détachement des richesses matérielles. La culpabilité, voire le regret d'avoir survécu apparaît souvent comme l'un des moteurs de cette nouvelle piété. C'est le cas de Mathieu de Montmorency, ancien député de la Constituante, qui, réfugié auprès de Madame de Staël à Coppet, connaît une crise mystique en juin 1794 à l'annonce de l'exécution de son frère, l'abbé de Laval, et de l'emprisonnement de sa mère. Il devient dès lors un dévot actif, très impliqué dans les œuvres de charité et dans la défense des intérêts de l'Église[1]. Ce retour à la religion sous les effets du malheur s'inspire de modèles pieux promus par le texte et la gravure dès 1794. Le premier d'entre eux est sans nul doute Madame Royale, fille de Louis XVI, l'orpheline du Temple, devenue, au sein de l'émigration royaliste, une véritable incarnation de la France en deuil, dont les souffrances doivent contribuer à la rémission des péchés de la nation égarée par le « philosophisme »[2]. Le comte d'Artois, archétype de l'aristocrate libertin, figure lui-même parmi les brebis égarées qu'il faut ramener sur le droit chemin. Sa sœur, Madame Élisabeth, s'y emploie depuis plusieurs années. Dans une lettre posthume adressée à sa confidente, la marquise de Bombelles, la princesse lui demande de « bien prier pour le comte d'Artois » : « convertis-le par le crédit que tu dois avoir

1 *Lettres inédites de Madame de Staël à Henri Meister*, éd. critique par Paul Usteri et Eugène Ritter, Paris, Hachette, 1904, p. 115 ; Gautier, Paul, *Mathieu de Montmorency et Madame de Staël*, Paris, Plon, 1908, p. 16-17.

2 Becquet, Hélène, *Marie-Thérèse de France. L'orpheline du Temple*, Paris, Perrin, 2012, p. 142-160.

dans le Ciel et contribues-y toi-même si tu le peux »[1]. Mais le prince reste insensible aux recommandations de ses proches et continue de négliger ses devoirs religieux. Sa conversion s'opère subitement en mars 1804, à la mort de sa maîtresse, Louise de Polastron, qui le jette dans le plus profond désespoir[2]. Mais la conversion qui connut sans doute la plus grande publicité en France au sortir de la Révolution est celle de Chateaubriand, survenue en août 1798 et relatée dans l'introduction de la première édition du *Génie du Christianisme* (1802) :

> Mes sentiments religieux n'ont pas toujours été ce qu'ils sont aujourd'hui. Tout en avouant la nécessité d'une religion et en admirant le christianisme, j'en ai cependant méconnu plusieurs rapports. Frappé des abus de quelques institutions et des vices de quelques hommes, je suis tombé jadis dans des déclamations et des sophismes. Je pourrais en rejeter la faute sur ma jeunesse, sur le délire des temps, sur les sociétés que je fréquentais. Mais j'aime mieux me condamner ; je ne sais point excuser ce qui n'est point excusable. Je dirais seulement de quel moyen la Providence s'est servie pour me rappeler à mes devoirs. Ma mère, après avoir été jetée à soixante-douze ans dans des cachots, où elle vit périr une partie de ses enfants, expira dans un lieu obscur sur un grabat, où ses malheurs l'avaient reléguée. Le souvenir de mes égarements répandit sur ses derniers jours une grande amertume ; elle chargea, en mourant, une de mes sœurs de me rappeler à cette religion dans laquelle j'avais été élevé. Ma sœur me manda le dernier vœu de ma mère ; quand la lettre me parvint au-delà des mers, ma sœur elle-même n'existait plus ; elle était morte aussi des suites de son emprisonnement. Ces deux voix sorties du tombeau, cette mort qui servait d'interprète à la mort m'ont frappé. Je suis devenu chrétien. Je n'ai point cédé, j'en conviens, à de grandes lumières surnaturelles ; ma conviction est sortie du cœur : j'ai pleuré et j'ai cru.

Plus tard repris dans les *Mémoires d'Outre-tombe*, ce texte fournit l'archétype du récit de conversion d'une jeune noble incrédule[3]. Comme dans la pastorale du clergé réfractaire, la Révolution est le fruit du

---

1 Lettre d'adieu du 13 octobre 1790 envoyée de façon posthume à la marquise de Bombelles qui l'ouvre en août 1794. Elle est citée dans *Marquis de Bombelles. Journal. Tome IV. 1793-1795*, éd. critique par Jean Grassion et *alii*, Genève, Droz, 1998, p. 225.

2 Voir la correspondance échangée à ce sujet entre le comte d'Artois et Louis XVIII, publiée dans Daudet, Ernest, *Histoire de l'émigration pendant la Révolution française. Tome III. Du Dix-huit brumaire à la Restauration*, Paris, Hachette, 1907, p. 322-323. Cette conversion était attendue chez certains émigrés attachés à la défense de la religion catholique. Dans son journal, à la date du 10 mai 1804, le pieux marquis de Bombelles note : « Puisse le chagrin que la rupture de cette liaison aura causée à Monsieur le rapprocher des consolations que nous puisons uniquement dans la religion. » (*Journal*, *op. cit.*, t. VI, p. 230).

3 Triaire, Sylvie, « La conversion au christianisme, un mythe romantique », *Cahiers d'études du religieux*, n° 10, 2012 : http://cerri.revues.org/1015.

courroux divin, châtiment sévère mais nécessaire, annonçant la conversion générale du peuple français. Mais le spectacle du malheur rédempteur contribue également à susciter des conversions chez les hôtes européens de ces infortunés Français : la comtesse Golovine et sa cousine la comtesse Tolstoï, toutes deux nées Galitzine, se convertissent au catholicisme, au grand scandale de la Cour de Russie, en fréquentant des émigrés français[1]. Autre conversion spectaculaire, celle du poète allemand Friedrich Leopold von Stolberg, ami de Goethe, qui rejoint l'Église romaine en juillet 1800, sous l'influence des émigrés – notamment de la marquise de Montagu – gravitant dans le cercle catholique de la princesse Amalia Galitzine, princesse d'origine allemande, elle-même convertie en 1786[2]. Mais ces conversions sont peu mises en avant par l'apologétique catholique, soucieuses d'éviter de mécontenter les cours étrangères, dont le soutien reste alors nécessaire au clergé émigré.

Si les bienfaits d'une conversion personnelle au catholicisme peuvent être promus dans la littérature édifiante, à l'instar du *Génie du Christianisme*, les œuvres de conversion sont strictement interdites dans le nouvel espace public pluriconfessionnel mis en place sous le Directoire et le Consulat. L'heure est à l'apaisement des consciences et les autorités cherchent à étouffer tout sujet potentiel de discorde religieuse. Le prosélytisme actif n'est plus de mise. Le régime concordataire établit de nouvelles règles de coexistence confessionnelle, notamment en restreignant le droit des catholiques à processionner dans les villes à forte minorité protestante. Et gare aux contrevenants. L'affaire Villers en fournit un bon exemple. Depuis 1803, l'abbé Huot de Villers, ancien vicaire général de Lyon, dirige spirituellement une maison de réinsertion morale et professionnelle fondée dans la capitale des Gaules par la veuve Vionet, pour accueillir les « filles de mauvaise vie qui voudroient sortir du vice ». En 1804, l'une des pensionnaires, Catherine Leydy, une jeune protestante de 18 ans, dénonce l'abbé de Villers à la police en l'accusant de l'avoir fait entrer

1 Waliszewski, Kasimierz (éd.), *Souvenirs de la Comtesse Golovine, née princesse Galitzine (1766-1821)*, Paris, Plon-Nourrit, 1910, p. XXII.

2 Sur cette conversion et les polémiques qu'elle a suscitées : Joshua, Eleoma, *Friedrich Leopold Graf von Stolberg and the German Romantics*, Berne, Peter Lang, 2005 ; Beesley, Lisa, « Catholic Conversion and the End of Enlightenment in Religious and Literary Discourses », dir. E. Krimmer et P. A. Simpson, *Religion, Reason and Culture in the Age of Goethe*, Rochester, Camden House, 2013, p. 166-186.

contre son gré dans la maison et d'avoir tenté de la convertir de force. Après enquête, il apparaît que, parmi les pensionnaires, figurent deux anciennes protestantes, lesquelles affirment pourtant avoir abjuré de leur propre volonté. Villers est suspecté d'avoir voulu ainsi reconstituer clandestinement l'institution des Nouvelles Catholiques, destinée à convertir les jeunes filles protestantes et dissoute en 1790. En octobre 1804, il doit quitter Lyon afin d'être assigné en résidence surveillée à Besançon sur ordre de Fouché. Quant à la maison de la veuve Vionet, elle doit fermer ses portes peu après[1]. L'affaire démontre l'extrême fermeté du gouvernement à l'égard du prosélytisme religieux : les établissements ou sociétés suspectés d'œuvrer à la conversion de personnes d'une autre religion ne sont plus tolérés, au moment où le Premier Consul organise d'une main de fer la paix religieuse.

Reste la circulation dans l'apologétique catholique d'un stéréotype historique contre-révolutionnaire : la Terreur interprétée comme un châtiment divin, permettant à la France d'expier ses péchés pour retrouver l'ordre et l'harmonie sociale. La conversion de la noblesse incrédule, sévèrement punie de son orgueil, constitue la première étape de cette expiation générale. Cette interprétation de l'histoire est au cœur du programme de reconquête des âmes opérées sous la Restauration par certains évêques zélés, soutenant les œuvres missionnaires. Elle permet également aux Bourbons de s'ériger en guide politique et religieux de la nation en deuil[2]. Sur le plan historique, la principale conséquence de cet archétype narratif a été d'ériger en lieu commun l'irréligion des classes dirigeantes et de la noblesse en particulier. Elle rend intelligible la cascade de « malheurs » causés par la Révolution et devient un leitmotiv des mémoires biographiques, qui décrivent une noblesse d'Ancien Régime insouciante, au bord du gouffre, et ramenée à de meilleurs sentiments religieux face aux épreuves. C'est l'articulation classique de toutes les biographies pieuses publiées au XIXe siècle, illustrant l'itinéraire de personnages convertis à la faveur des « malheurs révolutionnaires ». Mais le

---

1 Archives nationales, F^{7} 8484 A : dossier Catherine Leydy et Huot de Villers (an XII – 1804) ; Arch. Segr. Vaticano, *Segretaria di Stato*, *Epoca Napoleonica*, *Francia*, carton n° 18, liasse n° 2 : mémoire en faveur de l'abbé Huot de Villers, adressé au cardinal Antonelli (s. d., décembre 1804) ; lettre de l'abbé Verdollin au cardinal Antonelli (24 décembre 1804).

2 Fureix, Emmanuel, *La France des larmes. Deuils politiques à l'âge romantique (1814-1840)*, Seyssel, Champ Vallon, 2009, p. 133-218.

« J'ai pleuré et j'ai cru » de Chateaubriand ne doit pas faire illusion. Il n'y a pas eu conversion *stricto sensu* de la noblesse, mais plutôt mutation des pratiques dans un contexte de deuil généralisé. Les récits de conversion émanant des mémoires et des correspondances doivent être pris avec précaution, car ils témoignent davantage d'une adhésion à une vision providentialiste de l'histoire que d'un changement religieux radical. Chateaubriand reconnaît lui-même, dans les *Mémoires d'Outre-Tombe*, avoir exagéré littérairement son scepticisme religieux avant sa « conversion » de 1798. Une chose est sûre : sous l'effet du malheur, la piété se fait plus démonstrative. Porter le deuil est une étape vers la rédemption, rédemption personnelle, mais aussi rédemption généralisée de tous les Français. La Restauration voit par conséquent le grand retour du prosélytisme religieux, celui des missionnaires catholiques, mais aussi celui des missionnaires protestants, dont le zèle peine à être contenu par les autorités, alors que se développe parallèlement un fort courant anticlérical réclamant, par réaction, une stricte limitation du discours religieux à la sphère privée[1].

Paul CHOPELIN
Université Jean-Moulin – Lyon 3,
LARHRA (UMR 5190)

1 Triomphe, Pierre, « Repenser les limites du politique et du religieux sous la Restauration. L'apport des polémiques engendrées par les conversions religieuses », *Cahiers d'études du religieux*, n° 10, 2012 : http://cerri.revues.org/1035.

CONCLUSIONS

Le converti est-il un traître ou un convaincu ? Un opportuniste changeant de confession pour se sauver et améliorer son statut ou un esprit libre se sacrifiant pour ses convictions ? Le représentant de mouvements profonds, plus courageux que les autres donc sautant le pas là où ses voisins demeurent attachés à des certitudes, ou un égaré qui ne représente que lui-même ? Ce volume montre que ces dualités sont inopérantes, qu'il convient de surmonter ces *a priori*.

L'étude de la conversion ne peut ni s'enfermer dans une liste de portraits, ni se cacher derrière les statistiques. Quel rapport entre Henrich-Julius Blume, converti au catholicisme qui accède à des postes importants dans Empire, Jakob Frank, sans doute plus escroc que spirituel, et Nicolas Anthoine catholique passé au calvinisme avant d'être exécuté en professant son attachement au judaïsme ? Ces itinéraires ne prennent leur réelle dimension que comparés à des comportements collectifs. Il convient de construire un va-et-vient permanent entre l'individu et le groupe. À cette seule condition, l'approche de la conversion est possible.

Délibérément, notre volume exclut plusieurs dimensions de la conversion à l'époque moderne. Il n'est ni question des conversions de masse opérées, par exemple, en Amérique hispanique, ni du lent travail d'acculturation mené par les jésuites face aux indiens de Nouvelle-France, ni des tentatives de rallier les populations chinoises en adoptant la posture des mandarins. Les stratégies de conversion sont également négligées, comme celles déployées par le père Constantin Joseph Beschi (1680-1747) qui, pour convertir les populations de l'Inde, apprend le tamoul et le telougou, refuse de manger de la viande et se déplace en palanquin pour se faire passer pour un brahmane, invente une représentation mariale appelée *Periyanayagi Annai* (« princesse de haut rang » en tamoul). Nous n'allons ni en Europe centrale où se pose la question des relations avec le monde ottoman qui recule à la fin du XVIIe siècle, ni à Constantinople où les jeunes chrétiens raflés sont convertis avant d'entrer dans les bureaux du Grand Turc.

Nous restons dans une Europe occidentale, essentiellement entre France, Royaume-Uni et Monde germanique ; là où s'affrontent les nombreuses variations du monde chrétien jadis uni : catholiques, huguenots en France, anabaptistes en Rhénanie, catholiques minoritaires anglais… Ce choix nous a permis de mener, à travers les nombreux éclairages présentés, une enquête à trois niveaux.

Le premier est celui du temps de la conversion : il peut être celui des armes, celui de la répression dans un État qui défend une seule confession, celui de l'étude qui nécessite patience et réflexion. Le second est celui de la réalité de la conversion : ses raisons, ses difficultés, ses résultats… Le troisième relève de l'imaginaire puisqu'il considère le discours sur la conversion, ce qui s'apparente parfois à une reconstruction.

Face à ces trois facettes de l'expérience, individuelle ou collective, de la conversion, les attitudes du politique sont variables. On remarque des lieux de fluidité religieuse, d'autres où la confessionnalisation bloque tout changement. Devrait-on alors opposer des périodes : des siècles de contrainte face à des décennies de tolérance ? Pourrait-on dessiner une carte de l'Europe : des régions où le croyant peut s'émanciper face à des provinces plus fanatiques rêvant d'une unité confessionnelle ?

Ne faudrait-il pas, plutôt, déplacer ce qui a été, trop longtemps, considéré comme des paradigmes ? Notre livre incite à prendre en compte les diversités. D'abord diversité des individus : la société n'aura pas la même bienveillance entre un intellectuel, un serviteur de l'État ou un être sans attache ; elle n'aura pas le même regard envers le laïc qui ne semble engager que lui-même ou celui qui, jusqu'alors, semblait au service d'une confession, qu'il soit pasteur ou curé. Ensuite, diversité des politiques. Les États européens sont avant tout des instances en quête d'un équilibre, qu'il se fasse au bénéfice d'une confession ou qu'il essaie de créer une plateforme du vivre ensemble. Quel que soit leur engagement religieux, ce que les souverains ne supportent pas c'est l'errance, la reconfiguration permanente des sphères confessionnelles. Beaucoup tiennent encore plus à l'immobilité des espaces sociaux qu'à l'unité religieuse. La conversion pourrait sembler synonyme de désordre possible.

À l'époque moderne, mais la chose pourrait être dite pour toutes les périodes, la conversion fonctionne selon un triple mouvement. Elle est d'abord retour aux sources, voyage vers un monde spirituel considéré comme pur. Elle est aussi l'adhésion à un horizon religieux nouveau, la rupture avec un passé jugé étouffant, avec une tradition que l'on croit fondée sur l'erreur. Elle est encore une affirmation personnelle, une volonté de rompre avec un groupe, un parti, un État, pour exprimer une différence intime ; ou alors de rejoindre un groupe sans que ce mouvement ait une valeur confessionnelle. La conversion ne doit pas uniquement être abordée en termes religieux. Elle permet de gagner des places, de défendre un statut. Elle ne peut pas non plus être étudiée exclusivement en fonction d'une radicalité, d'un positionnement définitif. Pour bien des personnages qui apparaissent dans notre livre, la conversion est le début d'une déambulation qui les mène à reconsidérer plusieurs fois leurs positions, tandis que d'autres adoptent une confession pour conserver un poste. Ce serait une erreur de considérer les premiers comme des instables, de prendre les seconds pour des opportunistes. Faisons clairement apparaître la notion de « besoins religieux » qui montre qu'il y a des conversions du cœur, de l'esprit ou de la raison.

Trop souvent, la conversion nous fait penser les confessions comme des espaces clos. On appartient à l'une, ce qui exclut l'autre. La conversion serait un arrachement à la première, une adhésion à la seconde : deux moments d'efforts qui forgent l'individu. Les exemples présentés dans notre livre nous contraignent à revoir ce schéma. Certes, il existe des confessions nettement délimitées, mais bien des croyants tentent d'inventer une intersection entre ces sphères. D'autres veulent vivre en marge, par facilité (ne dépendre d'aucune morale) ou par opportunisme. Si Pierre Hadot estime que la modernité de la conscience occidentale naît avec l'idée de conversion, les articles rassemblés ici obligent à déplacer le curseur. Si la modernité existe, elle se manifeste dans les allers-et-retours, les tentatives de se positionner à côté des confessions, finalement dans l'errance dans laquelle le croyant se perd, comme l'a fait Nicolas Anthoine, ou se construit de manière intime, comme Philipp Apian. En cela l'époque moderne prépare le monde contemporain.

L'article 18 de la Déclaration universelle des droits de l'homme des Nations Unies, adoptée le 10 décembre 1948, proclame : « Toute personne a droit à la liberté de pensée, de conscience et de religion ; ce droit implique la liberté de changer de religion ou de conviction ». Le propos est développé dans l'article 18.2 du Pacte international relatif aux droits civils et politiques du 16 décembre 1966 : « Personne ne peut faire l'objet de mesures coercitives visant à restreindre sa liberté d'avoir ou d'adopter la religion ou la croyance de son choix ». Mais rien n'est acquis. En 1993, le comité des droits de l'homme commente : « L'article 18.2 interdit toute mesure coercitive qui irait à l'encontre du droit d'avoir ou d'adopter une religion ou une croyance, y compris la menace de faire usage de la force physique ou de sanctions pénales pour contraindre des non-croyants à adhérer à des croyances religieuses ou à une confession particulière, pour les amener à abjurer leur religion ou leurs croyances, ou pour les convertir ». Désormais, la conversion est un des droits fondamentaux, encadré par les grands textes internationaux. La liberté du choix est devenue une des capacités d'affirmation de l'individu, un espace d'indépendance face au groupe, à la tradition ou à l'État. Cette affirmation est une rupture avec le monde d'Ancien Régime que ce volume a décrit. Si certains des individus que nous décrivons préfigurent ces avancées, la majorité est prise au piège des pesanteurs de leur époque. Mais, aujourd'hui, quelle place effective pour cette liberté déclarée ? La coercition, la violence la loi dans certains endroits, nient ou empêchent la conversion. Dans bien des États, le projet individuel de changer de religion n'est toujours pas une possibilité effective. Même si elle engage le for privé, la conversion demeure une question politique.

Philippe MARTIN
Université Lumière – Lyon 2
LARHRA / ISERL / LabEx
COMOD

Éric SUIRE
Université Bordeaux Montaigne
CEMMC

INDEX

RÉSUMÉS

Pierre GISEL, « Convertis et conversions. Quelques remarques en guise d'ouverture »

La conversion est inscrite dans bien des traditions religieuses. S'y cristallise toute une gamme de questions. Touchant la radicalité de la décision religieuse pour commencer, donc son rapport au non-religieux – le civil et le politique – aussi bien qu'aux autres choix religieux. Touchant ensuite les manières de se situer par rapport à un présent donné, à un passé dont on entend se couper et à un avenir qui s'ouvre, meilleur ou enfin bon.

Pierre-Jean SOURIAC, « Fidélité et conversion chez les chefs de guerre protestants au début du XVIIe siècle »

Le parti protestant eut à cœur, à partir de 1598, de donner à son institution politique centrale, l'assemblée générale, les moyens de surveiller et contrôler les nobles de province qui assuraient en son nom et en celui du roi un gouvernement militaire sur une place forte. Ce contrôle visait à garantir l'unité du parti pour lui conserver son potentiel militaire et faire perdurer une pression sur les catholiques du royaume tout autant que sur le roi.

Mathilde MONGE, « Les enjeux de la conversion dans une région pluri-religieuse. Parcours de convertis en Rhénanie du Nord (XVIe-XVIIe siècles) »

La configuration religieuse de la Rhénanie du Nord rappelait beaucoup celle des Provinces-Unies ou de la Frise orientale. À partir de quelques témoignages de passages s'étant déroulés dans une région pluri-religieuse au XVIe et XVIIe siècle, dont Gérald Chaix a pu dire que la frontière confessionnelle y était « introuvable », la communication interroge la manière dont le passage d'une communauté de foi à l'autre a pu s'articuler avec les multiples liens et influences qui parcouraient le tissu social.

Monique Weis, « Les catholiques anglais face à la conversion. Parcours et représentations au XVIe siècle »

Devenus une minorité confessionnelle, les catholiques anglais sont confrontés à partir du milieu du XVIe siècle aux défis de la conversion sous plusieurs aspects. Par la « Mission d'Angleterre », les plus engagés d'entre eux cherchent à convertir au catholicisme leurs compatriotes hésitants. En parallèle, les catholiques anglais font l'objet de tentatives de conversion de la part de l'Église d'État qui a tout un appareil législatif et socioculturel à son service et qui se repose sur une hiérarchie efficace.

Axelle Chassagnette, « Sciences et cultures confessionnelles. Le parcours de Philipp Apian (1531-1589), mathématicien allemand entre catholicisme, luthéranisme et "crypto-calvinisme" »

Philipp Apian est connu pour la réalisation d'une grande carte de la Bavière et de ses territoires pour le duc Albrecht V. Il est accusé d'hérésie et banni des territoires catholiques de l'Empire. Il obtient en 1569 la chaire de mathématiques de l'université de Tübingen. En 1580, il doit quitter ses fonctions après avoir refusé de signer la Formule de concorde luthérienne. Ce parcours témoigne de la fluidité des définitions confessionnelles dans le Saint Empire dans la seconde moitié du XVIe siècle.

Julien Léonard, « Nicolas Anthoine (vers 1602-1632). Un converti encombrant dans le contexte de l'affirmation des identités confessionnelles »

Nicolas Anthoine, né catholique en Lorraine vers 1602, converti au protestantisme réformé à Metz, devenu pasteur et exécuté à Genève le 20 avril 1632 pour avoir professé une foi présentée comme du judaïsme est une énigme de la période de l'affirmation des identités confessionnelles. Son cas est connu par les sources judiciaires et normatives, qui présentent sa version des faits, mais qui montrent surtout qu'il pose bien des difficultés à des autorités ecclésiastiques qui tentent de discipliner et d'encadrer.

Boris KLEIN, « De l'irénisme luthérien au catholicisme. Réflexion sur le parcours d'un universitaire et diplomate dans l'Empire au XVIIe siècle »

Né en 1624, Heinrich-Julius Blume obtient très jeune une chaire universitaire à Helmstedt, grâce à la protection du théologien Georges Calixte, chef de file des irénistes luthériens. Au terme d'un séjour en Italie, le jeune professeur choisit pourtant de se convertir au catholicisme, puis poursuit une carrière de conseiller et de diplomate à Mayence. Si cette conversion-rupture a déjà fait l'objet de nombreux commentaires, certains éléments du contexte semblent avoir été sous-estimés.

Corinne MARCHAL, « Paul Pellisson-Fontanier (1624-1693). Une conversion "pour l'avancement de la religion et la gloire du roi" »

Paul Pellisson avait déjà obtenu la reconnaissance du souverain en tant qu'historien et qu'historiographe du roi, lorsqu'il abjura le protestantisme le 8 octobre 1670. Dès lors, ce courtisan exemplaire ne se dévoua plus seulement au service du roi, mais de Dieu : il fut chargé de l'administration de la caisse des conversions dès novembre 1676, puis s'illustra comme controversiste, publiant de 1686 à 1692 quatre traités polémiques dans lesquels il inséra à chaque fois un éloge de Louis XIV.

Véronique CASTAGNET-LARS, « Six parcours politiques de convertis imprimés par Simon Millanges de 1594 à 1622 »

Entre 1594 et 1622, Simon Millanges, imprimeur bordelais (1572-1623), publie dix récits de conversion. Il apparaît comme le principal acteur de la diffusion de ces imprimés au cours de la période moderne. Leur étude propose une réflexion sur l'introduction d'une dimension politique dans les récits de conversion : la carrière, les fonctions, le rang du converti ; sa participation aux guerres de religion ; l'acceptation ou le refus des honneurs entre le temps de la conversion et celui de sa publication.

Yves KRUMENACKER, « La conversion de Théodore de Bèze. Réflexions sur les récits de conversion des réformateurs »

Dans la préface de sa *Profession de foi*, Bèze raconte comment il s'est converti et est allé suivre le Christ à Genève. L'analyse de ce texte permet de mettre au jour les topoi des récits de conversion des réformateurs. En confrontant ce texte à d'autres récits, l'étude examine ce que la toute première génération de la Réforme appelle conversion et se demande quel est le rôle que jouent ces textes dans la diffusion de la Réforme.

Stefano SIMIZ, « Récits de conversion et figures de convertis dans les sermons du Grand Siècle »

Présenter les plus célèbres conversions en chaire, celles de Paul et d'Augustin, c'est notamment en étudier les récits directs et indirects qui s'en sont fait l'écho. Les prédicateurs du Grand Siècle en charge de ces sermons hagiographiques offrent un genre de relecture bien singulier, partagé entre la nécessité de rendre compte d'une aventure, celle de raconter un processus de conversion, sans omettre le devoir de dégager une leçon accessible aux auditoires et lectorats contemporains.

Éric SUIRE, « L'argument politique dans les récits de conversion français du XVIIe siècle »

Les récits de conversion privilégient les arguments théologiques quand ils abordent les motifs du changement de religion de leurs protagonistes. Mais l'argument politique s'avère bien présent dans les 37 récits consultés, avec des différences en fonction de la qualité du converti et de la période considérée. Plus on s'avance dans le XVIIe siècle, et plus l'adhésion au catholicisme s'accompagne de l'adhésion à la monarchie absolue, tandis que la foi réformée est dénoncée comme un vecteur de désobéissance civile.

Nicolas RICHARD, « Convertis ou ralliés ? D'anciens pasteurs devenus curés dans la Bohême de la Contre-Réforme (décennies 1620-1630) »

Le ralliement à l'Église catholique d'une douzaine de prédicants à Prague en septembre 1621 pose une série de problèmes. Les sources permettent de n'en traiter que certains – et non par exemple celui de la part globale des anciens prédicants dans le clergé de la Contre-Réforme. Cette contribution analyse la nature de ce mouvement, une conversion plutôt qu'un ralliement. Elle étudie ensuite deux scandales provoqués par des ralliés et évalue enfin leur place dans le clergé de l'archidiocèse.

Didier Boisson, « La mise en scène de la conversion au catholicisme des pasteurs au temps de l'édit de Nantes »

Sous le régime de l'édit de Nantes, l'Église catholique met en scène la conversion des pasteurs réformés au catholicisme. À partir de l'exemple de pasteurs de l'Anjou et du Maine qui abjurent en 1683, l'article met en avant plusieurs étapes : annonce de la conversion auprès de la communauté réformée, abjuration devant un évêque dans une église cathédrale, respect du rituel, mention de la conversion d'autres personnes qui imitent le pasteur, publication de récits de conversion et d'autres ouvrages de controverse.

Luc Daireaux, « Le choix de la conversion. Les pasteurs face à la révocation de l'édit de Nantes »

L'édit de Fontainebleau de 1685 tente de favoriser la conversion des pasteurs à la religion catholique. Si une majorité des ministres du royaume choisit l'exil, certains abjurent la « Religion prétendue réformée ». Dès la fin du XVIIIe siècle, l'historiographie du protestantisme préfère stigmatiser ceux qui ont trahi « la cause » pour devenir pensionnaires du clergé catholique. La communication revient sur le nombre et le profil des pasteurs apostats et envisage les motivations et la sincérité des conversions.

Stéphane Gomis, « Entre abjuration et coexistence confessionnelle ? Le droit canonique et royal face aux unions entre catholiques et protestants (France, XVIIIe siècle) »

La question des « mariages bigarrés » dévoile que les dispositions canoniques sont fidèles à la vision thomiste de la diversité de religion. Si l'union entre baptisés revêt un caractère de validité, elle n'en est pas moins illicite. Pour le prince, ces mariages sont à proscrire. Pour autant, en 1787, l'État finit par reconnaître la cohabitation en un même individu de deux natures : un être dans la capacité de disposer de sa liberté de conscience ; un sujet fidèle au lien d'obéissance qui l'attache à son prince.

Daniel TOLLET, « Le messie peut-il se convertir ? Les pseudo-conversions de Jakob Frank au milieu et à la fin du XVIIIe siècle »

L'activité religieuse de Jakob Frank a connu des phases successives qui furent autant d'étapes dans sa recherche permanente de pouvoir, d'argent et de liberté sexuelle. D'abord il est parvenu à prendre la direction du mouvement sabbataïste. Sa longue détention à Częstochowa lui fournit l'occasion de préciser une théosophie qui justifie sa volonté d'abolir la Loi et ses multiples conversions à l'islam et au christianisme. En réalité, le frankisme est devenu une secte conduite par un gourou avide et débauché.

Paul CHOPELIN, « Les récits de conversion au catholicisme et leurs usages politiques sous la Révolution française »

La Révolution de 1789 fut l'occasion idéale de « rechristianiser » le pays. Pour les partisans de l'Église constitutionnelle, l'établissement de la démocratie et de la république, participe à la réalisation des promesses de l'Évangile. Mais le clergé réfractaire voit dans les événements politiques les effets d'une punition providentielle qui nécessite la conversion des Français. Pour les adversaires de la Révolution, la conversion religieuse des nobles incrédules marque l'ère du rétablissement de l'ordre légitime.

TABLE DES MATIÈRES

DEUXIÈME PARTIE

DES DESTINS EN LIGNES BRISÉES OU L'ÉPROUVANT PARCOURS DU CONVERTI

TROISIÈME PARTIE

LA CONVERSION MISE EN RÉCIT

ENTRE REPRÉSENTATION ET PROPAGANDE

CINQUIÈME PARTIE

LA SIGNIFICATION DE LA CONVERSION AU TEMPS DES LUMIÈRES

Achevé d'imprimer par Corlet Numérique,
à Condé-sur-Noireau (Calvados). N° d'impression : 129306
Imprimé en France